Rainer Hoffmann

Die Lebenswelt der Pädophilen

AF150703

Studien zur Sozialwissenschaft

Band 162

Rainer Hoffmann

Die Lebenswelt
der Pädophilen

*Rahmen, Rituale und Dramaturgie
der pädophilen Begegnung*

Springer Fachmedien Wiesbaden GmbH

Die Deutsche Bibliothek – CIP-Einheitsaufnahme

Hoffmann, Rainer:
Die Lebenswelt der Pädophilen: Rahmen, Rituale
und Dramaturgie der pädophilen Begegnung /
Rainer Hoffmann.
(Studien zur Sozialwissenschaft; Bd. 162)
ISBN 978-3-531-12783-5   ISBN 978-3-663-12045-2 (eBook)
DOI 10.1007/978-3-663-12045-2
NE: GT

Umschlaggestaltung: Horst Dieter Bürkle, Darmstadt

Gedruckt auf säurefreiem Papier

ISBN 978-3-531-12783-5

Inhalt

Theoretischer Teil

Empirischer Teil

Der Kontaktrahmen, seine Rituale und Dramaturgie

Der Alltagsrahmen, seine Rituale und Dramaturgie

Der Sexualitätsrahmen, seine Rituale und Dramaturgie

Der Trennungsrahmen, seine Rituale und Dramaturgie

Einleitender Teil

1. Die Dominanz der 'Mißbrauchsfigur'

Definitionen und Klassifikationen von intergenerationellen Sexualkontakten zeichnen sich im wissenschaftlichen wie außerwissenschaftlichen Diskurs durch große Uneinheitlichkeit aus. Mal wird in diesem Zusammenhang von Pädophilie, mal von sexueller Gewalt, sexuellem Mißbrauch, Inzest, sexueller Ausbeutung oder Belästigung gesprochen. Die Verwirrung über die Vermengung der Begriffe beeinträchtigt die Vergleichbarkeit und Verständigung über den Gegenstand. Allenthalben scheint die "Deutungsherrschaft · der Mißbrauchsfigur" (Lautmann 1994, S. 8) gegenwärtig die Diskurse zu bestimmen. Deshalb soll zuvor ausführlich dazu Stellung genommen werden, um darüber das Phänomen der Pädophilie von dem Mißbrauchsparadigma abzugrenzen. Der undifferenzierte Gebrauch des Mißbrauchskonzepts führt dazu, daß Unterschiede beispielsweise des Inhalts, der Dauer, der Intensität, der Begleitumstände und der möglichen Folgen eines intergenerationellen Sexualkontaktes nivelliert werden.

Die heutige Prominenz der Mißbrauchsfigur geht auf Teile der Frauen- und Kinderschutzbewegung zurück (Kavemann/Lohstöter 1984; Saller 1987). In den letzten Jahren sind in der Bundesrepublik viele Veröffentlichungen über den sexuellen Mißbrauch von Kindern erschienen[1]. Der überwiegende Teil der Publikationen ergreift Partei, versteht sich als Anwalt der Opfer, arbeitet mit "moralischer Empö-

---

[1] Darunter insbesondere eine große Zahl autobiographischer Berichte (Laley 1993; Hansen 1993; Petry 1993).

rung" und skandalisiert das Problem mit Hilfe von "Verdichtungs-Symbolen" und "Dramatisierungsmetaphern" (Cremer-Schäfer/Stehr 1990). Nur selten stützt sich diese Literatur auf eigene empirische Forschung; etliche Beiträge beziehen sich in der Regel auf nicht systematisierte Erfahrungen, die in der 'Mißbrauchsarbeit' gewonnen worden sind. Die internationale Diskussion wird kaum oder nur selektiv zur Kenntnis genommen. Vertreter des Mißbrauchsparadigmas gehen wie selbstverständlich von der Vorstellung eines (beobachtbaren) Gewaltaktes und einer Leidenserfahrung aus. Gewalt ist aber nicht nur ein Beobachtungs-, sondern auch ein Beurteilungsereignis. Der Begriff, so wie er im Mißbrauchsparadigma Anwendung findet, enthält immer schon implizit vorweggenommene Interpretations- und Schlußfolgerungsannahmen (Löschper 1992). Der undifferenzierte Gebrauch des Gewaltbegriffs muß an einer Wirklichkeit des 'sexuellen Mißbrauchs' scheitern, der nicht unter Androhung und Anwendung von Gewalt und mit deutlichen Leidensfolgen für das 'Opfer' verbunden ist. Die obendrein inflationäre Verwendung des Begriffs wird der Vielfalt des Phänomens nicht gerecht. "Eng damit verwoben ist schließlich die Tendenz, die Sexualität zu einem Faktum zu reduzieren, die sexuelle Handlung, den sexuellen Akt überzubewerten, zu isolieren und zu einem Trauma an sich zu erheben, ohne auf den Beziehungshorizont, in dem eine sexuelle Handlung geschieht oder auch nicht, abzustellen und zu differenzieren" (Schorsch 1989, S. 144). In den Diskussionen um den sexuellen Mißbrauch geht es oftmals nicht um die Feststellung einer objektivierbaren Schädigung. Sie wird implizit durch eine normative Theorie der Kindheit vorausgesetzt. Nach ihrer Maßgabe wird (zum Teil höchst unterschiedlich) an den Vorstellungen einer Altersangemessenheit und Kindgemäßheit sexueller Handlungen festgehalten. Die Arbeiten an einer Theorie kindlicher Sexualität und an einer Ethik sexueller Selbstbestimmung von Kindern, die Grundlage für eine theoretisch und empirisch gebundene Einschätzung eines Mißbrauchs abgeben könnten, werden damit umgangen und unterbunden. Stattdessen wiederholen und bekräftigen die Definitionen für den sexuellen Mißbrauch Verurteilungen und Verbote intergenerationeller Sexualkontakte. Hatte die Skandalisierung die Öffentlichkeit anfangs sensibilisiert, hilft sie heute kaum noch,

Probleme, die damit verbunden sind, differenziert zu betrachten. Während Rutschky den "emphatischen Voyeurismus" (1992, S. 30), der mit der Mißbrauchsfigur einhergeht, offengelegt hat, vertritt Schetsche die Meinung, daß das Mißbrauchsmuster "... die in der zweiten Hälfte der achtziger Jahre akuten psychischen und ideologischen Bedürfnisse einer ganzen Reihe unterschiedlicher sozialer Gruppen befriedigt. (Und zwar) primär die 'Wünsche' nach der Desavouierung des Patriarchats, einem Erfolge versprechenden Politikfeld, der Einschränkung der sexuellen Freizügigkeit, der Erklärung verbreiteter psychischer Störungen, Arbeitsplätzen für Expertinnen und einer aufregenden Medienberichterstattung" (1993, S. 276).

2. Definitionen und Klassifikationen

Früh schon hat die Sexualwissenschaft den Versuch unternommen, Erwachsenen-Kind-Kontakte differenziert zu betrachten. Richard von Krafft-Ebing führte eine Kategorie ein, die er "Paedophilia erotica" nannte. Sie sollte Fälle beschreiben, "...bei welchen weder tieferstehende Moral noch psychische oder physische Impotenz sexuell Bedürftige zu Kindern hintreiben, sondern vielmehr ... eine psychosexuelle Perversion" (1912, S. 415). Er sah diese Neigung als eine primäre an, sie würde auf leichtere Handlungen hinzielen, und die Betreffenden seien gegenüber den Erwachsenen unerregbar. Zur gegenwärtigen Klarstellung muß allerdings festgehalten werden: "Wenn Pädophilie eine erotisch-sexuelle Präferenz ist, dann wird sie sich zwangsläufig melden und hervortreten. Sie vorschnell als Fixierung zu relativieren und als Perversion der Psychiatrie zu überantworten verbaut den Zugang" (Lautmann 1994, S. 15). In vielen Untersuchungen ist es allerdings bislang unterlassen worden, durch Differenzierung nach verschiedenen Merkmalen eine Ordnung in die Vielfalt der sexuellen Kontakte zwischen Erwachsenen und Kindern zu bekommen und die untersuchten Phänomene nach den realen Interaktionen zu klassifizieren. Diejenigen Studien, die versucht haben, eine Typologisierung aufzubauen, haben Knight u.a. (1985) durchgesehen. Das Modell, das auf drei hierarchischen Kriterienebenen (primäre sexuelle Präferenz des

Erwachsenen; die Bedeutung des Kindes in der Beziehung; Bedeutung von Gewalt) verschiedene Typen intergenerationeller Sexualkontakte definitorisch scheidet, soll im folgenden dargestellt werden:

Erster Typ: Der Pädophile
Sein primäres sexuelles Interesse gilt Kindern. Er sucht langfristige Bindungen, die partnerschaftlich strukturiert sind. Die Sexualität ist Bestandteil der gesamten Beziehung. Sexuelle Praktiken beschränken sich zumeist auf gegenseitiges Streicheln und Masturbation. Eine Begegnung wird mit völlig fremden Kindern hergestellt. Reagiert das Kind ablehnend auf die meist vorsichtigen sexuellen Annäherungen, bedrängt er es nicht weiter. Androhung oder Einsatz körperlicher Gewalt sind selten. Er betrachtet das Verhältnis zum Kind nicht als ausbeuterisch oder schädlich.

Zweiter Typ: Der Ersatzobjekt- und Inzest-Täter
Erwachsene sind das primäre Sexualobjekt dieses Typus. Wenn sexuelle Kontakte zu Erwachsenen nicht möglich sind, weicht er auf Kinder aus. Das Kind stellt dabei für ihn ausschließlich ein Sexualobjekt dar; es soll sexuelle Befriedigung verschaffen. Die Kinder kommen in der Regel aus der Familie des Täters (Inzest) und/oder der Nachbarschaft. Besondere Umstände der familialen Situation und Alkoholeinfluß lösen oftmals die sexuellen Handlungen aus. Da das Kind Ersatzobjekt anstelle einer Frau ist, endet die sexuelle Handlung meist mit Penetration oder Penetrationsversuchen, ohne Rücksicht auf den Widerstand des Kindes. In der Literatur wird zwischen dem "situativen und dem soziopathischen Täter" unterschieden. Während ersterer eine bestimmte Situation zu einem einmaligen Sexualkontakt nutzt, geht letzterer insgesamt antisozial und aggressiv vor.

Dritter Typ: Der aggressiv-sadistische Täter
Der sexuelle Kontakt zu einem Kind, der mit massiver Gewalt einhergeht, ist Symptom einer Persönlichkeitsstörung oder Erkrankung. Zu diesem Typus zählen psychisch Kranke, Debile, Hirngeschädigte und verschiedene Arten von Sadisten. Die eingesetzte Gewalt ist nicht Instrument, sondern wesentlicher Bestandteil des sexuellen Aktes.

Zusammenfassend halten Knight u.a. fest: "It is noteworthy that every child molester scheme included a type with an exclusive and long-standing sexual and social preference for children and contrasted this type with a second whose offenses were seen as a regression from an adult level of psychosexual adaption in response to stress. Most systems also posited a third type comprised of psychopaths with very poor social skills who turned to children largely because they are easy to exploit, not because they are preferred or desired partners" (1986, S. 260).

Diese Studie befaßt sich ausschließlich mit dem ersten Typus intergenerationeller Sexualkontakte, dem Pädophilen. Dabei beschränkt sie sich nur auf die pädophilen Kontakte eines Mannes zu einem unter 14jährigen Jungen[2]. Unter Pädophilie soll eine Beziehung zwischen einem Erwachsenen und einem Kind verstanden werden, die von Liebesempfindungen getragen ist und erotisch-sexuelles Begehren einschließt.

3. Sexualstrafrecht

Unter dem Begriff der Straftaten gegen die sexuelle Selbstbestimmung nehmen sexuelle Handlungen an Kindern im bundesdeutschen Strafrecht einen besonderen und breiten Raum ein. Angesichts der Miß-brauchskampagnen konzentriert sich die öffentliche Diskussion fast ausschließlich auf den §176 StGB ("Sexueller Mißbrauch von Kindern"), mit dem auch pädophile Kontakte generell unter Strafe gestellt sind. Nach dieser Vorschrift wird mit Freiheitsstrafe von sechs Monaten bis zu zehn Jahren, in minder schweren Fällen mit Freiheitsstrafe bis zu fünf Jahren oder Geldstrafe bestraft, wer sexuelle Handlungen an, vor oder mit einer Person unter 14 Jahren vornimmt. In besonders schweren Fällen droht Freiheitsstrafe von einem Jahr bis zu zehn

---

2   Lautmann (1994) berichtet zudem über pädophile Kontakte zwischen Männern und Mädchen. Über sexuelle Kontakte zwischen Frauen und Kindern siehe Knopf (1993).

Jahren, und zwar wenn der Täter 1. mit dem Kind den Beischlaf vollzieht oder 2. das Kind bei der Tat körperlich schwer mißhandelt. Verursacht der Täter durch die Tat leichtfertig den Tod des Kindes, so ist die Strafe Freiheitsentzug nicht unter fünf Jahren. Nach Absatz 5 des §176 StGB wird mit Freiheitsstrafe bis zu drei Jahren oder mit Geldstrafe bestraft, wer 1. sexuelle Handlungen vor einem Kind vornimmt, 2. ein Kind dazu bestimmt, daß es sexuelle Handlungen vor ihm oder einem Dritten[3] vornimmt, oder 3. auf ein Kind durch Vorzeigen pornographischer Abbildungen oder Darstellungen, durch Abspielen von Tonträgern pornographischen Inhalts oder durch entsprechende Reden einwirkt (vgl. Dreher/Tröndle 1986, S. 858)[4].

In der vorliegenden Fassung ist der §176 StGB das Ergebnis des Vierten Gesetzes zur Reform des Strafrechts von 1973. Zuvor waren im §176 ("Schwere Unzucht") Tatbestände aufgelistet, die nicht nur Kinder betrafen. Durch das 4. StrRG wurde den intergenerationellen Kontakten ein eigener Paragraph zugewiesen. Einher ging damit eine deutliche Ausweitung des Tatbestandes. Beabsichtigt war, einen um-

---

3 Ein Dritter muß nicht unbedingt ein Erwachsener sein. Auch die Bestimmung des Kindes zu sexuellen Spielen mit anderen Kindern ist strafbar.

4 Will man sexuelle Kontakte zwischen Erwachsenen und Kindern hinsichtlich intra- oder extra-familialer Kontexte trennen, müssen noch zwei weitere Strafvorschriften berücksichtigt werden: Unmittelbar vor dem Abschnitt über die Straftaten gegen die sexuelle Selbstbestimmung findet sich der §173 StGB. Er betrifft den Beischlaf zwischen leiblichen Abkömmlingen und Verwandten aufsteigender Linie. Mit Beischlaf ist die vaginale Penetration gemeint bzw. das "Eindringen des männlichen Gliedes in den Scheidenvorhof" (Dreher/Tröndle 1986, S. 841). Der §174 ("Sexueller Mißbrauch von Schutzbefohlenen") stellt Sexualkontakte an einer Person unter 16 Jahren unter Strafe, wenn einem die Person zur Erziehung ("Pflegeeltern", "Vormund", "Stiefeltern", "Lehrer", "Erziehungsbeistand", "Geistliche") (S. 847), zur Ausbildung ("Lehrherren", "Arzt", "Pfarrer", "Fahrlehrer") (S. 847-848) oder zur Betreuung in der Lebensführung ("Leiter von Heimen", "Bewährungshelfer", "Reisebegleiter") (S. 848) anvertraut ist. Nach §174 werden auch Tathandlungen bestraft, die nicht unter den §173 fallen, d.h. wenn sie beischlafähnlich sind und keine vaginale Penetration bzw. kein "Eindringen des männlichen Gliedes in den Scheidenvorhof" stattgefunden hat.

fassenden Schutz vor sexuellen Kontakten gleich welcher Art eines Kindes mit einem Erwachsenen zu garantieren. "Rechtsgut ist die von vorzeitigen sexuellen Erlebnissen ungestörte Gesamtentwicklung des Kindes" (Dreher/Tröndle 196, S. 858). Suggeriert wird damit eine formaljuristisch offenbar notwendige klare Grenzziehung, eine Eindeutigkeit und Unmißverständlichkeit der offiziellen Sexualmoral, der sich aber die Vielfalt sexuellen Handelns nicht fügen kann. Das Problem liegt darin, daß die Bandbreite der Handlungen, die unter Strafe gestellt sind, groß ist: obszönes Reden, Vorzeigen von Pornographie, Doktorspiele, exhibitionistische Handlungen, genitale Manipulationen, Mißhandlungen, Vergewaltigungen und Tötungen sind in ein und demselben Paragraphen zusammengefaßt. Sie betreffen Handlungen, die hinsichtlich ihrer Schädlichkeit und ihres Gefährdungs- und/oder Gewaltpotentials für Kinder außerordentlich ungleich wirken und auch miteinander kaum vergleichbar sind. Nicht erst bei Anwendung von Gewalt ist ein sexueller Mißbrauch gegeben; ausgegangen wird von einem "abstrakten Gefährdungsdelikt" (Dreher/Tröndle 1986, S. 858), obwohl möglicherweise kein Schaden beim Opfer und auch keine Gefährdung vorliegt. Lautmann spricht von einer "differenzierungsfeindlichen Fassung", da der Paragraph "keine Handhabe für die Ausfilterung sanktionswürdiger Fälle bietet" (1980, S. 44). Außerdem bleibt der Begriff der "sexuellen Handlung" diffus: Was ist damit gemeint, wenn von Handlungen "am", "vor" und "mit" einem Kind gesprochen wird? Die Strafrechtskommentare ähneln eher "einer biologistischen, wenn nicht gar pornographischen Aufzählung von Sexualpraktiken und weniger einer ganzheitlichen Beschreibung verwerflicher *Interaktionen*" (Baurmann 1991a, S. 51). Diese Studie ist darum bemüht, das Handlungsgeschehen in pädophilen Beziehungen näher zu betrachten und enhand einer Mikroanalyse zu durchleuchten.

4. Kriminalstatistik

Zunächst gilt es festzuhalten, daß das Ausmaß sexueller Kontakte zwischen Erwachsenen und Kindern in der Bundesrepublik unbekannt ist. Lediglich in der Polizeilichen Kriminalstatistik (PKS) sind 'verläßliche' Zahlen zu finden[5]. Sie gibt Auskunft über die Anzahl verschiedener versuchter und vollendeter Sexualdelikte, die in einem bestimmten Jahr polizeilich aufgenommen und ermittelt und der Staatsanwaltschaft zur Anklage übergeben wurden. 16.442 bekanntgewordene Fälle vollendeten und versuchten sexuellen Mißbrauchs von Kindern (§176 StGB) verzeichnet die PKS für das Jahr 1992. Opfer dieser Straftaten waren 18.275 Kinder unter 14 Jahren, 13.882 davon Mädchen, 4.393 Jungen. 97,4% der Tatverdächtigen waren Männer, 2,6% Frauen. 57,5% der Opfer kannten die Tatverdächtigen vorher nicht, 7,2% waren mit den Tätern verwandt[6], 18,4% mit ihnen bekannt[7] (Polizeiliche Kriminalstatistik Bundesrepublik Deutschland 1993, S. 19, 60-63, 119)[8]. Wichtig zu beachten ist, daß sich unter den

---

5   Es muß beachtet werden, daß die PKS nur eine Verdachtsstatistik darstellt, während in der Strafverfolgungsstatistik ablesbar ist, wieviele Aburteilungen und Verurteilungen jährlich vorgenommen worden sind. Beide Statistiken können nicht in eine direkte Beziehung gebracht werden, da Fälle eines Jahres, die zur Anzeige kommen, möglicherweise erst im darauffolgenden Jahr oder später abgeurteilt werden. Um das Problem zu lösen, wäre eine Verlaufsstatistik nötig, die es augenblicklich noch nicht gibt (Baurmann 1991, S. 231). Die Zahlen der Strafverfolgungsstatistik sind jedoch viel geringer als die Zahlen der PKS.

6   Unter Verwandtschaft definiert die PKS in dem Zusammenhang "alle Angehörigen gemäß §11 Abs. 1 Nr. 1 StGB (also einschließlich Verschwägerte, Verlobte, Geschiedene, Pflegeeltern und -kinder)". (Polizeiliche Kriminalstatistik Bundesrepublik Deutschland 1993, S. 61)

7   "Bekanntschaft" wird von der PKS nicht definiert und in der Eingabestelle subjektiv vom Erfasser festgelegt. Dabei gilt natürlich die Regel, daß immer der engste Bekanntschaftsgrad (Abfolge wie in PKS) kodiert wird. Als Erfasser fungieren (in den Ländern unterschiedlich) manchmal Sachbearbeiter und manchmal 'Fallanalytiker'. Letztere pflegen zumindest einheitlicher einzugeben. (Deshalb muß die Eingabe hier aber nicht weniger fehlerhaft sein.) Genaueres gibt es sonst nicht, auch nicht bei den Erfassungsrichtlinien (Baurmann, persönliche Mitteilung).

8   Betrachtet man noch die Fälle, bei denen es meist um die Ausnutzung eines Abhängigkeitsverhältnisses ging, müßten noch berücksichtigt werden: §174, 174a, 174b StGB ("Sexueller Mißbrauch von Schutzbefohlenen")

sexuellen Handlungen, die gemäß §176 StGB ("Sexueller Mißbrauch") zur Anzeige kommen, sowohl viele sexuelle Handlungen vor einem Kind (also z.B. Exhibitionismus) als auch Fälle von schwerwiegender Vergewaltigung eines Kindes befinden. Baurmann (1983) hat die Fälle einer Clusteranalyse unterzogen und ihre Heterogenität herausgearbeitet: 35% der angezeigten Straftaten können als exhibitionistische Handlungen gelten (S. 407), weitere ca. 20% "erwiesen sich als sehr oberflächlich und eher harmlos" (S. 408). In etwa der Hälfte der Fälle wurde die Abhängigkeit des Kindes ausgenutzt, es wurde im weitesten Sinne des Wortes bedroht oder fühlte sich bedroht. Von dieser Teilgruppe konnten rund 20% herauskristallisiert werden, die "recht viel gemeinsam haben mit sexueller Nötigung und Vergewaltigung" (S. 408). Durch die Clusteranalyse ließ sich herausfinden, daß "bei den Sexualkontakten mit zunehmender Bekanntschaft auch mit schwerwiegenderen Sexualkontakten gerechnet werden muß" (S. 373). Die Studie hebt hervor: "Einige Autoren, die hingegen annehmen, *alle* oder die *meisten* registrierten Fälle mit sexuellem Mißbrauch von Kindern enthielten Gewalt, Drohung oder Machtmißbrauch, sehen sich mit Ergebnissen konfrontiert, die dieser Meinung *widersprechen*. ... Die Fälle von 'Pädophilie' dürften somit auch bedeutend seltener sein, als es von der Größe der strafrechtlichen Fallgruppe 'Sexueller Mißbrauch von Kindern' her häufig geschlossen wird" (S. 408). Baurmann findet es deshalb auch gar nicht erstaunlich, "wenn die Bewertung der sogenannten 'sexuellen Mißbräuche von Kindern' in der politischen Diskussion stark differieren können. Je nach politischer Intention wird dann entweder die eine Hälfte der vergleichsweise harmlosen Straftaten oder die andere Hälfte der sexuellen Gewalttaten (im engeren

---

mit 1329 erfaßten Fällen für das Jahr 1992 (Polizeiliche Kriminalstatistik Bundesrepublik Deutschland 1993, S. 19), ferner §173 ("Beischlaf zwischen Verwandten"). Die PKS weist dazu keine Zahlen aus. Nach Berechnungen des Bundeskriminalamtes schätzt Baurmann die Zahl bei ca. 500 versuchten und vollendeten angezeigten Fällen pro Jahr (1992, S. 82). Wieviel Personen dabei unter 14 Jahre alt waren, bleibt unklar (siehe hierzu auch die vierte Fußnote).

Sinne) in diesem Bereich verallgemeinert und hochgerechnet" (1991, S. 234).

5. Dunkelfeldschätzungen

Baurmann schätzt für den Strafbestand des sexuellen Mißbrauchs von Kindern (§176 StGB) eine Hell-/Dunkelfeld-Relation von 1:5 (1991, S. 233). Demnach wäre für 1992 bei einem Hellfeld von 16.442 erfaßten Fällen eine Dunkelfeldzahl von 82.210 Straftaten anzunehmen. Bei der Dunkelfeldschätzung gibt es jedoch folgende Probleme zu berücksichtigen: Eine Dunkelfeldschätzung setzt eine definitorisch-konzeptionelle Vorstellung von 'Mißbrauch' voraus. Je nach Standortgebundenheit werden unterschiedliche Einschätzungen abgegeben. Beispielsweise kommen aus dem Umfeld der 'Mißbrauchsarbeit' ganz andere, horrend anmutende Dunkelfeldvorstellungen. Kavemann und Lohstöter bekunden, daß "schätzungsweise jährlich 300.000 Kinder sexuell mißbraucht" würden (1984, S. 28). Als Beleg wird allerdings auf Baurmann (1983) selbst mit einer Opferbefragung des Bundeskriminalamtes zurückgegriffen. Die aufgestellte Behauptung ist jedoch vollkommen haltlos. Der Autor hat die fehlerhafte Darstellung mehrfach richtiggestellt. Sie sei hier ausführlich zitiert: "Zunächst fällt auf, daß die Autorinnen in diese Dunkelfeldschätzungen 'Vergewaltigungen' und 'sexuelle Nötigung' von 'Mädchen unter 18 Jahren' hineingenommen haben; folglich sollten sie aber präziser von 'sexuellen Gewalthandlungen gegen Mädchen und Frauen' sprechen. Weiterhin fällt auf, daß mir eine Dunkelfeldschätzung im Bereich des 'Sexuellen Mißbrauchs von Kindern' von 1:20 zugeschrieben wird (richtig wäre gemäß der dort zitierten Quellenangabe: '1:2 bis 1:18'). Diese fragwürdige Dunkelfeldschätzung (1:20) wird dann als Multiplikator für 15.000 angezeigte Fälle von sexuellem Mißbrauch und sexueller Gewalt gegen Kinder benutzt. Diese Hellfeldzahl war aber bei Erscheinen des Buches (1984) schon etwa um 3.000 bis 3.500 Opferfälle übertrieben, selbst wenn man Fälle von Exhibitionismus vor Kindern als 'sexuellen Mißbrauch' oder als 'sexuelle Gewalt' bewertet. Wenn man dies nicht so bewertet, dann war die Hellfeldzahl sogar um 6.000 bis

7.000 Opferfälle übertrieben. Völlig unbeachtet ließen die Autorinnen, daß sexuelle Gewalttaten im engeren Sinne sowie sexuelle Mißbräuche von Kindern und exhibitionistische Handlungen vor Kindern ganz unterschiedliche Hell-/Dunkelfeld-Relationen aufweisen. Kavemann/-Lohstöter multiplizieren recht unbekümmert 15.000 (angebliche gewalttätige Viktimisierungen von Kindern) mit 20 (angebliches Dunkelfeld) und kamen so auf 'jährlich 300.000 Kinder, die sexuell mißbraucht werden'. Viele spätere Veröffentlichungen beziehen sich auf diese fehlerhafte Berechnung, schreiben sie oft mir oder dem BKA zu, benennen sie manchmal sogar als Untergrenze und manchmal als die jährliche Anzahl von sexuellen Gewalttaten gegen Kinder" (Baurmann 1992, S. 100).

Indem man den Begriff 'sexueller Mißbrauch' undifferenziert nutzt und damit falsche Zahleneinschätzungen produziert, wird eine Wirklichkeit suggeriert, die eine heimliche Epidemie sexueller Gewalt vor allem an Mädchen (und Frauen) unterstellt. Lautmann hat den übergreifenden Rahmen des Moralunternehmertums herausgearbeitet und stellt fest: "Die Problemdefinition adressiert sich an Männer, und zwar oft genug an die gesamte Gattung. ... Betroffen sind nicht nur die einzelnen Opfer, sondern alle Frauen, deren gesamtes Leben unter der Vergewaltigungsgefahr steht. Dem weiblichen Sozialcharakter ist eine Art von Viktimogenität hinzugefügt worden" (1993, S. 151). Bestandteil des Rahmens ist es auch, daß der Schutzgedanke vor den Selbstbestimmungsgedanken getreten ist. Präventions- und Interventionsüberlegungen füllen ganze Bücher zum 'sexuellen Mißbrauch', während Ideen zur sexuellen Selbstbestimmung von Kindern, konzeptionelle Überlegungen und empirische Fragestellungen dagegen ins Hintertreffen geraten sind. Die Moralpolitik, die mit Dunkelfeldschätzungen, Polizeilichen Kriminalstatistiken und Strafrechtsbestimmungen betrieben wird, kaschiert die Frage nach einer sexuellen Selbstbestimmung beim Kinde; vielmehr wird eher eine Asexualität vorausgesetzt.

6. Methodologische Probleme in der 'Mißbrauchsforschung'

Ebenso wie bei den Dunkelfeldschätzungen variieren die empirischen Ergebnisse wissenschaftlicher Untersuchungen zu intergenerationellen Sexualkontakten je nach methodologischen Voraussetzungen erheblich. So wird in vielen Studien nicht nach einer - wie eingangs dargestellten - Differenzierung verschiedener Typen intergenerationeller Sexualkontake vorgegangen, sondern unter der Deutungsfigur 'sexueller Mißbrauch' werden intra- und extrafamiliale Sexualkontakte zusammen aufgeführt (Baker/Duncan 1995; Finkelhor u. a. 1990; Kercher/ McShane 1985; Miller u.a. 1991). Ein weiteres Problem besteht in der definitorischen Unklarheit, was im Sinne der Problematik des sexuellen Mißbrauchs überhaupt unter 'Kinder' und 'Kindheit' zu verstehen ist. Es besteht die Frage, ob eine einheitliche Altersphase vorausgesetzt werden kann. Viele Untersuchungen legen schlichtweg Altersgrenzen fest, die höchst unterschiedlich ausfallen: Gebhard u.a. (1967) sehen sie bei 12 Jahren, McCaghy (1967) bei 13 Jahren, Kinsey u.a. (1953) bei 14 Jahren, Baker und Duncan (1985) und Miller u.a. (1991) bei 16 Jahren und Kercher und McShane (1984) sogar bei 18 Jahren[9]. Manchmal wird auch nur der Beginn der Pubertät als Altersgrenze angegeben (Cohen u.a. 1969; Mohr u.a. 1964). Häufig berufen sich viele Untersuchungen auf gesetzliche Festlegungen (für die Bundesrepublik beispielsweise Kirchhoff und Kirchhoff 1979) oder grenzen sich im Gegenteil von ihnen ausdrücklich ab und definieren diffus: "Den Ausgang dafür kann nur eine eigene Definition sexuellen Mißbrauchs an Mädchen und Jungen bilden, die sich am momentanen Ohnmachtserlebnis des Kindes und dessen Folgen für die physische und psychische Entwicklung des Kindes orientiert, statt an Kategorien des Strafgesetzbuches" (Enders 1989, S. 9f.). Manchmal wird ein bestimmter Altersunterschied zwischen Täter und Opfer als Definitionsgrundlage

---

9 "Sexual abuse may also be committed by a person under the age of 18 when that person is significantly older than the victim, or when the perpetrator is in a position of power or control over another child" (Kercher/McShane 1985, S. 366)

für einen sexuellen Mißbrauch gesehen, so beispielsweise bei Finkelhor (1979), der eine Altersdifferenz von fünf Jahren bei einem bis zu zwölfjährigen Kind und von zehn Jahren bei älteren Kindern festlegt. Damit werden unter anderen auch Adoleszenten zu sexuellen Mißbrauchstätern.

Ein grundlegendes Problem besteht darin, welche Handlungen einen sexuellen Mißbrauch kennzeichnen. In vielen Studien werden nicht nur Handlungen, die mit einem unmittelbaren Körperkontakt verbunden sind, als Mißbrauch klassifiziert, sondern auch Handlungen, bei denen kein Körperkontakt zustande kommt, wie beispielsweise exhibitionistische Handlungen, sexuell getönte Gespräche oder das Fotografieren eines nackten Kindes (Baker/Duncan 1985; Finkelhor 1979; 1984; Kercher/McShane 1984). Zum Teil wird in Studien lediglich ganz allgemein gefragt, ob es sexuelle Kontakte unter Umständen gegeben habe, "when the subject did not want them" (Miller u. a. 1991, S. 45). Oder die Frage hat einen suggestiven Bias und ist für Verzerrungen in der retrospektiven Interpretation bestens geeignet, wie beispielsweise bei Finkelhor: "When you were a child, can you remember any kind of experience that you would *now* consider sexual abuse involving someone touching you, or grabling you, or kissing you, or rubbing up against your body either in a public place or privat - anything like that?" (1990, S. 20) (Hervorh. R. H.).

Eine weitere methodologische Unklarheit besteht darin, ob man außer nach erzwungenen und ungewollten auch nach möglicherweise konsensuellen Handlungen fragt, wie bei Okami (1991) geschehen.

Schließlich stellt sich das Problem, wie die Untersuchungsgruppe zusammengesetzt ist. Abgesehen von den Problemen retrospektiver Befragungen und einer selektiven Stichprobenbildung hat sich herausgestellt, daß die höchsten Prävalenzraten bei Frauen in städtischen Haushalten anzutreffen sind, während die Zahlen bei allgemeinen Bevölkerungsumfragen auf ein mittleres Niveau und bei College-Samples auf einem niedrigen Niveau angesiedelt sind (Haugaard/Emery 1989, S. 89).

7. Ätiologisches Paradigma

Mangelt es auf der einen Seite an Differenzierungen im Sexualstraf-
recht, in der Polizeilichen Kriminalstatistik, bei der Dunkelfeldforschung und im methodologischen Zuschnitt empirischer Untersuchungen zu intergenerationellen Sexualkontakten, werden auf der anderen
Seite Fragen zur Ätiologie und Therapie des Täters im Überfluß gestellt. Überlegungen mit ätiologischen Erkenntnisinteressen haben sich
immer wieder damit beschäftigt, ob der Erwachsene psychisch oder
sozial auffällig ist, ob sexuelle Probleme dazu führen, Kinder als
Ersatzobjekt zu benutzen, oder ob eigene sexuelle Gewalterfahrungen
in kausaler Beziehung zum Täterprofil stehen. Finkelhor und Arayi
(1986) haben verschiedene Erklärungsansätze in einem Faktoren-Mo-
dell zusammengefaßt, das auf folgenden vier Fragen beruht: 1. Warum
benötigt eine Person die sexuellen Kontakte zum Kind, um sexuelle
Befriedigung zu finden? 2. Warum ist eine Person fähig, von Kindern
sexuell erregt zu werden? 3.Warum wird eine Person von sexuellen
Interaktionen mit Erwachsenen frustriert, daß sie sich Kindern zuwendet? 4.Warum wird eine Person von den gesellschaftlichen Nor-
men nicht daran gehindert, sexuelle Kontakte zu Kindern zu suchen?
Den unterschiedlichen Frageebenen werden insgesamt 23 Erklärungsansätze zugeordnet, vom frühkindlichen Trauma über Chromosomen-
störungen bis zu Alkoholproblemen. Die überwiegend theoretisch
gewonnenen Erklärungen stehen jedoch im krassen Gegensatz zu
empirischen Untersuchungen. Okami und Goldberg haben anhand
von 18 Forschungsberichten Persönlichkeitsmerkmale von Männern
mit Sexualkontakten zu Kindern mit Kontrollgruppen verglichen und
halten fest: "little clinically significant pathology, was fond among
either 'pedophiles' or 'sex offenders' against minors" (1992, S. 297)[10].
Die sogenannten Täter sind also meist keine psychisch schwer gestör-

---

10 Vgl. hierzu auch die Untersuchung von Langevin u. a., die festhalten:
   "None of the commonly held hypothesis were supported" (1985, S. 204).
   Ferner die Überblicksarbeit von Levin und Stava, die lediglich in einer
   Arbeit Unterschiede dazu feststellen konnten (1987, S. 76).

ten Männer. Ebenso sind sie nicht, wie oft angenommen wird, sozial desintegriert und auffällig. Es findet sich "keine Bestätigung für die These, daß diese Männer Einzelgängertypen (loners) sind" (Brockhaus/Kolshorn 1993, S. 80).

Die Auffassung, der Erwachsene sei sexuell unbefriedigt oder frustriert und würde sich Kindern als Ersatz für sexuelle Kontakte mit Erwachsenen zuwenden, ist nach der eingangs dargestellten Klassifizierung differenziert zu betrachten. Für den pädophilen Typ gilt, daß er ein beinahe ausschließliches sexuelles Interesse an präpubertären Kindern hat. Freund u.a. (1991) haben die These anhand phallometrischer Labormessungen bestätigen können. Ebenso Briere und Runtz (1989), die bei Studentenumfragen feststellen konnten, daß 5% der befragten Männer ausschließlich pädophile Wünsche haben. Männer können also ein ganz spezifisches Interesse an Kindern entwickeln jenseits von einem Impetus zur Ersatzobjekt-Nutzung.

Die These eines Zusammenhangs zwischen eigener sexueller Gewalterfahrung und Gewaltausübung kann nur in sehr unterschiedlichem Maße bestätigt werden. Während Gaffney u.a. (1984) zu dem Ergebnis kommen, daß 27% der Probanden als Kinder selbst Opfer sexuellen Mißbrauchs waren, macht DeYoung (1982) über 60% aus.

Hinsichtlich therapeutischer Bemühungen kommt Kelly in einer Literaturstudie, in der 25 empirische Untersuchungen ausgewertet wurden, zu dem Fazit: "No large group study or series of cases has determined the overall effectiveness of these behavioral treatments" (1982, S. 406).

8. Schadensparadigma

Neben der Konzentration auf ätiologische Fragestellungen befassen sich zahlreiche Publikationen mit dem Thema der Schädigung "selbst- oder fremddeklarierter Opfer"[11] von Sexualdelikten. Die Veröffentlichungen beruhen aber, wie bereits Lachmann (1988) aufzeigte, je nach

---

11 Zur Differenzierung des Opferbegriffs siehe Baurmann (1979, S. 90-92).

den zugrundeliegenden ideologischen oder wissenschaftstheoretischen Grundvoraussetzungen, auf unterschiedlichen und zum Teil sogar divergierenden Erkenntnissen. Feministisch orientierte Arbeiten behaupten eine stets gegebene Schädigung des kindlichen Sexualopfers (Armstrong 1985; Kavemann-Lohstöter 1984); Vertreter der emanzipatorischen Sexualpädogogik versuchen, das Gegenteil zu beweisen, und haben auch nach einer entsprechenden Strafrechtsreform verlangt (Kercher 1973; Potrykos/Wöbke 1974). Die Gefahr einer Selektion des Belegmaterials kann nicht ganz ausgeschlossen werden, zumal einheitliche Zeitströmungen der 60er und 70er Jahre einerseits und 80er Jahre andererseits erkennbar werden. Beide Extrempositionen stehen im Verdacht, daß allzu leichtfertig von normativen Voraussetzungen deduktiv ausgegangen und dabei das reale Handlungsgeschehen nicht wahrgenommen wird. Einschätzungen von psychoanalytischer Seite führen da schon weiter. Als "Sprachverwirrung" hat Ferenczi die inzestuöse Beziehung bezeichnet. Der Zärtlichkeitswunsch des Kindes bedeute nicht, daß es vom Erwachsenen zum sexuellen Objekt gemacht werden wolle. Die Erwachsenen "verwechseln die Spielereien der Kinder mit den Wünschen einer sexuell reifen Person und lassen sich ohne Rücksicht auf die Folgen zu Sexualkontakten hinreißen" (1972, S. 308). Schorsch hingegen, der Begründer der Hamburger Schule der psychoanalytisch orientierten Sexualpsychiatrie, stellt in den 70er Jahren fest: "Ein gesundes Kind in einer intakten Umgebung verarbeitet nicht gewalttätige sexuelle Erlebnisse mit Erwachsenen ohne Folgen" (1975, S. 358). Angesicht der Mißbrauchskampagnen, die zu einer Ideologisierung von Kindersexualität und Sexualität mit Kindern führten, die Betroffenheitsliteratur der Opfer anschwellen ließen und Veränderungen der Sicht auf und des Stellenwerts von Sexualität mit sich brachten, nahm er schließlich eine relativierende Position ein, unterstreicht aber immer noch: "Kinderliebe also ist weder generell schlecht noch generell gut. Es läßt sich nur soviel sagen: Sie ist riskiert durch die Ungleichzeitigkeit, sie ist belastet durch die Disparität der Wünsche, das heißt jedoch nicht, daß sie unbedingt schädlich ist " (1989, S. 176). Die These von der Ungleichzeitigkeit ist auch von Dannecker (1987) aufgegriffen worden. Er ist der Ansicht, daß erst nach der Pubertät das vorher bloß disponierte und präformierte Sexualobjekt endgültig zentriert werde. In einer pädosexuellen Beziehung fehle eine Reziprozität der Objekte. Im Vergleich zu diesen sexualtheoretischen Positionen zeigt aber ein Blick in neuere empirische Untersuchungen, daß die Frage der Schädigung nicht nach Maßgabe der einen oder anderen, zum Teil apologetischen Positionen beantwortet werden kann. In einer Vergleichsstudie zwischen 369 sexuell ausgebeuteten Kindern und 319 Kindern ohne derartige Erfahrungen haben Comte und Schuermann darauf hingewiesen, daß eine "Mißbrauchserfahrung" höchst unterschiedlich verarbeitet wird: "Einige Kinder scheinen sehr ernsthaft beeinträchtigt, andere weniger. Und wieder andere scheinen davon überhaupt nicht berührt zu sein" (1987, S. 389 zit. nach Honig 1992, S. 401)[12]. Die Schwierigkeit des Schadensparadigmas besteht darin, daß oftmals nur theoretisch argumentiert oder aber in den empirischen Untersuchungen keine theoretische Integration der Befunde geleistet wird. Die Feststellung einer psychischen Schädigung durch bestimmte Sexualkontakte bleibt zweifelhaft, solange beispielsweise nur statistische Zusammenhänge vorliegen, die aber keine Aussage über die Richtung des errechneten Zusammenhangs machen (Diesing 1980). Durch eine einmalige Befragung läßt sich kaum entscheiden, ob ein Kind mit psychischen Problemen besonders häufig sexuelle Kontakte zu Erwachsenen hat oder ob es durch den sexuellen Kontakt zu einem Erwachsenen psychische Probleme bekommen hat. Wichtig ist zu sehen, daß insgesamt die Kontextbedingungen, vor allem auch die Bedingungen der sekundären Viktimisierung (Lempp 1968; 1990), stärker berücksichtigt werden[13]. Man kann eine Schädigung nicht als eine "Eins-zu-eins-Beziehung" zwischen Gewalterfahrung und Sym-

---

12 Comte (1985) hat in einer anderen Studie, in der 25 empirische Untersuchungen zur Schädigungsproblematik verglichen wurden, festgestellt, daß globale Aussagen wie "Alle Kinder werden geschädigt" oder "Die Kontakte sind generell unschädlich" beim heutigen Erkenntnisstand nicht aufrecht erhalten werden können.

13 Auf die Vielzahl der zu beachtenden methodologischen Prämissen im Rahmen einer theoretischen Fragestellung zur Erforschung einer Schädigung hat Kilpatrick (1987) aufmerksam gemacht.

ptomausprägung" (Honig 1992, S. 404) darstellen. Auf die Vielfalt der Faktoren, die das Schädigungspotential bestimmen, hat Honig (1982, S. 402ff.) hingewiesen, wie z. B.: Alter und Geschlecht des Kindes und des Erwachsenen, Dauer und Häufigkeit des Kontaktes, Art der Beziehung des Kindes zum Erwachsenen, Art der sexuellen Handlungen, Androhung oder Anwendung von Gewalt, sowie Mediatoren wie sekundäre Viktimisierung und die psychische Umgebung des Kindes (z.B. Ablehnung im Elternhaus).

Abschließend läßt sich also festhalten, daß man nicht einfach von einer Schädigung als objektiv gegebener Tatsache ausgehen kann. Problematisch ist es daher, wenn beispielsweise Verhaltensauffälligkeiten von Kindern allzu schnell und möglicherweise fälschlich als Folgen eines sexuellen Mißbrauchs gedeutet werden und zum Zweck der Diagnose aufgestellte "Check-Listen" helfen sollen, einen Mißbrauch zu erkennen (Braecker/Wirtz-Weinrich 1991; Enders 1990; Glöer/ Schmiedeskamp-Böhler 1990; Steinhage 1990; Trube-Becker 1987)[14]. Diese Studie will jedoch nicht den Blick auf die Schadensfrage lenken. Dafür hätten die Kinder, mit denen die befragten Männer Kontakte hatten, in die Untersuchung miteinbezogen werden müssen. Dies erscheint angesichts der Problemkampagnen aus forschungsethischen Gründen augenblicklich allerdings äußerst schwierig. Da zudem eine Theorie kindlicher Sexualität fehlt bzw. lediglich in ersten Ansätzen konzipiert wird (Honig 1993; Perry 1990; Constantine/Martinson 1981), wurde auf die Befragung von Kindern verzichtet. Die Debatte der Schadensfrage ist hier deshalb so ausführlich aufgerollt worden, um durch die Darstellung ihrer ambivalenten Implikationen den Blick frei zu stellen für die Überlegung, daß nicht ein jeglicher sexueller

---

14 Auf die Folgen für die Praxis sozialer Berufe haben in dem Zusammenhang Offe u.a. (1992) aufmerksam gemacht. Sie beklagen, daß Hinweise auf einen sexuellen Mißbrauch vorschnell als Gewißheit betrachtet würden; man gehe von der Annahme aus, daß jedem Verdacht auf Mißbrauch auch tatsächlich ein solcher zugrunde liegen müsse.

Kontakt zwischen einem Erwachsenen und einem Kind gleich eine Schädigung bedeutet und man sich zunächst einmal damit begnügen muß, den Verlauf der Interaktionen aus der Sicht des Älteren zu rekonstruieren.

9. Themen in der 'Pädophilieforschung'

Die theoretische und empirische Literatur, die ausschließlich den eingangs beschriebenen Typus des Pädophilen erörtert, ist dünn gesät. Das Schwerpunktheft des Journals of Homosexuality von 1990 faßt unter dem Titel "Male Intergenerational Intimacy: Historical, Socio -Psychological, and Legal Perspectives" den aktuellen Forschungsstand jenseits eines Mißbrauchs-, ätiologischen oder Schädigungsdogmas zusammen (vgl. im folgenden Sandfort/Brongersma/van Naerssen 1990). Es kann als Spiegelbild für die wissenschaftliche Betätigung auf diesem speziellen Forschungszweig gesehen werden. Folgende Themen sind zu verzeichnen: In historisch, ethnologisch, kulturell vergleichender Perspektive wird das Phänomen der Pädophilie beschrieben: als Initiationsritus in heutigen Naturvölkern, als "Greek love" in der antiken griechischen Gesellschaft und als pädagogischer Eros zu Zeiten der historischen Jugendbewegung. Ein rechtshistorischer Aufsatz untersucht die Bedingungen, unter denen verschiedene Altersgrenzen für sexuelle Kontakte zwischen Erwachsenen und Kindern zustande gekommen sind. Im sozialpsychologischen Teil werden Beiträge zur 'Selbstbildproblematik' und Fragen der Selbstakzeptanz diskutiert. Identitätsprobleme Pädophiler werden analog der verschiedenen Phasenmodelle einer "gay identity" (z.B. vom Coming out bis Coming out all over) beschrieben. In einem weiteren Beitrag werden sexuelle Skripts von Kindern erörtert. Abschließend stehen in dem Themenheft Probleme der Selbstorganisation von Pädophilen im Blickpunkt. Die Aufsatzsammlung zeigt, daß insbesondere historische Themen, Identitätsfragen und Probleme der Selbstorganisation die Debatte um die Pädophilie dominieren.

Neben diesen wissenschaftlichen Arbeiten gibt es eine kleine Anzahl von Publikationen, die im Umfeld von Pädophilenorganisationen entstanden sind (Hohmann 1980; O'Carroll 1982; Tsang 1881; Vogel

1986). Darin werden aber auch historische Fragestellungen, Selbstorganisationsprobleme, Rechtsdebatten und Identitätsthemen abgehandelt. Ebenfalls im Umfeld von Pädophilenorganisationen sind empirische Untersuchungen in den Niederlanden angestellt worden: Bernard (1978; 1979), der in den 70er Jahren Studien zu längerfristigen Kontakten zwischen Jungen und Männern durchgeführt hat, stellt heraus, daß oftmals die Kinder die Initiative zu den Kontakten ergriffen hätten; die meisten Kinder würden die Sexualität als Teil der Gesamtbeziehung betrachten und akzeptieren. Schädliche Folgen sind von dem Autor nicht festgestellt worden. Brongersma (1986; 1990) hat sich ausführlich mit verschiedenen Fragen zur Pädophilie beschäftigt und dabei immer wieder auf eigene Untersuchungen zurückgegriffen. Ihn interessiert vor allem die Attraktion sowie die psychosexuelle Entwicklung eines Kindes (Bd. 1, 1986); ferner die Probleme einer repressiven Sexualerziehung und wie sie auf eine pädophile Beziehung zurückwirken (Bd. 2, 1990).

Sandfort (1986) hat die Erfahrungen betrachtet, die Jungen in einer pädophilen Beziehung gemacht haben. Dazu interviewte er 25 Jungen im Alter zwischen 10 und 16 Jahren. Die Jungen waren zum Teil schon bis zu 6 Jahren lang mit dem Erwachsenen befreundet. Sandfort stellt heraus, daß es erst nach einer langen Freundschaft zu sexuellen Kontakten gekommen ist; überwiegend habe der Erwachsene sie initiiert. Die Jungen sahen sich mehrheitlich nicht als unterdrückt oder ausgebeutet an; der Erwachsene würde ihre Wünsche und Forderungen akzeptieren. Die Jungen kommen überwiegend aus problematischen Familien und betrachteten die Beziehung als Familienersatz.

Aus dem kurzen Überblick wird deutlich, daß eine der zentralen Fragestellungen bislang völlig unbeantwortet geblieben ist, die in dieser Untersuchung in den Mittelpunkt gestellt werden soll, nämlich die Frage nach den unbekannten Interaktionsverläufen in einer pädophilen Begegnung.

10. Fragestellung der Untersuchung

Im Zentrum der Aufmerksamkeit fast aller bisherigen Untersuchungen stehen entweder die Kinder vor allem hinsichtlich der Fragen schädlicher Folgen oder die Erwachsenen hinsichtlich ihrer Psychodynamik und Behandelbarkeit. Umrahmt werden Ätiologie- und Schadensparadigma von strafrechtlichen Debatten über das Ausmaß sexueller Kontakte zwischen Erwachsenen und Kindern, das aus Kriminalstatistiken und Dunkelfeldeinschätzungen abgeleitet wird. Kaum im Blickfeld steht das soziale Geschehen, in dessen Verlauf der sexuelle Kontakt zustande kommt. Wird auf den Kontext Bezug genommen, bleiben die Darstellungen äußerlichen Kriterien verhaftet. Gefragt wird nach Ort, Zeit, Dauer und Häufigkeit eines sexuellen Kontaktes, nach der Anzahl und Auswahl der Opfer, nach der Täter-Opfer-Beziehung in ihrem formalen Verwandtschafts- oder Bekanntschaftsgrad, nach sexuellen Praktiken in ihren Intensitätsausprägungen oder nach Vorkommnissen angedrohter oder angewandter Gewalt. Die sexuelle Handlung wird dabei als rein biologisch motiviertes Geschehen, als "Befriedigung des Geschlechtstriebes" wahrgenommen und damit ihrer sozialen und kommunikativen Aspekte sowie der psychischen Bedeutung für die Beteiligten völlig enthoben. (Schorsch 1987, S. 125f.). Die alleinige Fokussierung auf körperliche, genitalbezogene Akte bringt es mit sich, daß das Handlungsgeschehen entweder nur biologistisch oder gar nicht verstanden und erklärt werden kann. Durch die Reduktion der Interaktionen bleibt der Ablauf der Handlungen zwischen den Beteiligten unverständlich. Es fehlt in diesem Themenfeld also an Untersuchungen, die die Interaktionen beschreiben. Bislang standen - juristisch gesprochen - primär die Täter und/oder die Opfer im Mittelpunkt des Interesses, weniger die Tat. Implizite Vorannahmen über den Tathergang, gesehen als absolutes Gewaltverhältnis, führen zu strengen Parteinahmen gegen den verabscheuungswürdigen Täter und für das bemitleidenswerte Opfer. In den Debatten um Rechtfertigung und Begrenzung von Kriminalisierung besteht offenkundig Einvernehmen, daß von einem Tatstrafrecht auszugehen ist. Gesichtspunkte eines Täterstrafrechts (z.B. Gesinnung, Prävention) oder des Opferbezugs (z.B. Vergeltungswunsch, Wiedergutmachung) werden hingegen nur begrenzt oder gar nicht anerkannt. Die Ausrichtung auf das Tatstrafrecht macht es erforderlich, das Handlungsgeschehen ins Blickfeld einer sozialwissenschaftlichen Analyse zu rükken. Wenn Handlungsbegriff und Tatbestimmung heute im Zentrum strafjuristischer Diskussion stehen, dann kann die Kriminologie daraus als einen ihrer Aufträge entnehmen, vornehmlich die Tatseite, d.h. die Interaktionen einschließlich der subjektiven Sinnsetzungen empirisch zu untersuchen.

Daraus ergeben sich für diese Untersuchung folgende zentrale Forschungsfragen:

1. Wie sind die Interaktionen des Kennenlernens aufgebaut?
2. Wie stellen sich die Interaktionen im Alltagsgeschehen dar?
3. Wie verlaufen die sexuellen Interaktionen?
4. Wie wird eine Trennung interaktiv vollzogen?

Methodischer Teil

1. Explorative Dunkelfeldforschung und Feldzugang

Überwiegend sind empirische Untersuchungen sexueller Kontakte zwischen Erwachsenen und Kindern bislang im Bereich des Hellfeldes entstanden. Der Großteil der Erkenntnisse entstammt Fällen, die Gegenstand strafrechtlicher Verfahren waren, und von Personen, die zum Untersuchungszeitraum wegen der Kontakte in Gefängnissen oder psychiatrischen Anstalten einsaßen. Die Ergebnisse sind wegen der psychosozialen Auswirkungen der totalen Institutionen auf die Betroffenen verzerrt[15]. Aus retrospektiven repräsentativen Befragungen ist darüber hinaus bekannt, daß die Mehrheit der sexuellen Kontakte nicht bei staatlichen Stellen o.ä. gemeldet wird. Um Näheres über diese unbekannten Kontakte zu erfahren, wurden in dieser Studie vorrangig sexuelle Kontakte untersucht, die nicht Gegenstand strafrechtlicher Verfahren oder psychiatrischer Praxis waren. Dies ist anhand einer explorierenden Dunkelfeldforschung versucht worden (vgl. zu dieser Forschungsstrategie Schwind 1981; Sack 1985; Müller 1978; Undeutsch 1983). Ein solches Vorhaben steht vor der Aufgabe, die "Unerschlossenheit, Randständigkeit oder Neuheit von Phänomenen als Voraussetzung eines explorierenden qualitativen Vorgehens"

---

15 Der Kriminalsoziologe Polsky vergleicht derartige Studien mit Zoologen, die den Straftäter oder Patienten wie einen Gorilla hinter Gitter studieren (1973, S. 57). Er hält übrigens fest, daß bei der Erforschung krimineller Subkulturen "die Soziologie nicht viel wert ist, wenn sie sich nicht letztlich mit richtigen lebendigen Menschen befaßt, Menschen in ihrer normalen Lebenswelt" (S. 71).

(Hopf 1984, S. 18) zu erfassen. Ziel des Unternehmens war es, einen qualitativen Forschungsbeitrag zur soziologischen Deskription pädophiler Interaktionen beizusteuern. Die Darstellungen der Befragten sollten möglichst aus deren eigenen handlungsleitenden Vorstellungen heraus nachvollzogen werden. In diesem Zusammenhang ist die schrittweise Einnahme einer Innenperspektive unumgänglich. Bei der qualitativ explorierenden Dunkelfeldforschung geht es darum, das Interaktionsgeschehen aus der Sicht der Betroffenen zu beschreiben, um aus den Interpretationen und Analysen theoretische Sekundärkonstruktionen zu erstellen. In Anlehnung an Geertz ließe sich vom Versuch einer "dichten Beschreibung" sprechen. Ziel ist dabei, "uns mit den Antworten vertraut zu machen, die andere Menschen ... gefunden haben, und diese Antworten in das jedermann zugängliche Archiv menschlicher Äußerungen aufzunehmen" (1983, S. 43).

Das Reden über Sexualität und persönliche Sexualerfahrungen und -erlebnisse ist ein problematisches Unterfangen, ganz besonders dann, wenn es unter stigmatisierenden und kriminalisierenden Vorzeichen steht. Deshalb war beabsichtigt, diese Schwierigkeit vorab zu thematisieren, um eine entspannte Gesprächsatmosphäre zu schaffen. Die Sexualität der Interviewteilnehmer sollte nicht in die Nähe eines "beunruhigenden Geheimnisses" (Foucault 1983, S. 49) gerückt werden. Der Wunsch, mehr Einblick in das pädophile Geschehen zu bekommen, und die Absicht, sich auf ihren "Expertenstatus" einzulassen, wurde mit großer Aufgeschlossenheit begrüßt. Zudem hofften die befragten Männer, über das Einbringen ihrer Erfahrung zu einem humaneren Verständnis ihrer Situation beizutragen.

2. Rekrutierung

Der Fragestellung entsprechend setzt sich die Untersuchungspopulation aus männlichen Erwachsenen zusammen, die außerhalb des Familienverbandes sexuelle Kontakte mit präpubertären Kindern ausgeübt haben, wobei diese Kontakte nicht vorrangig und aktuell Gegenstand strafrechtlicher Verfolgung und psychiatrischer Praxis gewesen sein sollen. Um Verzerrungen der Befragtenpopulation zu minimieren und auf unterschiedliche Weisen Zugang zum Dunkelfeld zu finden, wurde eine Vielzahl von Rekrutierungsquellen ausgeschöpft. Im einzelnen waren dies ein bürgerrechtsorientierter sexualpolitischer Verein, Pädosexuellengruppen, ein Kontaktnetz, Anzeigen und Interviewvermittlungen im Rahmen des Schneeballverfahrens. Neben der Selbstdeklarierung als Pädophiler sollten die Männer praktische Erfahrungen mit Kontakten zu Jungen haben. Insgesamt wurden 40 Männer befragt. Die Verteilung der Rekrutierungsquellen, die Zuordnung der Befragten hinsichtlich ihrer vorhandenen pädosexuellen Erfahrungen mit Kindern unter 14 Jahren und ihre Erfahrungen mit Strafverfahren und/oder therapeutischer Praxis stellen sich wie folgt dar:

Tab. 1:   Befragte nach Quelle der Rekrutierung, Ausmaß der pädosexuellen Erfahrung und Dunkelfeldgrad

Rekrutierungs-quellen	Geführte Interviews	Kriterienstimmig in: 1. Pädosexueller Erfahrung 2. mit Jungen unter 14 Jahren 3. ohne Strafverfahren u./o. therapeutischer Praxis
Verein	10	4 in 1 - 3 6 in 1 - 2
Gruppe	7	4 in 1 - 3 3 in 1 - 2
Kontaktnetz	6	1 in 1 - 3 5 in 1 - 2
Anzeigen	4	3 in 1 - 3 1 in 1 - 2
Zweitvermittlung	13	11 in 1 - 3 2 in 1 - 2

Alle Interviewten weisen pädosexuelle Erfahrungen aus.

33

Die Strafverfolgungserfahrungen liegen zurück und endeten zum Teil mit Freisprüchen, Bewährungs- und Geldstrafen. Nur einer der Befragten befand sich zur Zeit der Erhebung in Haft. Während eines Wochenendurlaubes konnte ein Interview absolviert werden. Mit diesen Personen sind unter anderem auch deshalb Gespräche geführt worden, um weitere Zugänge in das Dunkelfeld zu erschließen. Sie sind selbst an das Forschungsvorhaben herangetreten. Zudem nehmen sie eine wichtige Verbindungs- und Mittlerfunktion innerhalb der "pädosexuellen Szene" ein. Es galt, ihr Vertrauen zu gewinnen, um auf eine möglichst breite Weise Eingang ins Dunkelfeld zu finden.

Die therapeutischen Erfahrungen sind ambulanter Art. Niemand der Befragten befand sich zum Zeitpunkt der Erhebung in geschlossener Psychiatrie.

Zu den einzelnen Rekrutierungsquellen:

Bürgerrechtsorientierte sexualpolitische Vereinigung
Ganz zu Beginn des Projekts wurde das Forschungsanliegen auf einer Mitgliederjahresversammlung der Vereinigung vorgestellt, ohne dort bereits um Interviewpartner zu werben. Um das Ziel einzulösen und primär im Dunkelfeld Befragungen durchzuführen, schien es zweckmäßig, Mitglieder dieser Organisation von der persönlichen Vertrauenswürdigkeit zu überzeugen. Es ging darum, mit Hilfe ihrer Fürsprache an solche Gesprächspartner zu kommen, die eher passive, zurückgezogene oder überhaupt nicht Mitglieder des Vereins sind. So sind Teilnehmer jener Jahresversammlung auch nicht interviewt worden. Die Projektstudie wurde von dem Verein unterstützt und in einem Mitgliederrundbrief als Kurzbeschreibung abgedruckt.

Pädosexuellengruppen
Mit drei Pädosexuellengruppen aus verschiedenen Teilen der Bundesrepublik wurde Kontakt aufgenommen. An den 14 täglichen Treffen der norddeutschen Gruppe wurde in Abständen teilgenommen; mit der süddeutschen Gruppe wurde korrespondiert, mit der anderen G ruppe kam ein einmaliger Kontakt zustande. Darüber hinaus sind in anderen Gruppen, die zum Teil sehr geringe Mitgliederzahlen auf-

weisen und deren Teilnehmer recht unregelmäßig erscheinen, auch einige Befragte gewonnen worden. Schwerpunktmäßig sind also nicht nur die in "Außendarstellung" geübten Mitglieder einer Gruppe interviewt worden, sondern eher diejenigen, die dem Dunkelfeld zuzurechnen sind.

Kontaktnetz

Die Rekrutierung von Interviewpartnern über ein Kontaktnetz von Vermittlern fand in fünf Feldern statt: Bekannte von Projektmitgliedern aufgrund deren sexualwissenschaftlicher Tätigkeit, über die bürgerrechtsorientierte sexualpolitische Vereinigung, über die Pädosexuellengruppen, die Abteilung für Sexualforschung an der Universität Hamburg und über einen Diplomanden, der sich an das Projekt gewandt hatte.

Anzeigen

Zunächst sind eine Kurzbeschreibung des Forschungsvorhabens verfaßt und darin die Ziele und Absichten auf verständliche Weise deutlich gemacht worden. Vor allem wurde auf die Sicherung der Anonymität hingewiesen. Die Kurzbeschreibung wurde in einer Ausgabe einer in der pädosexuellen Szene populären Monatszeitschrift für Pädophilie abgedruckt; ferner in einem der regelmäßig erscheinenden Mitgliederrundbriefe der bürgerrechtsorientierten sexualpolitischen Vereinigung, die auch von pädosexuell Interessierten als Anlaufstelle genutzt wird.

Schneeballverfahren

Interviewpartner über bereits befragte Personen zu gewinnen hat sich als äußerst ergiebig und zweckmäßig erwiesen. Die Befragten konnten sich in dem Interview von der Person des Forschers ein Bild machen und das Projektvorhaben konkret einschätzen. Nach offenbar positiv erlebtem Kontakt und persönlicher Erfahrung eines Interviews konnten die Befragten "guten Gewissens" und überzeugend für die Untersuchung bürgen und weitervermitteln.

Die Kontaktaufnahme verlief in der Regel so: Sobald ein Signal der Gesprächsbereitschaft vorhanden war, wurde ein telefonisches Vorgespräch geführt. In der überwiegenden Mehrzahl riefen die Betroffenen an oder man erhielt über den Vermittlungskontakt die Erlaubnis, die betreffende Person anzurufen. Das Vorgespräch verfolgte drei Ziele: Zunächst wurde die vollkommen vertrauliche Behandlung des Interviews garantiert und erläutert, auf welche Weise die Anonymität des Befragten gesichert wird. Des weiteren wurde auf Informationsfragen Auskunft erteilt. Zentral für die Vertrauensbildung war, ob die Frage nach den Erkenntnisinteressen überzeugend zu beantworten war, insbesondere, ob man - wie die meisten der bisher vorliegenden Untersuchungen auch - psychiatrische, psychologische, psychoanalytische, medizinische oder kriminologische Forschungsziele verfolgen würde. Daß diese ausgeschlossen wurden und das Gespräch, in dem die Befragten ihre Sicht des pädophilen Geschehens zur Sprache bringen konnten, besonders wichtig war, hat sicherlich entscheidend zur Teilnahmebereitschaft beigetragen. Ferner wurde versucht, die Stichprobenkritierien vorsichtig zu überprüfen. Dabei ging es darum, nicht in einen geschäftig-kühlen Gesprächston zu verfallen, sondern auf verständliche Weise zu erläutern, warum derart ausgewählt werden muß. Schließlich wurde ein Gesprächstermin und -ort abgesprochen. Bis auf zwei Ausnahmen - die Interviewpartner sind nicht am vereinbarten Treffpunkt erschienen - konnten alle so hergestellten Gesprächsvereinbarungen verwirklicht werden.

3. Datenerhebung

Für die Rekonstruktion pädophiler Interaktionen erschien eine Erhebungsmethode geeignet, die problemzentrierte und narrative Elemente des qualitativen Interviews zusammenbringt. Während im problemzentrierten Interview (Witzel 1982; 1985) bereits vor der Erhebung eine bestimmte Problemstellung analysiert und auf bestimmte Aspekte bearbeitet wird[16], die schließlich in einem Interviewleitfaden Berücksichtigung finden, steht im narrativen Interview (Schütze 1977) das Erzählprinzip im Vordergrund. Beide, die Problemzentrierung und das Erzählprinzip, wurden in der Erhebung zu kombinieren versucht. Unsere problemzentrierte Aufarbeitung sollte anhand der Erzähldaten, der sogenannten "Erzählungen eigenerlebter Erfahrungen"[17], modifiziert werden. Das theoretische Konzept blieb also gegenüber den Bedeutungsstrukturierungen der Befragten offen (Prinzip der Offenheit)[18]. Mit den auf eine bestimmte Problemstellung zentrierten, aber offenen Fragen wird lediglich der interessierende Problembereich angesprochen und in Form eines erzählgenerierenden Stimulus dargeboten (Prinzip alltagsweltlicher Kommunikation[19]. Dabei wird eine Kommunikationsbeziehung mit den Befragten eingegangen, die auf das kommunikative Regelsystem des Interviewpartners Bezug nimmt. In den Interviews ist versucht worden, zwischen der Originalität der Erzählung einerseits und dem methodischen Postulat der Vergleichbarkeit andererseits zu vermitteln. Der Leitfaden sollte lediglich eine gwisse Vergleichbarkeit der Interviews garantieren, ohne die Befragten

---

16 Schon im sogenannten Positivismusstreit der 60er Jahre wurde eine hypothesenfreie Sozialforschung kritisiert. Der beanstandete Unterschied liege zwischen einer Forschung, die sich ihrer Hypothesen bewußt ist, und einer, die sich dieser Bewußtheit entzieht (Adorno u.a. 1969).

17 "Erzählungen eigenerlebter Erfahrungen sind diejenigen von thematisch interessierendem faktischem Handeln abgehobenen sprachlichen Texte, die diesem am nächsten stehen und die Orientierungsstrukturen des faktischen Handelns auch unter der Perspektive der Erfahrungsre-kapitulation in beträchtlichem Maße rekonstruieren" (Schütze 1977, S. 1).

18 Die Spannung zwischen Offenheit und Strukturiertheit der Interviewerhebung durchzieht in weitem Umfang die methodologische Diskussion (vgl. z.B. Kohli 1978; Wahl u.a. 1982; Kleining 1982; Jüttemann 1985).

19 Zum Prinzip der Offenheit und Kommunikation siehe Hoffmann-Riem 1980, S. 343-348. Ferner dazu die grundlegende Arbeit von Schütze, Meinefeld, Springer, Weymann: Grundlagentheoretische Voraussetzungen methodisch kontrollierten Fremdverstehens, in: Arbeitsgruppe Bielefelder Soziologen (Hg.): Alltagswissen, Interaktion und gesellschaftliche Wirklichkeit. Opladen 1980, S. 433-495.

in ihrer Erzählung einzuschränken[20]. Erzählungen erschienen deshalb bedeutsam, weil sie szenisch angelegt sind und sich für Themen mit hohem Konfliktpotential eignen. Man kann davon ausgehen, daß sie die Struktur der Handlungsorientierungen und der Ereignisabläufe vergleichsweise genau veranschaulichen, denn die Aneinanderkettung von Ereignissen versetzt den Erzähler in größeren "Zugzwang" (Schütze 1977, S. 1), Details genauer zu beschreiben und zu erklären. Dieses Verstricken in Erzählungen geschieht insbesondere dann, wenn es gelingt, den Gesprächspartner zu einer Erzählung in der linearen Abfolge seiner Erfahrungen zu motivieren. Die im Interviewleitfaden angelegten Themenblöcke wurden deshalb nicht isoliert abgehandelt, sondern in der Aneinanderreihung einer oder mehrerer konkreter sexueller Erfahrungen. Durch die Detaillierung gewinnt die Erzählung an Plausibilität, und es besteht die Möglichkeit einer rekonstruktiven Deutung, da die Erzählungen in ihren Bedeutungen und Zusammenhängen dem Interviewer ja expliziert werden müssen. Ein Rückschluß sprachlicher Darstellungen auf faktische Handlungsabläufe kann also wohl am ehesten über Erzählungen gewonnen werden. Im Gegensatz zu Rechtfertigungen und Argumentationen richten sie sich auf handlungsleitende Orientierungen aus.

4. Interviewführung

Die soeben beschriebene Problem- und Narrationszentrierung impliziert, die Interviewten als Sachkundige zu behandeln. Begegnung und Interview sind so auszurichten, daß eine Gesprächssituation entsteht, in der sich die Befragten ernstgenommen fühlen und Interesse an der Thematisierung des Gegenstandes haben. Gerade weil Gespräche über Intimität entsprechend schwierig zu führen sind - zumal, wenn es sich um eine Sexualpräferenz handelt, die nicht nur tabuisiert und stigmatisiert, sondern obendrein strafrechtlich verfolgt

---

20 Einen ähnlichen Weg, der versucht, Problemzentrierung mit narrationsgenerierenden Absichten zu verbinden, haben z.B. Mühlfeld u.a. (1981) und Honer (1985) beschritten.

und kriminalisiert wird -, ist es außerordentlich wichtig , daß der Interviewer sich ebenso interessiert an dem Befragten zeigt wie an dessen Lebensbericht (vgl. Kinsey u.a. 1955, S. 36). Die Gesprächsbegegnung erfordert das, was Wolff (1976) als "Hingebung an" bezeichnet hat. Damit ist ein Sich-einlassen-Wollen, ein Verstehen-Wollen und vor allem ein Nicht-besser-Wissen gemeint. Nötig erscheint dazu der Wille zu einem radikalen Perspektivenwechsel. Nicht das Relevanzsystem des Soziologen, sondern das Relevanzsystem desjenigen, dessen Geschichte beschrieben und rekonstruiert werden soll, muß zunächst im Mittelpunkt der Aufmerksamkeit stehen. Gegebenenfalls ist dazu erforderlich, über eine, wie es Honer formuliert, "gewisse Amoralität" (1989, S. 301) zu verfügen. Die Fähigkeit zur Amoralität meint hier "nichts anderes als die Bereitschaft, seine eigenen Moralen wenigstens zeitweilig auszuklammern, und radikalisiert damit lediglich forschungspragmatisch das, was wir alle als das Postulat der Werturteilsfreiheit kennen" (S. 301).

Die Schwierigkeit, tabuisiertes, stigmatisiertes und kriminalisiertes Sexualgeschehen zur Sprache zu bringen, wurde dadurch gemildert, daß im Verlauf der ersten, offenen Gesprächsphase ein problemspezifisches Wissen zu dem Themenkomplex artikuliert wurde. Um den Befragten zur Darstellung seiner subjektiven Sicht der anstehenden Probleme zu ermuntern, wird man ihn gerade nicht sogleich in eine vollkommen künstlich geschaffene non-direktive Kommunikation bringen. Das Interesse der Befragten am Gespräch und im Gespräch wird eher dadurch erzeugt und aufrechterhalten, daß man explizit deutlich machen kann, daß man sich für ihre Sicht der Dinge interessiert. Ein solches "quasi-normales Gespräch", wie es auch von Hitzler und Honer (1988) angewandt worden ist, entkrampft die Interviewsituation vor allem in der ersten Phase und schafft eine vertrauensvolle Atmosphäre. Es wirkt keineswegs gesprächshemmend, sondern erzählgenerierend. Es baut natürliche Interaktionsbarrieren ab und veralltäglicht die eigentlich immer außergewöhnliche Kommunikationssituation des Interviews. Allerdings kann sich der Interviewer in einer derartigen Interviewanbahnung "nicht ... auf den wohldosierten Einsatz von Fragen, freundlichem Nicken und 'hmhm'-Sagen beschränken" (Hopf 1978, S. 107)[21].

In der zweiten Phase des Interviews wurden in Anlehnung an die methodische Konzeption drei Fragerichtungen eingeschlagen. Mit der "allgemeinen Sondierung", stimuliert durch eine Einstiegsfrage, sollten die Befragten zur Darstellung ihrer Erfahrungen angeregt werden. Mit der Bitte, einmal zu erzählen, wie ihre derzeitigen Kontakte aussehen, konnte eruiert werden, aus welcher Perspektive die Befragten ihre Darstellungen entfalten (Präferenzen/fester, bestehender Kontakt/ lockerer Kontakt/zurückliegender Kontakt). Anschließend ergaben sich - fast wie von selbst - die Fragen nach dem Kennenlernen und nach dem Verlauf der Kontakte. Auf diese Weise reihten sich die im Interviewleitfaden vorgesehenen Themenblöcke aneinander. Zwischendurch kam es immer wieder zu "spezifischen Sondierungen", indem versucht wurde, Erzählsequenzen und Darstellungsvarianten des Befragten nachzuvollziehen. Durch "Zurückspiegeln" und "Verständnisfragen" wurde eine aktive Verständnisgenerierung hergestellt. Auch dienten diese Sondierungen dazu, erneut Narrationen zu evozieren. Waren Fragen des Leitfadens von Befragten offengelassen worden oder stieß man auf Aspekte, die im Leitfaden nicht geplant waren, jedoch für die Themenstellung wichtig erschienen, wurden schließlich noch "ad-hoc-Fragen" gestellt.

---

21 Auch Bergold/Breuer (1987, S. 28) sehen die Gefahr, daß durch überzogene Narration, vor allem, wenn sie schon an den Anfang der Interviewbegegnung gestellt ist, eine ungewöhnliche Gesprächssituation hergestellt wird, die zu erheblichen Unsicherheiten beim Interviewpartner führen kann. Es besteht dabei die Gefahr, daß der Befragte zum "neurotischen Erzähler" (Bude 1985, S. 333) gemacht wird. Möglicherweise kommt er dann zwar in einen hohen narrativen Erzählfluß, aber sein Sprechen kann inhaltsleer sein, weil er es als Abwehrstrategie benutzen muß. Er erzählt sich selbst und dem anderen dann lediglich etwas vor, wie Bude meint. Eine "Homologie von Erzählform und Erfahrungsform" ist damit nicht mehr gegeben.

5. Interviewleitfaden

Der Leitfaden sollte einerseits die thematischen Schwerpunkte entsprechend der Problemzentrierung ausweisen, andererseits genügend Raum für die Erzählungen der Befragten lassen, vor allem auch bei Themen, die nicht im Leitfaden expliziert sind, die aber für die Untersuchung von Bedeutung sein könnten. Als Orientierungsrahmen für den Interviewer diente er der Unterstützung und Ausdifferenzierung von Erzählsequenzen. Der Leitfaden bestand aus einer einführenden allgemeinen Sondierungsfrage und aus sieben Themenbereichen mit insgesamt 19 Schlüsselfragen, die zum Teil - vor allem im Themenblock "Sexualität" - noch in Stichpunkte untergliedert waren. Die Untergliederung half festzustellen, ob die Befragten die Fragestellungen von sich aus aufgriffen oder ob gegebenenfalls nachgefragt werden mußte.

Die Themenbereiche lauteten: Kennenlernen, Alltag einer pädosexuellen Beziehung, das Kind, die Sexualität, das Ende von Beziehungen, die Eltern der Kinder und die potentielle Bedrohung durch eine Strafanzeige. eine Menge von 19 Schlüsselfragen mag zunächst als "überfrachtet" erscheinen[22], doch sprachen die Befragten in ihrer Erzählung oft mehrere Fragen gleichzeitig an, ohne daß dazu aufgefordert werden mußte. So stellten einige Befragte im Themenblock "Kennenlernen" gleichzeitig dar, wie lange ihre Freundschaft besteht und wo und wie das Kennenlernen verlaufen ist; oder zum Themenbereich "Alltag" wird in einer fortlaufenden Erzählsequenz berichtet, welche Aktivitäten unternommen werden, wo die Treffen stattfinden, wie häufig usw. Der Aufbau der Themenfelder sowie die Reihenfolge der Darstellung sollten den Befragten auf keinen Fall oktroyiert werden, vielmehr blieb der selbstgewählte Gesprächsfaden unangetastet. Es hat sich aber gezeigt, daß der thematische Aufbau des Leitfadens eng an die Verlaufsbeschreibungen der Interviewten angrenzt. Sie erzählen zumeist erst über das Kennenlernen, den Alltag und über Charakteristika des

---

22 Auf Gefahren eines "Leitfaden-Oktroi" ("Leitfadenbürokratie") hat Hopf (1978, S. 101) aufmerksam gemacht.

Jungen, bevor sie auf das Themenfeld "Sexualität" zu sprechen kommen. Diese Verlaufsform ist insofern günstig, weil der Interviewer in der Zwischenzeit abschätzen kann, wie er den kritischen Themenbereich einführen und explorieren sollte.

Falls die spontane Erzählung Punkte des Leitfadens unbeantwortet ließ, wurden an geeigneter Stelle erzählgenerierende "ad-hoc-Fragen" gestellt. Schließlich ist entschieden worden, ob und an welcher Stelle zum Zwecke des verstehenden Nachvollzugs zusätzliche "spezifische Sondierungen" notwendig waren.

Der Leitfaden wurde auf seine praktische Anwendbarkeit in einem Pretest (vier Interviews) überprüft. Da bei diesen Gesprächen keine Akzeptanz-, Verständnis- und Zeitprobleme auftraten, wurden sie in die Interpretation miteinbezogen. Die teilweise Strukturierung des an sich offengehaltenen Gesprächs erlaubte bei der Datenaufbereitung, in höherem Maße vergleichend vorzugehen. Die Gespräche konnten auf die jeweiligen Leitfadenfragen bezogen und so leichter ausgewertet werden. Zum Schluß des Interviews wurden biographische Daten festgehalten.

6. Datenaufbereitung

Transkription
Die Interviews dauerten durchschnittlich zwei Stunden; sie wurden wortwörtlich und ohne Auslassungen transkribiert.

Folgende Protokollierungsregeln kamen zur Anwendung: Äußerungen des Interviewers wurden mit dem Symbol "F" gekennzeichnet. Parasprachliche Laute (äh, hm) wurden nicht mittranskribiert, nonverbale Merkmale und Auffälligkeiten in Klammern gesetzt (lacht), Betonungen unterstrichen, Pausen je nach Länge mit maximal drei Gedankenstrichen versehen (---) und Unverständliches mit Punktierungen in Klammern gesetzt (...). Persönliche Spracheigenheiten allerdings (wie z.B. ein fortlaufendes "ne") wurden aus Gründen der besseren Lesbarkeit weggelassen.

Zur Anonymisierung eines Transkriptes ist folgendes zu bemerken: Der Vorname des Befragten wurde durch einen fiktiven ersetzt; ebenfalls die während eines Interviews eventuell noch genannten Namen. Ortsnamen oder andere identifizierende Bezeichnungen wurden weggelassen. Die Kenntlichmachung der Zitationen, zum Beispiel (1/1-5) oder (1/1-10, 20-25) ist folgendermaßen zu lesen: Vor dem Querstrich findet sich die Seitenzahl des Interviews. Hinter dem Querstrich erscheint die Angabe der Zeilennumerierung. Ein Komma zwischen den Zeilennumerierungen bedeutet, daß Äußerungen zu einem inhaltlichen Aspekt aus zwei verschiedenen Erzähleinheiten des Interviews zusammengetragen wurden. Die Textauslassung ist dann in der Interviewaussage mit drei Punkten ohne Einklammerung ... angegeben.

Kodierung
Inhaltlich wurde die Entwicklung der Kodes vor allem an der Problemzentrierung und dem Interviewleitfaden vorgenommen. Damit ist auch die bereits erwähnte größere Vergleichbarkeit der Daten gewährleistet. Nach einem Pretest an vier Interviews wurden die 44 entwickelten Kodes zu sechs Kodeblöcken mit folgenden Themen zusammengestellt: Soziale Beziehung, Sexualität, Kind, Macht, Rahmenbedingungen, Biographie.
Die technische Seite der Kodierung der Interviewdaten wurde nach den Programmregeln des beabsichtigten Auswertungsverfahrens (Aquad = Analyse qualitativer Daten) vorgenommen (vgl. Huber 1989, 1990; Kelle 1990; Giegler 1992).

7. Datenauswertung

Die Fülle des Interviewmaterials wirft die Frage auf, welches Auswertungsverfahren sich eignet, beschreibende Verlaufsprozesse in intersubjektiv verstehbare Verallgemeinerungszusammenhänge zu bringen. Wie ist die Vielzahl dargestellter Erfahrungen zu ordnen? Die Methode der Datenauswertung steht mit den Erkenntnisinteressen der Forschungsfragestellung in engem Verhältnis. Die soziologische Aufbereitung der Interviewtexte orientierte sich an einem Verfahren, das die fallinternen Strukturzusammenhänge zugunsten fallübergreifender

Darstellungen des pädophilen Geschehens vernachlässigte. Der erkenntnisleitende Blick richtete sich in dem Vorhaben auf das typische "im Schnittpunkt von Individuell-Biographischem und Gesellschaftlich-Strukturellem" (Gerhardt 1984, S. 64). So wurde die Auswertungsform einer "typologisierenden Interpretation" gewählt. Aus den Erzählungen sind fallübergreifende Strukturen, Zusammenhänge, Typisches und Wiederkehrendes herausgearbeitet worden. Im Mittelpunkt standen auffindbare vorherrschende Muster pädophiler Interaktionen.

Über Komparation[23] war beabsichtigt, zu einer Strukturierung der Interviewdaten zu gelangen. Zunächst fand in einem ersten Durchgang der Interviewtexte eine themenbezogene Auswertung statt, die sich wesentlich an den thematischen Komplexen des Leitfadens orientierte: Kontaktanbahnung/Sexuelle Interaktionen/Alltagsgeschehen/Trennung/Machtasymmetrien/Ereigniskontrolle. Für die theoretische Durchdringung wurde in einem zweiten Durchgang in Anlehnung an Strauss (vgl. 1991, S. 43) das Verfahren des Fallvergleichs angewandt. Die Strategie der "maximizing differences" (Glaser/Strauss 1974, S. 55) ermöglichte bei der parallelen Bearbeitung von 40 Mann-Junge-Kontakten eine erste Ordnung des Interviewmaterials, indem sich polare Typen markieren ließen. Der kontrastierende Vergleich innerhalb und über die einzelnen Themenbereiche hinweg stellte neben den "ernsthaften" vor allem die "spielerischen", aber auch die von "Schwierigkeiten" und von "Brüchen" gekennzeichneten Interaktionen heraus. Dieses Ergebnis führte zu der Überlegung, daß offensichtlich eine Auffächerung der Interaktionen und Erfahrungen in verschiedene Bezugsrahmen der pädophilen Begegnung stattfindet. Mit dem so gewonnenen Befund wurde nun versucht, die abgeleiteten Erfahrungstypen in einen theoretischen Zusammenhang einzukleiden. Vor allem der Kontrast zwischen spielerischer und ernsthafter Interaktionsbeziehung lenkte die Aufmerksamkeit auf ein Theoriemodell, das diesen

---

23 Schon klassische soziologische Literatur lehrt die Anwendung des Grundsatzes der Analyse von Erscheinungen auf Gemeinsamkeiten und Unterschiede. Simmel: "An den komplexen Erscheinungen wird das Gleichmäßige wie mit einem Querschnitt herausgehoben, das Ungleichmäßige an ihnen ... gegenseitig paralysiert" (1983, S. 12).

Erfahrungstypus zu repräsentieren scheint: die Goffman'sche Rahmenanalyse (1977). Die erhobenen Schilderungen pädophiler Interaktionen wurden mittels dieses theoretischen Modells ausgewertet und die aus dem Theoriegerüst stammenden Kategorien auf die untersuchten Fälle angewandt. Die von den Interviewpartnern dargestellten Interaktionen mit ihren Bedeutungszuschreibungen sollten in Anlehnung an das theoretische Modell in ihrer "pragmatischen Brechung" (Schütze u.a. 1980, S. 445)[24], d.h. in ihrem Kontext aufgeschlüsselt werden. Im übrigen stellte sich im Verlauf der Untersuchung insgesamt heraus, daß eine theoriegeleitete Arbeit mehr Orientierungspunkte für eine Systematisierung der Daten lieferte als speziell auf den Objektbereich Pädophilie gerichtete Studien.

8. Geltungsbegründung

In der interpretativen Sozialforschung wird zum Teil Zweifel gegenüber der Qualität erhobener Daten angemeldet. Mit Skepsis begegnet man der Frage, "ob Mitteilungen anderer über soziale Phänomene als Daten der Phänomene selbst gelten dürfen" (Honer 1989, S. 298).
In der Erzählforschung geht man jedoch davon aus, daß das Erzählen einer Geschichte strukturelle Merkmale zeigt, die die Diskrepanz zu lediglich präsentierten Sachverhaltsdarstellungen erfaßt. Auf diese gewonnene Einsicht stützt sich das Vertrauen in die Validität des Instruments der Erzählung eigenerlebter Geschichten. Zwei formal feststellbare Strukturelemente sind in der dargestellten Erzählung ablesbar: die Ereigniskette der Erzählung und ihr Narrativitätsgrad. Sie können als ein Maßstab zur Feststellung einer realitätsgerechten oder einer durch Informationskontrollen verzerrten Darstellung herangezogen werden. Insgesamt begründen die Zugzwänge des Erzählens die "Vermutung der Authentizität" (Matthes 1983, S. 11). Dieses

---

24 "Wissengehalte haben ... stets eine bestimmte Handlungsfunktion und werden nicht 'rein semantisch' als situationsabstrakte Bedeutungskonfigurationen interpretiert" (Schütze u.a. 1980, S. 445f.).

Ziel ist jedoch nicht über eine passiv-rezeptive, emotional neutrale und sozial detachierte Befragtenrolle erreichbar: "Nur wenn das Forschungssubjekt seine Handlungsorientierungen in autonomer Selbstdarstellung gestalten kann, wenn es seine Handlungsbegründungen entsprechend den eigenen Relevanzsetzungen in der Interviewsituation entfalten kann, wenn es sich selbst auch emotional engagiert einbringen und die Bedeutsamkeit der Interviewkommunikation auch für seine alltäglichen Handlungszusammenhänge unterstellen kann - nur dann ist interne Gültigkeit zu erhoffen" (Hoffmann-Riem 1980, S. 350).

Wird eine Erzählung nicht aufrechterhalten und wechselt in eine theoretische Darstellung oder wird versucht, sie durch Redeübergabe zu unterbrechen oder zu beenden, liegen Anhaltspunkte für Problemstellen vor.

Neben der Frage, ob der Befragte seine Sicht ungehindert zum Ausdruck bringen kann, ist aber auch das Vertrauensverhältnis zwischen dem Forscher und seinem Informanten von Bedeutung (vgl. Denzin 1970). Dazu zählt ein verläßliches Anonymbleiben und auch das spezifische Auftreten und die Erscheinung des Interviewers (Aussehen, Kleidung, Sprache). Nach den Aussagen vieler Befragter fiel aber auch - wie schon erwähnt - ins Gewicht, daß an einem gesellschaftlichen Problem angesetzt worden ist, an dessen Aufhellung die Befragten persönlich interessiert waren.

Neben der eingeräumten Möglichkeit zur autonomen Darstellung diente die Erzählung vielen Befragten aber auch dem Wunsch nach Selbstverstehen[25]. So würden sich wohl kaum Informanten zu einem Gespräch melden, wenn sie nicht das Bedürfnis hätten, sich mit sich selbst und dem Thema zu befassen. Zwar gibt es auch Gesprächspartner, die das Interview zu Propagandazwecken einsetzen wollen, allerdings entsteht in diesen Begegnungen kein Erzählfluß, und es werden kaum eigenerlebte Erfahrungen mitgeteilt. In diesem Forschungsvorhaben, und dies steht aller Wahrscheinlichkeit nach mit

---

25 Die Unterscheidung zwischen Selbstdarstellung und Selbstverstehen wird von Kohli (1981) diskutiert.

dem Thema und der Art des Zugangs im Zusammenhang, hatten die Interviewpartner ein großes Bedürfnis, ohne zeitliche Begrenzung über ihre zum Teil auch belastenden Erfahrungen zu sprechen und sich über sich selbst zu vergewissern.

9. Demographische Verteilung

Die hier vorgestellte Studie erhebt keinen Anspruch auf Repräsentativität ihrer Ergebnisse. Von den 40 Interviews kann man nicht auf eine wie auch immer geartete Grundgesamtheit schließen. Die Untersuchung trägt den Charakter einer explorierenden Studie. Hinsichtlich einzelner Stichprobenmerkmale soll im folgenden aber geprüft werden, ob man es etwa mit einer einseitigen bzw. vordergründig verzerrten Befragtenkonstellation zu tun hat. Im einzelnen verteilen sich die Merkmale wie folgt:

Alter
Die nicht unplausible Vermutung, daß in dieser Studie nur "aufgeschlossene" Befragte jüngeren Alters zu Gesprächen zur Verfügung stehen würden, bestätigte sich nicht. Man konnte auf Erfahrungen mehrerer Generationen mit unterschiedlichen Ausformungen des Selbstbildnisses, der Lebensstile und der im Alltag erfahrenen Probleme zurückgreifen. Von den 40 Befragten war der Jüngste 21 und der Älteste 75 Jahre alt. Der Altersaufbau der Stichprobe im einzelnen:

Tab. 2: Alter der Befragten

Lebensalter in Jahren	Anzahl der Befragten
21 - 30	15
31 - 40	10
41 - 50	12
51 - 60	2
60 -	1

Das Durchschnittsalter der Befragten liegt bei 36 Jahren. Der überwiegende Teil der Population kann auf eine rund 15jährige einschlägi-

ge Praxis zurückblicken. Eine lange Dauer sagt allerdings nicht unbedingt etwas über Qualität und Quantität der Kontakte und Beziehungen aus; das will diese Studie ja erst untersuchen. Hervorzuheben ist
die Tatsache, daß die Befragten auf langjährige pädosexuelle Erfahrungen zurückblicken. Die Untersuchungspopulation wird nicht von
denjenigen dominiert, die gerade ihr Coming-out und eine sexuelle
Erfahrung haben. Es kann festgehalten werden, daß das sexualbiogra-
phische Merkmal "15 Jahre mit mehr oder weniger häufigen, intensiven und bedeutungsvollen sexuellen Kontakten in der Hauptsache
ohne Strafverfolgungs- und Psychiatrieerfahrung" einen empirisch
soliden Kennwert abgibt, um auf breiter Grundlage die sozialen Interaktionen und typischen Rahmungen des pädophilen Geschehens
hinreichend verstehbar zu machen.

Schulbildung
Die Schulbildung ist neben dem Beruf ein bedeutsames Kriterium der
Zugehörigkeit zu einer sozialen Schicht. Die Bereitschaft, über ein
Sexualverhalten zu erzählen, das von Außenstehenden tabuisiert wird
und aus Vorsichtsgründen abgeschirmt werden muß, verlangt einerseits Mut, andererseits eine gewisse Reflexionskompetenz, um subjektiv über Chancen und Risiken einer Beteiligung zu entscheiden.
Daß sich in der Studie überwiegend Mittelschichtsangehörige zu
einem Interview bereit fanden, hat wahrscheinlich mit dieser "Kalkula-
tionsfähigkeit" und dem Selbstvertrauen zu tun, trotz des vertrauen-
erweckenden Zugangs mit einer - aus der Sicht der Befragten - nie
gänzlich auszuschließenden unangenehmen und unsicheren Situation
umgehen zu können.
Im einzelnen weisen die Befragten folgende Schulabschlüsse auf:

Tab. 3: Schulbildung der Befragten

Schulbildung	Anzahl der Befragten
Sonderschule	1
Hauptschule	10
Realschule	9
Gymnasium	20

Beruf

Die verbreitete Vorausannahme, Pädophile würden sich überwiegend in sozialen/pädagogischen Berufsfeldern betätigen, hat sich in der Studie nicht bestätigt. Aus Tabelle 4, die die gegenwärtig ausgeübten Berufstätigkeiten der Befragten auflistet, wird dies deutlich. Einige Befragte wollten zum Schutze ihrer Anonymität ihren Beruf nicht näher nennen und haben ihn deshalb "umschrieben" (z.B. freiberuflich tätig, Behördenangestellter, gehobener Angestellter, berufliche Tätigkeit in einer Instanz der sozialen Kontrolle) bzw. sagten nur von sich, sie seien Handwerker, Arbeiter, Student oder hätten keinen erlernten Beruf. Im folgenden versucht, soweit als möglich - die Berufstätigkeiten der Interviewpartner nach Berufssektoren einzuordnen.

Tab. 4: Nach Berufssektoren geordnete Berufstätigkeiten der Interviewpartner

Industrie/Hand-Handwerk	Naturwissenschaften/Technik	Dienstleistung (öffentlich)	Dienstleistung (privat)	Verkauf	Verwaltung
Kfz-Mechaniker	Dipl. Ingenieur	Lehramt/Prim.	Notargehilfe	Buchhänd-ler	Sozialwis-senschaftler
Schlosser	Programmierer	2 Lehramt Sek. I	Konditor	Graphiker	
2 Schreiner	Elektromaschinen-bauer	2 Lehramt Sek. II	Bäcker	Exportkaufmann	
Gärtner		3 Sozialpädago-gen	Publizist		
Betriebsarbeiter		Sozialarbeiter	Musiker		
Lagerarbeiter		Theologe	Kellner		
			2 Kraftfahrer		

Zwar befinden sich unter den 40 Befragten 8 Pädagogen, doch reicht die Spanne der Beschäftigten in der Stichprobe ansonsten von der Arbeit in einer Kfz-Werkstatt bis zur Tätigkeit eines Diplom-Ingenieurs und von der Funktion eines Hilfsarbeiters in einem Industriebetrieb bis zur Position eines Sozialwissenschaftlers in der Verwaltung.

Theoretischer Teil

1. Der Nutzen Goffmans für Interaktionsanalysen

Erving Goffman hat in seinem Werk immer wieder Interaktionen beschrieben, in denen der Mensch, wie Hitzler meint, "ständig Probleme zu bewältigen, Antworten zu suchen, ja Rätsel zu lösen hat" (1992, S. 451). Auch der pädophile Mann scheint solch ein "Goffmensch" (1992) zu sein; muß er doch davon ausgehen, daß die Herstellung von Erwartungssicherheit in den Begegnungen mit Kindern nicht einfach ist. Vom Kennenlernen bis zur Trennung steht er ständig vor der Frage, ähnlich wie Goffman (1980, S. 16) sie auch für die Analyse von Interpretationsschemata oder Rahmen gestellt hat: "Was geht hier eigentlich vor?" Stets müssen sich die Männer vergewissern, wie sie ihre Interaktionen aufbauen wollen; stets müssen sie mit Schwierigkeiten und Problemen rechnen. Vor allem durch die oftmals nicht vorhersehbaren Handlungen der Kinder scheint vieles in den Begegnungen zunächst unklar und ungewiß zu sein. Von den Handelnden ist unter mehr oder weniger fragmentarischer Vorgabe der Situation die Schaffung von Erwartungssicherheit abgefordert. Ferner kann davon ausgegangen werden, daß nahezu alles, was sich in den Zusammenkünften ereignet, nur in den jeweiligen Interaktionen hergestellt werden kann. Neben diesen Aspekten möchte ich Goffman auch deshalb für die Analyse der pädophilen Interaktionen verwenden, weil er ein umfangreiches Begriffsinstrumentarium erarbeitet hat, das die Beschreibung von Interaktionen erlaubt, in denen - wie gesagt - Erwartungsstrukturen allenfalls unvollständig und erklärungsbedürftig erscheinen. Um eine schwer verständliche, ja sozial umstrittene Situation durchleuchten zu können, scheint mir dieses Gefüge von Begriffen, das Einblick in die "Interaktionsordnung" (Goffman 1983) erlaubt, sehr geeignet. Neben dem ausgefeilten Begriffswerk, das im Gegensatz zu anderen Interaktionskonzepten (z.b. Identitätskonzept, Skriptkonzept, teilweise auch Deutungsmusterkonzept) 'feinmaschiger' ausgearbeitet ist, bietet das Goffman'sche Modell zudem den Vorteil, einen bedeutend stärkeren Bezug zu empirischen Beobachtungen aufzuweisen als andere Interaktionsansätze.

2. Ungewißheiten und Unklarheiten in Interaktionen

Goffman hat sich stets für Interaktionen interessiert, die von Ungewißheiten und Unklarheiten begleitet sind. Seit "On cooling the mark out" (1952) geht es um Probleme, die damit verbunden sind: So scheint, um Ungewißheit und Unklarheit entgegenzuwirken, vor allem eine kontrollierte "Darstellung des Selbst" (1988) nötig; ein Thema, daß in verschiedenen Zusammenhängen mehrfach auftaucht. Er hat untersucht, was geschieht, wenn durch institutionelle Arrangements Darstellungsstrategien durchkreuzt werden (1977) oder wenn, wie in der Arbeit "Spaß am Spiel" (1973) dargestellt, unvermittelt "Interaktionsspannung" auftaucht; ferner wenn das "Verhalten in sozialen Situationen" (1971) durch eine "unkonzentrierte Teilnahme" gekennzeichnet ist. In "Stigma" (1979) hat Goffman Interaktionsspannungen beschrieben, die aufgrund der Diskreditierung und Diskreditierbarkeit eines Individuums gegeben sind. Er analysiert Formen der Informationskontrolle, die das auferlegte Stigma notwendig macht.
Neben den darstellerischen Möglichkeiten, mit denen man eine oftmals fragile Situation zu bewältigen versucht, sind die "Interaktionsrituale" (1986), die ebenfalls diese Aufgabe erfüllen, ein weiterer großer Themenkomplex in den Arbeiten Goffmans. Rituale unterstützen "Techniken der Imagepflege", bekunden "Ehrerbietung und Benehmen", können "Verlegenheit" und "Entfremdung in der Interaktion" auffangen.
Die Prozesse, die zur Gewinnung, zur Lieferung und zum Verbergen von Informationen notwendig sind, wurden in dem Buch "Strategische Interaktion" (1981a) herausgestellt. Die Arbeit "Das Individuum im

öffentlichen Austausch" (1982b) geht unter anderem der Frage nach, wie Regelverletzungen in einer Interaktion durch einen "korrektiven Austausch" zu beheben sind. In der "Rahmen-Analyse" (1980) widmet sich Goffman ausführlich den sogenannten "Rahmungsschwierigkeiten" und "Brüchen" von Interaktionen und in "Erwiderungen und Reaktionen" (1978) schließlich der Frage, wie kommunikative Intentionen verstanden werden können und von welchen Schwierigkeiten der Übermittlungsprozeß begleitet sein kann.

3. Die Interaktionsordnung als eigenständiges Forschungsgebiet

Für eine Soziologie der Interaktionsordnung als eigenständiges Forschungsgebiet hat sich Goffman zeit seines Lebens eingesetzt. Er geht davon aus, daß sich bei jeder sozialen Gelegenheit das Problem der "interaction order" (1982a; 1983) stellt. Bereits in einigen seiner frühen Schriften hat er diese Ansicht hervorgehoben; so in der Dissertation (vgl. Lenz 1991a) und in den Veröffentlichungen "Techniken der Imagepflege"[26] und "Entfremdung in der Interaktion"[27]. Im Vorwort zu "Interaktion: Spaß am Spiel/Rollendistanz" unterstreicht er, daß das Problem, "... der Interaktion von Angesicht zu Angesicht - die Organisationseinheiten, in denen eine geordnete ... direkte Interaktion auftritt

---

26 "In einer Situation, wo man sein Image wahren muß, übernimmt man die Verantwortung, den Gang der Ereignisse zu überwachen. Man muß sicherstellen, daß eine bestimmte expressive Ordnung eingehalten wird - eine Ordnung, die den Gang der Ereignisse reguliert, ganz gleich, ob viele oder wenige, so daß alles, was augenscheinlich durch sie ausgedrückt wird, mit dem eigenen Image konsistent sein wird" (Goffman 1986, S. 14f.).

27 "Bricht man mit oder ohne bewußte Absicht eine Regel der Etikette, so werden meist andere Anwesende sich dazu berufen fühlen, die zeremonielle Ordnung wiederherzustellen, so wie sie ja auch eingreifen würden, wenn andere Formen sozialer Ordnung verletzt würden. Durch die zeremonielle Ordnung, die durch ein System von Regeln der Etikette aufrechterhalten wird, wird die Fähigkeit des Individuums, sich von einem Gespräch in Beschlag nehmen zu lassen, sozialisiert; sie gewinnt den Charakter eines Rituals und eine soziale Funktion" (Goffman 1986, S. 125f.).

- bis in die jüngste Zeit vernachlässigt worden ..." ist (1973, S. 7). In "Verhalten in sozialen Situationen" (1971) stellt Goffman die zentralen Fragestellungen der Interaktionsordnung heraus: Wie konstituieren sich Interaktionen und wie werden sie aufrechterhalten? Wie bewältigt man potentielle Risiken und auftretende Spannungen der Interaktion? Wie wird man mit gewissen (Rollen-) Verpflichtungen fertig? Immer geht es ihm dabei um die Regeln der Interaktion und nicht darum, aufgrund welcher Motive Personen interagieren und was sie damit erreichen wollen. Die Interaktionsordnung hat sich nicht für die Psychologie des Individuums zu interessieren. Nicht individuelle Muster der Orientierung, sondern deren soziale Organisation interessiert Goffman: "Ich setze voraus, daß der eigentliche Gegenstand der Interaktion nicht das Individuum und seine Psychologie ist, sondern eher die syntaktischen Beziehungen zwischen den Handlungen verschiedener gleichzeitig anwesender Personen .... Es geht hier also nicht um Menschen und ihre Situationen, sondern eher um Situationen und ihre Menschen" (1986, S. 8f.).

4. Das Gefüge der Interaktionsordnung

Den vielfältigen Begriffen der zahlreichen Arbeiten Goffmans fehlt bislang eine systematische Verknüpfung in einem umfassenden Bezugsrahmen. Erst in seiner "presidential address" vor der ASA hat Goffman ansatzweise einen systematisierenden Überblick über seine Vorstellungen der Interaktionsordnung gegeben. Weniger in diesem kurzen Überblick als vielmehr in seinen einzelnen Veröffentlichungen werden die Bestandteile und das Gefüge der Interaktionsordnung transparent. Deshalb scheint ein Versuch angebracht, das Goffman'sche Werk zu rekonstruieren und in eine Systematik zu bringen.

Stets beschäftigte sich Goffman mit der Frage, ob die unmittelbare Interaktionsbegegnung eine Ordnung aufweist. Sukzessiv ist mit seinen Arbeiten ein Ordnungsgefüge entstanden, das sich im Überblick wie folgt beschreiben läßt (vgl. Abb. 1). Ausgangspunkt ist der Interaktionsbegriff. Goffman interessiert sich vorwiegend für die direkte sogenannte Face-to-face-interaction. Sie konstituiert sich in der Hauptsache aus drei ordnenden Komponenten: der Rahmung, der Ritualisierung und der dramaturgischen Darstellung. Rahmen stellen "Organisationsprinzipien für Ereignisse" (1980, S. 19) bzw. Organisationsprämissen, d. h. Regeln beim Deuten von Vorgängen dar. Menschen, die sich gerade in einer Situation befinden, stehen immer wieder vor der Frage: "Was geht hier eigentlich vor?" (1980, S. 16).

Abb. 1: Die Interaktionsordnung im Face-to-face Ereignis

Interaktionsordnung im Face-to-face Ereignis

	Was geht hier vor?	
	Welche	
Strukturierung durch	**Rahmen**	vermittelt Erwartungssicherheit
	Wie habe ich vorzugehen?	
	Welche	
Institutionalisierung durch	**Rituale**	vermittelt Regelsicherheit
	Wie will ich vorgehen?	
	Welche	
Darstellung durch	**Dramaturgie**	vermittelt Zielsicherheit

Zur Beantwortung dieser Frage werden nicht immer wieder neue Situationsdefinitionen geschaffen, sondern es wird auf grundlegende Rahmen zurückgegriffen, die in unserer Gesellschaft für das Verstehen von Ereignissen zur Verfügung stehen. Damit ist gewissermaßen auf interaktiver Ebene eine "loose coupling", wie Goffman sagt, zu sozialen Strukturen hergestellt. Diese Kopplung ist jedoch nicht als einseitige "Punkt-zu-Punkt-Verbindung" anzusehen, vielmehr bestimmen "selektive Membranen" , welche Außeneinflüsse in der Interaktion gelten (1983, S. 11). Rahmen werden allerdings in einer Interaktionssituation nicht nur identifiziert, sondern durch konkrete Handlungen auch konstituiert. Crook und Taylor unterscheiden in dieser Hinsicht das "frame-as-structure" (den vorgegebenen Rahmen) von dem "frame-in-use" (dem angewandten Rahmen) und sagen: "I frame my experiences, but the structure of frame is prior to my experiences" (Crook/Taylor 1980, S. 245). Rahmen stellen also zwei Seiten derselben Medaille dar: Die Rahmenanalyse untersucht nicht nur, wie Menschen soziale Situationen deuten, sondern auch, wie sie handelnd von ihnen hervorgebracht werden. Erst mit der Rahmung einer Interaktion werden sinnhafte Orientierung und damit Erwartungssicherheit hergestellt.

Auch Rituale sind an der Herstellung von Sinn in einer Interaktionssituation beteiligt. Rituale beantworten weniger die orientierungsfindende, sondern vielmehr die pragmatische Frage: Wie habe ich vorzugehen? Sie stellen institutionalisierte normative Regulierungen dar - vor allem für höfliches Verhalten. Ein "interpersonelles Ritual" definiert Goffman "... als eine Folge von gewohnheitsmäßigen, konventionellen Handlungen, durch welche der eine dem anderen Achtung erweist" (1981b, S. 8). In zweifacher Hinsicht wirken Rituale auf das Individuum ein: als Verpflichtung, etwas bezogen auf andere zu tun oder zu unterlassen, und als Erwartung, etwas bezogen auf einen selbst voraussetzen zu können. Ein Ritual ist eine Form symbolischen Handelns. Es garantiert die Anerkennung, Bestätigung und Bekräftigung von Beziehungen, die Achtung und Respektierung von Regeln und die Wiederherstellung gefährdeter oder auch zerstörter Ordnung.

Die Herstellung von Erwartungs- und Handlungssicherheit (Rahmungen) einerseits und die verpflichtenden Regulierungen der Handlungsausführung (Rituale) andererseits stellen lediglich die mehr oder weniger auferlegten Bedingungen der Begegnung dar. Mit der dramaturgischen Darstellung des Selbst wird auch der zielverfolgende Akteur in die Gesamtkonzeption einbezogen. Hier geht es um die Klärung der Frage: Wie will ich vorgehen? Mit der dramaturgischen Analyse will Goffman untersuchen, wie "... der einzelne sich selbst und seine Tätigkeit anderen darstellt, mit welchen Mitteln er den Eindruck, den er auf jene macht, kontrolliert und lenkt, welche Dinge er tun oder nicht tun darf, wenn er sich in seiner Selbstdarstellung vor ihnen behaupten will" (1988, S. 3). Dabei ist nicht die individuelle Motivlage für Zielsetzungen von Interesse, sondern die Art und Weise der Ausführung und Umsetzung persönlicher Ziele. Es geht nicht um Zielfindung, sondern um die optimale Erreichung von Zielsicherheit. Zusammengefaßt scheinen Goffmans Arbeiten deshalb so aufschluß- reich, weil sich verschiedene Fragen der Handlungsorientierung nach Erwartungs-, Regel- und Zielsicherheit verbinden lassen. Er hat nach Ansicht Schimanks auf diese Weise ein "integratives Akteurkonzept" geschaffen: Der Mensch in Goffmans Interaktionen"... ist nicht nur bestrebt, die sozialen Situationen, in die er gerät, hinreichend erwart- bar zu gestalten, um nicht ständig allen möglichen Kontingenzen ausgesetzt zu sein; darüber hinaus verfolgt er eigene Ziele, die er möglichst gut zu realisieren versucht" (1992, S. 188).

5. Die Rezeption der Interaktionsordnung

Obwohl man auf ein theoretisches Modell Goffmans - das, wenn auch nicht explizit in einem Gesamtentwurf, sondern sukzessiv entstanden ist - schließen kann, sind zumeist nur einzelne Elemente des Modells diskutiert worden, sei es in theoretisch-kritischer Auseinandersetzung oder in empirisch-praktischer Anwendung eines der Theoriestücke. Goffman wird immer noch, trotz der vorauszusetzenden Kenntnis seines Gesamtwerks (auch nach Erscheinen der Rahmenanalyse im Original 1974), vorwiegend als Vertreter des symbolischen Interakti- nismus gesehen (vgl. Härle 1978; Helle 1977; Lauer/Handel 1977; Wehrspaum 1978), beziehungsweise der dramaturgische Ansatz seiner Interaktionsordnung wird dem symbolischen Interaktionismus zu- gerechnet (vgl. Hare 1988; Morriane 1985). Einige ordnen ihn sogar ausschließlich einer dramaturgischen Perspektive zu (vgl. Fontana 1980; Lyman/Scott 1975; Perinbanayagam 1974). Andere wiederum sehen in Goffman einen Funktionalisten, aufgrund seiner starken Anbindung an Durkheim und des in Auseinandersetzung mit ihm abgeleiteten Ritualbegriffs (vgl. Collins 1980). Als fast schon "struktu- ralistischer Verrat an der Erforschung des symbolischen Interaktionis- mus" (Oswald 1984, S. 212) wurde die Systematisierung seiner Arbei- ten in der Rahmenanalyse gewertet (vgl. Denzin/Keller 1981). Insbesondere auf die Rahmenanalyse beziehen sich auch Gonos (vgl. 1977)[28] und Manning (vgl. 1980), jetzt aber in positiver Wertschätzung, wenn sie Goffman als Strukturalisten einordnen[29]. Andere hingegen rücken die Rahmenanalyse in die Nähe der Schütz'schen Phänomenologie (vgl. Eberle 1991)[30]. Neben der interaktionistischen, der dramaturgischen, der funktionalistischen und der strukturalistischen Einordnung Goffmans begreifen ihn einige zudem noch als Semiotiker (vgl. Riggins 1970) oder untersuchen sein Werk aus der Perspektive der Ethnomethodologie (vgl. Widmer 1991) und der Konversationsanalyse (vgl. Bergmann 1991).

Wenngleich bislang recht wenig ist außerdem in praktisch-empirischer Hinsicht mit dem Goffman'schen Ansatz gearbeitet worden. Die dramaturgische Perspektive wurde beispielsweise genutzt, um die Bedeutung emotionaler Dramen zwischen Fans, Trainern und Spielern einer Fußballmannschaft näher zu untersuchen (vgl. Zurcher 1982). Andere Arbeiten verwenden den Ritualbegriff für linguistische Analysen (vgl. Holly 1979; Werlen 1979). Schließlich ist versucht worden,

---

28 Gonos unterstreicht: "While interactionists attempt to deal with the unfolding of actual everyday events, it is Goffman's intent to 'see behind' this constant activity to what, in modern parlance, would be referred to as the 'structures' that invisibly govern it. These structures Goffman now refers to as 'frames'" (Gonos 1977, S. 857).

29 Siehe hierzu weiterhin Lenz, der die Frage prüft, inwieweit Goffman als Strukturalist bezeichnet werden kann. In seinem Fazit kommt er zu dem Ergebnis, "... das Theorieprogramm von Goffman als einen Entwurf zu sehen, dem es darauf ankommt, die Einseitigkeit einer interpretativen oder einer strukturalen Perspektive durch eine Verknüpfung beider Perspektiven zu beseitigen. Goffman überwindet den astrukturellen Bias und das Modell eines schier grenzenlos kreativen Individuums, zugleich verwehrt er sich gegen die Negation des handelnden Subjekts, gegen die weitgehende Ausblendung der Sinnkategorie und auch den Dingcharakter der sozialen Wirklichkeit" (1991b, S. 294).

30 Eberle sieht den zentralen Unterschied "im wesentlichen darin, daß Schütz egologisch von der subjektiven Erfahrung verschiedener Sinnbereiche mit je eigenem Wirklichkeitsakzent ausgeht, Goffman dagegen von der gesellschaftlichen Produktion dieser Wirklichkeiten" (1991, S. 189).

die Rahmenanalyse auf empirischen Handlungsfeldern anzuwenden, so z. B. in religionssoziologischen Fragestellungen (vgl. Johnson/ Weigert 1980).

Angesichts dieser Bandbreite und der unterschiedlichen Einschätzung des Werks muß die Absicht fehlschlagen, Goffman einer Schule zuzuordnen. Oswald meint: "Goffman steht zwischen oder neben oder über den Schulen .... Er hat ein zentrales soziologisches Problem, und er suchte es mit allen zur Verfügung stehenden Mitteln jenseits von Schulen zu lösen" (1984, S. 212). Hartnäckige Kritiker sehen darin einen Eklektizismus, wohlwollende bis begeisterte Rezipienten begreifen ihn eher als "systematic social theorist" (Giddens 1987, S. 109) oder auch "paradigm bridger" (Hitzler 1992, S. 449).

6. Der Begriffsapparat der Interaktionsordnung

Die analytische Grundstruktur der Interaktionsordnung setzt sich, aufbauend auf dem Interaktionsbegriff, aus den Rahmen, den Ritualen und den dramaturgischen Darstellungen des Selbst zusammen. Im folgenden sollen die Komponenten der Interaktionsordnung näher vorgestellt werden.

6.1. Der Interaktionsbegriff

Im Zentrum der Goffman'schen Analysen steht der Interaktionsbegriff (vgl. Abb. 2).

Ausgangspunkt ist der Zustand von Kopräsenz (1971, S. 28). Sie setzt zum einen einen Informationsfluß voraus, der zwischen den Anwesenden stattfindet, zum anderen Rückkopplungseffekte, denn jeder Akteur ist stets zugleich Sender und Empfänger des Informationsflusses. Zwei grundlegende Typen von gemeinsamer Präsenz können unterschieden werden: die nicht-zentrierte (unfocused) und die zentrierte (focused) Interaktion. "Nicht-zentrierte Interaktion besteht aus den

Interaktion

Kopräsenz
In zentrierter und nichtzentrierter Organisationsform
als Voraussetzung für die
gegenseitige und unmittelbare

Zusammenkunft/Begegnung
Diese hat eine:

Soziale Situation
(räumliche Umgebung)
und einen
sozialen Anlaß
(Ereignis)

Mit dem sozialen Anlaß verbundene Erfordernisse an das Verhalten der Interaktionsteilnehmer:

1. **Engagementverlauf**
2. **Emotionale Struktur**
3. **Regeln der Irrelevanz**

Vom sozialen Anlaß und seinen Erfordernissen geprägte Art des

Engagements

Hauptengagement   **Nebenengagement**   **Fehlengagement**

zwischenmenschlichen Kommunikationen, die lediglich daraus resul-
tieren, daß Personen zusammenkommen, z. B. wenn sich zwei Fremde
quer durch einen Raum hinsichtlich der Kleidung, der Haltung und
des allgemeinen Auftretens mustern, wobei jeder das eigene Verhalten
modifiziert, weil er selbst unter Beobachtung steht. Eine zentrierte
Interaktion tritt ein, wenn Menschen effektiv darin übereinstimmen,
für eine gewisse Zeit einen einzigen Brennpunkt der kognitiven oder
visuellen Aufmerksamkeit aufrecht zu erhalten, wie etwa in einem
Gespräch, bei einem Brettspiel oder bei einer gemeinsamen Aufgabe,

die durch einen kleinen Kreis von Teilnehmern ausgeführt wird" (1973, S. 7).

Das Konzept der Kopräsenz wird auf drei Ebenen thematisiert: auf der Ebene der Zusammenkunft oder sozialen Begegnung, der sozialen Situation und des sozialen Anlasses (vgl. 1971, S. 29ff.). Die Zusammenkunft oder soziale Begegnung stellt eine Gruppe von zwei oder mehr Individuen dar, die in einem gegenseitigen, unmittelbaren Kontakt zueinander stehen. Mit einer sozialen Situation wird eine räumliche Umgebung beschrieben, die jede eintretende Person zum Mitglied der Zusammenkunft macht. Den Grund für die Teilnahme an Zusammenkünften und sozialen Situationen bietet in der Regel ein sozialer Anlaß. Darunter ist eine größere soziale Angelegenheit, eine Unternehmung oder ein Ereignis zu verstehen, das zeitlich und räumlich begrenzt ist und sich durch eine eigens dafür bestimmte Ausstattung auszeichnet. Soziale Anlässe sind unterschiedlich strukturiert. Für manche gibt es einen präzisen Anfang und ein genau bestimmbares Ende, eine ausgewählte Begrenzung von Teilnehmern und ein vorgeschriebenes Maß an zu erbringender und aufrechtzuerhaltender Aktivität. Oftmals sind Anlässe vorausgeplant und nach einer Tagesordnung strukturiert. Es gibt aber auch Anlässe, die eher diffuser Art sein können und in ihrem Verlauf dennoch eine bestimmte Struktur und Richtung aufweisen. Soziale Anlässe bilden den Rahmen, in dem Situationen und Zusammenkünfte sich ereignen. Verhaltensreglements lassen sich weitgehend auf soziale Anlässe zurückführen. Mit einem sozialen Anlaß sind verschiedene Erfordernisse an das Verhalten der Interaktionsteilnehmer verbunden. Zu erwarten ist ein bestimmtes "Engagement" (1971, S. 29 ff.). Damit ist eine gewisse Hingabe an die Hauptaktivität des Anlasses gemeint[31]. Ferner ist eine gewisse "emo-

---

31 Für den Verlauf einer sozialen Veranstaltung gibt es oftmals eine verantwortliche Person; es geht darum, die Veranstaltung in Gang zu setzen, das Hauptanliegen im Auge zu behalten, den Aktionsfaden weiterzuspinnen und die Veranstaltung zu beenden; "es ist eine Ordnung zu garantieren" (1971, S. 29). Zwischen Anfang und Ende läßt sich eine "Engagement-Kurve" (1971, S. 29) erkennen: "... eine Linie, die Zunahme und Abnahme allgemeiner Hingabe an die Hauptaktivität des Anlasses nach-

tionale Verfaßtheit" (1973, S. 22) zu erwarten. Die Interaktionsteilnehmer sind gefordert, sich auf das Ereignis angemessen einzustellen,
egal, welche Gefühle sie während dieser Zeit haben. Schließlich geben
die "Regeln der Irrelevanz" (1973, S. 22) an, was in der Interaktionssituation unberücksichtigt und unbeachtet bleiben kann.
Vom sozialen Anlaß und seinen beschriebenen Erfordernissen wird
eine bestimmte Art des Engagements geprägt. Goffman unterscheidet
das Haupt- und das Nebenengagement: "Als Hauptengagement ist das
zu bezeichnen, was den wesentlichen Teil von Aufmerksamkeit und
Interesse eines Einzelnen absorbiert und, klar erkennbar, die augenblicklich wichtigste Determinante seiner Handlungen ist. Mit Nebenengagement ist eine Aktivität gemeint, die ein Einzelner durchaus
leicht zerstreut betreiben kann, ohne damit die gleichzeitige Pflege des
Hauptengagements zu bedrohen oder zu vermengen" (1971, S. 51).
Das Hauptengagement wird, wie bereits angedeutet, zumeist vom
sozialen Anlaß bestimmt. Goffman spricht vom "anlaßgemäßen Hauptengagement" (1971, S. 57). Anlaßgemäßes wechselseitiges Engagement
bedeutet also, die Aktivität in einer Begegnung im Ton auf den Ethos
des sozialen Anlasses abzustimmen und innerhalb der Situation ein
gewisses Maß anlaßgemäßer Stimmung und Betätigung zu zeigen.
Haupt- und Nebenengagement lassen sich von einem fehlerhaften
(weil aufdringlichen, lächerlichen, übertriebenen usf.) Überengagement
unterscheiden (vgl. 1971, S. 57f.). Die Bedeutung dessen, was vor sich
geht, wird nicht in einem adäquaten Hauptengagement erfaßt. Umgekehrt gibt es aber auch Situationen, in denen das geforderte Engagement zwar entwickelt ist, jedoch - aus welchen Gründen auch immer
- nicht aufrechterhalten werden kann.

6.2. *Der Rahmungsbegriff*

Die Rahmen-Analyse verfolgt das Ziel, einige der grundlegenden
Rahmen herauszustellen, die in unserer Gesellschaft für das Verständ-

---

zeichnet" (1971, S. 30 f.).

nis von Ereignissen zur Verfügung stehen. Handelnde sind in jeder Situation mit der Frage konfrontiert, was vor sich geht. Um Klarheit und Erwartungssicherheit zu gewinnen, müssen Ereignisse interpretiert werden, egal, ob es sich um problematische Situationen handelt, in denen Verwirrung und Zweifel herrschen, oder um Routinesituationen, in denen Gewißheit besteht. Ereignisse werden mit Hilfe von Rahmen gedeutet. In Anlehnung an Bateson (vgl. 1972, S. 177 ff.) definiert Goffman: "Ich gehe davon aus, daß wir gemäß gewissen Organisationsprinzipien für Ereignisse - zumindest für soziale - und für unsere persönliche Anteilnahme an ihnen Definitionen einer Situation aufstellen; diese Elemente ... nenne ich 'Rahmen'" (1980, S. 19). Rahmen sind also Interpretationsschemata, die einen sonst sinnlosen Aspekt einer Szene zu etwas Sinnvollem machen; sie ermöglichen die Lokalisierung, Wahrnehmung, Identifizierung und Benennung einer anscheinend unbeschränkten Anzahl konkreter Vorkommnisse, die im Sinne des Rahmens definiert sind, und liefern einen Verständnishorizont für Ereignisse. Sie strukturieren die Situation und signalisieren, welche Bedeutung aus der Fülle des Möglichen gemeint ist. Mit Rahmen werden Themen und Handlungsabfolgen umgrenzt, Kommunikationsstile und Deutungsrichtungen fixiert. Das "Rahmungswissen", wie Soeffner sagt, ist das "... Verfügungswissen über Interpretationsanweisungen zu denjenigen Anzeigehandlungen und Zeichen, mit deren Hilfe andere Zeichen zu einer in sich stimmigen Deutungseinheit zusammengebunden werden sollen" (1989, S. 144). Dieses Rahmungswissen wird in den Zusammenkünften und Begegnungen eingebracht. Deutungsebene und interaktive Ebene erfahren damit eine Verknüpfung. Über bestimmte rituelle Formen und Darstellungen, auf die Goffman in seinen weiteren Arbeiten aufmerksam gemacht hat, wird das implizite Wissen um die Bedeutungsebene mitgeteilt. Auf diese Weise können vorläufige Erwartungssicherheiten hergestellt werden. Gerade in unklaren und unsicheren Situationen wird man sich mit besonderer Aufmerksamkeit solchen impliziten Wissensbeständen zuwenden. Situative Sicherheit erhält man dann in dem Maße, wie man sich in seinen Vorstellungen bestätigt sieht, die Rituale und Darstellungen erfaßt und eine Teilnahme an der Begegnung möglich wird. Mit der Rahmen-Analyse werden also nicht nur Deutungsschemata beschrieben, sondern auch konkrete Interaktionen, Begegnungen und Handlungsszenen; Rahmen stehen für Deutungen und Handlungen, für Kognitionen und Situationen. Goffman: "... der Rahmen schafft mehr als nur Sinn; er schafft auch Engagement. Bei jeder Aktivität machen sich die Beteiligten gewöhnlich nicht nur ein Bild davon, was vor sich geht, sondern sie werden (bis zu einem gewissen Grade) auch spontan gefangengenommen, in Bann geschlagen" (1980, S. 376).

Rahmen sind gesellschaftlich vorgegeben, denn es ist offensichtlich, daß im Alltag - trotz seiner Bedeutungsvielfalt und Brüchigkeit - relativ erfolgreiche Verstehens- und Handlungsprozesse ablaufen. Ein gewisser Anteil an explizitem Deutungswissen scheint durch sozialisatorische Einflüsse immer schon vorhanden zu sein und muß nicht erst immer neu explizit vereinbart und in Situationsdefinitionen geschaffen werden: "... diejenigen, die sich in der Situation befinden, schaffen gewöhnlich nicht diese Situation (dagegen kann man das oft von der betreffenden Gesellschaft behaupten); gewöhnlich stellen sie lediglich ganz richtig fest, was für sie die Situation sein sollte, und verhalten sich entsprechend" (1980, S. 9). Obwohl der gesellschaftlich vorgegebenen Deutungsperspektive verpflichtet, unterliegt das Individuum damit keineswegs dieser Deutungsrichtung; denn "...wie nun Handelnde sich zurechtlegen, was in einer konkreten Situation geschieht, ist eine Frage der Anwendungs- und interaktiven Koordinationsformen von Rahmen" (Eberle 1991, S. 178). Goffman hat hinsichtlich dieser Anwendungs- und interaktiven Koordinationsformen eine Inventarisierung und Kategorisierung bereitgestellter Rahmen vorgenommen, auf die im folgenden weiter eingegangen werden soll (vgl. Abb. 3):

Abb. 3: Rahmen

Rahmen

Was geht hier vor?

Primäre Rahmen

Transformationen

Modulationen	**Fabrikationen**
1. So-Tun-als-ob-Spiel	1. Gutgemeinte Fabrikationen
	- Experimente
2. Wettkämpfe	- Lebensechte Prüfungen
	- Paternalistische Fabrikationen
3. Zeremonien	- Strategische Fabrikationen
4. Sonderausführung	2. Schädigende Fabrikationen
- Einübung	- Tarnung, Einschüchterung
- Demonstration	- Indirekte Täuschungen
- Dokumentation	- Falsche Selbstbeschuldigungen
5. In-anderen-Zusammenhang-Stellen	3. Selbsttäuschungen

Rahmungsschwierigkeiten

1. Mehrdeutigkeiten

2. Irrtümer

3. Streitigkeiten

Rahmungsbrüche

1. Aushacken

2. Hineinstolpern

3. Aufschaukeln
   - Heruntermodulation
   - Hinaufmodulation

6.2.1. Primäre Rahmen

Wie bereits ausgeführt, sieht Goffman Deutungs- und Interpretationsschemata als gesellschaftlich vorgegeben an. Deren Organisationsprinzipien sollen in der Rahmenanalyse herausgestellt werden. Grundlegend sind zunächst die "primären Rahmen". Sie ermöglichen es, eine
unendliche Anzahl von Umständen zu kategorisieren, so daß die
Handelnden in den Stand gesetzt werden, möglichst angemessen auf
alles zu reagieren, was 'vor sich geht'. Primäre Rahmen sind solche,
bei denen man "... nicht auf eine vorhergehende oder 'ursprüngliche'
Deutung zurückgreift" (1980, S. 31). Grundlegend sind sie deshalb,
weil man kaum auf Ereignisse blicken kann, ohne einen primären
Rahmen anzubringen und damit Mutmaßungen anzustellen, was in
der Situation eben geschah und was jetzt gleich geschehen dürfte.
Gerade weil diese Rahmen ursprünglich, nicht weiter rückführbar und
gewissermaßen vorbewußt benutzt werden, spricht Goffman von
primären Rahmen. Sie geben Darstellungen in einer vorgegebenen
Richtung an die Hand, wie Ereignisse zu verstehen sind (z. B. eine
Handbewegung als Grußgeste, als Angsterscheinung oder lediglich als
Nerven-Muskel-Vorgang).
In der Rahmen-Analyse wird zwischen zwei großen Klassen primärer
Rahmen unterschieden, den natürlichen und sozialen. Im "natürlichen
Rahmen" werden Ereignisse "... als nichtgerichtet, nichtorientiert,
nichtbelebt, nichtgeleitet 'rein physikalisch' gesehen ..." (1980, S. 31).
"Soziale Rahmen" bieten ein Deutungsschema für "... Ereignisse, an
denen Wille, Ziel und steuerndes Eingreifen einer Intelligenz ... beteiligt sind" (1980, S. 32). Hier wird bereits das Problem einer eindeutigen Zuordnung ersichtlich, wenn in Situationen soziale und natürliche
Rahmen gleichzeitig auftreten (z. B. bei einer gynäkologischen Untersuchung die erotische und die medizinische Betrachtung). Da Goffman
zu einer Analyse sozialer Wirklichkeit beitragen möchte, interessiert er
sich für die sozialen Rahmen. Innerhalb der Gruppe der sozialen
Rahmen bleibt die Analyse der primären Rahmen bei ihm allerdings
rudimentär. Er beschäftigt sich hauptsächlich mit den Regeln, die den
Übergang zwischen 'primären' und 'sekundären' Rahmen ermöglichen. Den 'Schlüssel' bei diesem Übergang stellen jene Formeln dar,

durch die eine innerhalb eines primären Rahmens bereits sinnvolle Aktivität auch innerhalb des sekundären Rahmens eine Bedeutung erlangt. Nicht die Implikationen des primären Rahmens interessieren, sondern deren Transformationsmöglichkeiten, denn primäre Rahmen stellen oft nur das Ausgangsmaterial für vielfältige Sinntransformationen zur Verfügung, die die Wirklichkeit vielschichtig und schillernd machen.

6.2.2. Modulationen

Man weiß, daß bei Grußzeremonien Fragen nach der Gesundheit oftmals nicht ernsthaft gemeint sind, daß Menschen Schläge austeilen können, ohne ernsthaft zu kämpfen. Handlungen, die einem primären Rahmen zugeordnet werden und dort Sinn haben (kämpfen), können offenbar umgewandelt und einen neuen, abgeleiteten Sinn bekommen. Um diese Tatsache zu beschreiben, führt Goffman den Begriff des Moduls ein. Ein Modul bzw. eine Verschlüsselung (Tonart/Key - eine Anlehnung an den musikwissenschaftlichen Begriff ist beabsichtigt) nennt Goffman jenes "... System von Konventionen, wodurch eine bestimmte Tätigkeit, die bereits im Rahmen eines primären Rahmens sinnvoll ist, in etwas transformiert wird, das dieser Tätigkeit nachgebildet ist, von den Beteiligten aber als etwas anderes gesehen wird" (1980, S. 55). Im Vorgang der Modulation wissen die Beteiligten, daß eine systematische Umwandlung erfolgt, die das, was in ihren Augen vor sich geht, grundlegend neu bestimmt. Wenn eine Modulation vorliegt, so bestimmt sie ganz entscheidend, was für die handelnden Akteure eigentlich vor sich geht. Goffman führt eine Reihe grundlegender Module an (vgl. 1980, S. 52-97).

So-Tun-als-ob
Damit ist das offene Nachahmen einer nicht-transformierten Handlung gemeint. Eine Variante des So-Tun-als-ob wäre das Spiel.
Zum Spiel scheint es zu kommen, wenn es besondere Anzeichen dafür gibt, daß die Handlung nicht ernst gemeint sein kann. Offenkundig findet in Interaktionen des öfteren ein kurzzeitiger Wechsel ins Spiele-

rische statt, was jedoch nicht immer leicht zu erkennen ist. Eine Anzahl von Regeln müssen befolgt werden, wenn ernsthaftes Handeln
ins Spielerische überführt werden soll (vgl. 1980, S. 57):

- Das Spiel wird in der Form ausgeübt, daß seine gewöhnliche Funktion nicht hergestellt wird. Damit der Schwächere und weniger
  geschickte Akteur dem Geschickteren und Stärkeren gewachsen ist,
  hält dieser sich so weit wie möglich zurück.
- Die Expansivität vieler Handlungen wird überspitzt.
- Der Handlungsverlauf, der als Vorbild herangezogen wird, wird
  weder genau eingehalten noch vollständig ausgeführt. Spiele werden oftmals angefangen und abgebrochen; wieder neu begonnen
  oder kurz unterbrochen und möglicherweise mit Abfolgen aus
  anderen Sinnzusammenhängen vermengt.
- In Spielen ereignen sich viele Wiederholungen.
- Beteiligen sich mehrere Teilnehmer am Spiel, muß ihre Teilnahme
  freiwillig sein. Eine Aufforderung zum Mitspiel muß abgelehnt
  werden können; ein Ausscheiden aus dem Spiel muß möglich sein.
- Ein Spiel zeichnet sich oftmals durch häufigen Rollenwechsel aus.
  Dadurch kommt es zu einer Auflösung der Hierarchie, die zwischen
  den Beteiligten beim nichtspielerischen Verhalten bestehen bliebe.
- Ein Spiel dauert oft länger, als es bei seinem nichtspielerischen
  Vorbild der Fall wäre.
- Es gibt Zeichen für zeitliche Hinweise, auf deren Wirkungsbereich
  das Spiel beschränkt sein soll, sowie räumliche Hinweise, die das
  Gebiet anzeigen, auf das sich das Spiel in dem betreffenden Fall
  erstrecken soll (Anfangs- und Schlußklammern/zeremonielle Klam-
  mern).

Eine Spielmodulation ist nicht unbedingt auf bestimmte Begebenheiten
zugeschnitten. Ebenso wie man eine zweckorientierte Handlung
spielen kann (etwa die Tätigkeit eines Zimmermanns), kann man auch
Rituale spielen (wie beispielsweise eine Hochzeitszeremonie). Es
dürfte einleuchten, daß Begebenheiten im sozialen Bezugssystem eher
der Modulation zugänglich sind als Ereignisse in einem natürlichen
Bezugssystem. Ganz offenkundig wird die Transformationskraft des

Spiels an bestimmten Gegenständen, die als Element oder Anlaß zum
Spiel gehören: "Ein Spielzeug, mit dem gespielt wird, zeigt fast ideal
die Art, wie eine spielerische Definition der Situation letzten Endes
die gewöhnlichen Bedeutungen in der Welt außer Kraft setzen kann"
(1980, S. 55).

Wettkämpfe
Die Modulation des Wettkampfes liegt darin, daß das Ursprungsbild
des Kampfes in Stärke und Art der Aggression durch Regeln einge-
schränkt wird. Dies ist besonders bei Sportwettkämpfen zu beobach-
ten. Obwohl zwischen spielerischer und kämpferischer Aktivität ein
stetiger Übergang zu bestehen scheint, kann dennoch unterschieden
werden: "Bei der spielerischen Aktivität wird etwas oder jemand nur
ganz vorübergehend und nie ganz verfestigt zum 'Spielzeug' gemacht;
bei organisierten Spielen und im Sport geschieht das auf institutionalisierte Weise - gewissermaßen stabilisiert, und auch der Handlungs-
spielraum wird durch die formalen Regeln der Tätigkeit festgelegt"
(1880, S. 70).

Zeremonien
Bei Zeremonien "... geht etwas anderes als das Gewöhnliche vor sich
..." (1980, S. 70). Beispiele wären Heiratszeremonien, Bestattungsfeiern,
Investituren. In Zeremonien ist der Handlungsverlauf festgelegt.
Während die Vorgabe beim Spiel eine umfassende Nachahmung
ermöglicht, dient die Vorgabe beim Zeremoniell allerdings zur Be-
schränkung: "Eine Handlung kann aus dem üblichen Geflecht der
Ereignisse herausgebrochen werden und, stilisiert, eine ganze Situation ausfüllen" (1980, S. 71). Eine Zeremonie moduliert also ein Ereignis.

Sonderausführung
Goffman beschreibt drei Varianten der Sonderausführung: das Ein-
üben, die Demonstration und die Dokumentation.
Einübungen oder auch Versuche, Proben und Planungen haben den
Zweck, "... den Anfänger Erfahrungen unter Bedingungen sammeln zu
lassen, in denen ... der wirkliche Kontakt mit der Welt ausgeschlossen

ist, da die Ereignisse von ihren gewöhnlichen Zusammenhängen und Folgen abgelöst sind" (1980, S. 72).

Demonstrationen beschreiben die "... Ausführung einer aufgabenähnlichen Tätigkeit außerhalb ihres gewöhnlichen funktionalen Zusammenhangs, um jemand anderem einen genauen Einblick in ihren Ablauf zu ermöglichen" (1980, S. 79). Genannt wird hier das Beispiel eines Vertreters, der vorführt, wie ein Staubsauger den Schmutz aufnimmt, den er zu Demonstrationszwecken bei dem potentiellen Käufer auf den Boden gestreut hat.

Bei Dokumentationen werden Ereignisse aufgezeichnet und wieder abgespielt, womit sich nachweisen läßt, daß sich diese tatsächlich ereignet haben. "Während eine Demonstration ein Ideal-Durchlauf zu Lern- oder Beweiszwecken ist, bedient sich die Dokumentation der tatsächlichen Spuren eines Vorgangs in der wirklichen (d. h. weniger transformierten) Welt, der, wie behauptet wird, mit keiner Dokumentationsabsicht verbunden war" (1980, S. 82).

In-anderen-Zusammenhang-Stellen

Bei den bislang aufgeführten Modulen wird eine Handlung mit einer Absicht vollzogen, die als verschieden von den gewöhnlichen empfunden werden kann. Mit dem Begriff des In-anderen-Zusammenhang -Stellens geht Goffman davon aus, daß "... einige Motive für eine Handlung die gewöhnlichen sind, während andere, besonders wenn sie stabilisiert und institutionalisiert sind, den Handelnden aus dem üblichen Tätigkeitsfeld herausheben" (1980, S. 88). Goffman nennt das Beispiel einer würdigen Dame der oberen Mittelschicht, die bei einer Wohltätigkeitsveranstaltung als Verkäuferin teilnimmt, oder einer Holzfällerarbeit, die lediglich der Erholung dient.

Bislang wurde davon ausgegangen, daß ein Modul nur etwas transformiert, was bereits im primären Rahmen als sinnvoll gilt. Diese Definition ist zu ergänzen, denn Modulationen können für weitere Modulationen anfällig sein. Zum Beispiel kann man spielen, wie man einen Wettkampf spielt. Transformiert wird also die Modulation eines primären Rahmens, so daß dem ursprünglichen Vorgang eine weitere Schicht hinzugefügt wird.

6.2.3. Fabrikationen

Fabrikationen (auch nicht ganz triftig als "Erfindungen/Täuschungen" übersetzt) bilden eine zweite Form von Transformationen. Sind bei einer Modulation alle Teilnehmer in das tatsächliche Geschehen eingeweiht, liegt bei Fabrikationen hingegen ein disparates Verhältnis vor, denn die Beteiligten wissen nicht unbedingt, daß eine erfundene Situation vorliegt. Eine Erfindung verfolgt "... das bewußte Bemühen eines oder mehrerer Menschen, das Handeln so zu lenken, daß einer oder mehrere andere zu einer falschen Vorstellung von dem gebracht werden, was vor sich geht" (1980, S. 98). Goffman unterscheidet zwischen gutgemeinten und schädigenden Bedingungen des Transformationsvorganges (vgl. 1980, S. 102-142).

Gutgemeinte Fabrikationen
Gutgemeint sind die Transformationen, wenn sie "... im Interesse des Getäuschten liegen sollen oder, wenn nicht ganz in seinem Interesse und zu seinem Wohl, so doch wenigstens nicht im Gegensatz zu seinem Interesse" (1980, S. 102). Im allgemeinen bleiben bei gutgemeinten Fabrikationen die Urheber moralisch intakt und die Grundinteressen der Interaktionspartner gewahrt. Zu den gutgemeinten Fabrikationen zählen folgende (vgl. 1980, S. 102-119):
Experiment. Hierbei darf zumeist eine Versuchsperson aus bestimmten Gründen nicht wissen, worum es eigentlich geht.
Lebensechte Prüfungen. In diesen Fällen wird man auf die Probe gestellt, zwecks Prüfung von Treue und Charakter.
Paternalistische Fabrikationen. Sie zielen darauf ab, den anderen zu verschonen. Zumeist aus Taktgefühl hält man Informationen zurück, um den anderen nicht unnötigerweise in Schwierigkeiten zu bringen.
Strategische Täuschungsmanöver. Hierbei ist die Täuschung zwangsläufig in den Vorgang impliziert, wie z. B. bei gewissen Brett- und Kartenspielen.

Schädigende Fabrikationen
Diese Transformationen werden in eindeutig verletzender Absicht angewandt. Goffman nennt verschiedene Varianten (vgl. 1980,

S. 120-128): die "Tarnung, Mimikry und Einschüchterung" sowie das "Schwindelmanöver". Ferner "indirekte Täuschungsmanöver", z. B. die Intrige, bei der kompromittierendes, falsches Beweismaterial erzeugt wird. Eine schädigende Transformation stellt ebenfalls die "Behauptung diskreditierender Tatsachen" dar. Schließlich nennt er noch "falsche Selbstbeschuldigungen", die ihren Zweck wohl in der dadurch gewonnenen Publizität haben dürften.

Selbsttäuschungen

Neben den gutgemeinten und schädigenden Transformationen kann die Selbsttäuschung als "verständlicher Irrtum" gelten. Oftmals tragen Sinnestäuschungen und Ausfallerscheinungen zu einer Selbsttäuschung bei.

6.2.4. Rahmungsschwierigkeiten

Zumeist nehmen wir an, daß unsere Deutungsrahmen geeignet sind, weil durch den Kontext die zutreffende Bedeutung angezeigt wird. Manchmal jedoch können wir unserer Wirklichkeitsauffassung nicht trauen; wir sind ihr gegenüber ungewiß, sie scheint problematisch und bedarf weiterer Absicherungen. Nicht selten reicht eine minimale Verlagerung der gerahmten Erfahrung aus, um in Schwierigkeiten zu bringen. Da unsere Rahmungen anfällig für Umdeutungen, unsicher und mit Schwächen versehen sind, ist immer wieder eine Überprüfung nötig. Nicht von einer Rahmungssicherheit, sondern von einer Dauergefährdung ist eigentlich auszugehen. Goffman hat herausgearbeitet, zu welchen Rahmungsschwierigkeiten es kommen kann (vgl. 1980, S. 332-375).

Mehrdeutigkeiten

Eine Situationsdefinition, in der Verwirrung und Zweifel herrschen, mag sich als unklar oder lediglich als ungewiß erweisen: "Einmal geht es darum, was überhaupt vor sich gehen könnte; im anderen Fall geht es darum, welche von mehreren klar umrissenen Möglichkeiten vorliegt" (1980, S. 332).

Irrtümer

Ist man bei Mehrdeutigkeiten noch bestrebt, die Ereignisse zu klären, führen Irrtümer zumeist zu Fehlrahmungen. Mit Irrtum meint Goffman einen "... nicht manipulierten irrtümlichen Glauben bezüglich der Rahmung der augenblicklichen Vorgänge" (1980, S. 338). Man meint sich seiner Rahmung sicher zu sein, agiert aber aufgrund falscher Voraussetzungen. Mehrdeutigkeiten können zu Irrtümern führen; aber auch die Aufklärung eines Irrtums kann von Mehrdeutigkeiten begleitet sein, wenn ein Moment lang Zweifel im Raum stehen.

Streitigkeiten

Finden sich die beteiligten Akteure nicht in demselben Rahmen wieder, kann es passieren, daß sie über ihre verschiedenen Auffassungen von der Situation streiten. Im allgemeinen scheinen dies selten Anlässe für Rahmungsstreitigkeiten zu bieten. Zumeist entstehen Streitigkeiten aufgrund von Irrtümern. Dabei wirft die oftmals gemachte Behauptung der "Unabsichtlichkeit" und des "unschuldigen Versehens" (1980, S. 359) die Streitfrage auf, ob und bis zu welchem Ausmaß man den Irrtum entschuldigen kann. Streitigkeiten können auch im Hinblick nicht erkannter Modulationen entstehen. Machen die Ereignisse den Eindruck der Untransformiertheit, obwohl in Wirklichkeit eine Modulation vorlag, kann ein Streit über die Frage entstehen, was vor sich gegangen ist. Manchmal wird dann zur Beilegung des Streites die Behauptung angeführt, es habe sich lediglich um einen Scherz gehandelt. Die Erklärungen der Unabsichtlichkeit, des Versehens und des Scherzes können wiederum einen neuen Streit entfachen, indem sie bezweifelt werden. Jetzt geht es nicht nur um die Klärung der Frage, was vor sich gegangen ist, sondern wie die Dinge hätten stattfinden sollen. Problematisch wird ein Rahmungsstreit, wenn entdeckt wird, daß die Handlungen so aufgezogen waren, daß sie die Möglichkeit einer Entschuldigung schon in sich bargen, oder wenn man nachträglich ein ernsthaftes gutgemeintes Täuschungsmanöver behauptet.

6.2.5. Rahmungsbrüche

Durch Rahmung - so wurde bislang hervorgehoben - wird dem Handeln der Akteure Sinn verliehen; sei es durch primäre Rahmen, Transformationen oder über die Klärung von Rahmungsschwierigkeiten. In allen Fällen verhilft die Rahmung dazu, kontingente Situationen hinsichtlich einer Erwartungssicherheit zu umgrenzen.

Eine Rahmung kann aber fehlschlagen, einen Bruch erleiden. Denn mit jeder Rahmensetzung sind auch normative Erwartungen verknüpft, inwieweit die Akteure den gegebenen Vorgängen Beachtung schenken sollten. Mit der Rahmung sind auch Grenzen darüber vereinbart, was als angemessenes Verhalten gelten kann. Die Leitfunktion eines Rahmens erfährt einen Bruch, wenn die Handlungen unangemessen sind; sei es durch fehlendes, falsches oder zu schwaches bzw. zu starkes Engagiertsein. Goffman beschreibt verschiedene Formen des Rahmenbruchs (vgl. 1980, S. 381-408).

Aushaken

Häufig ist eine Spannungsentladung die Ursache für das Aushaken. Die Betreffenden engagieren sich nicht mehr. Ein Grund dafür wäre beispielsweise eine Rolle, die man an den Tag legen muß, von der man aber nicht überzeugt ist; die möglicherweise als zu formell oder zu feierlich erlebt wird. Ein anderer Grund liegt in Verhaltensbeschränkungen, die möglicherweise dem Körper auferlegt werden und die sich nicht durchhalten lassen - z. B. Stillsitzen. Oftmals wird versucht, das Aushaken ritualistisch zu verbergen.

Hineinstolpern

Damit ist folgendes gemeint: "Jemand, der anscheinend außerhalb eines gerahmten Vorgangs steht, ein unbeteiligter Zuschauer, der aber in Wirklichkeit insgeheim damit zu tun hat, kann vielleicht plötzlich den Schein der Unbeteiligtheit nicht mehr aufrechterhalten und rutscht, allen erkennbar, in den Vorgang hinein" (1980, S. 389).

Aufschaukeln

Die Situationen können sich aufschaukeln und die Akteure in einen geringeren oder größeren Abstand zum ursprünglichen Vorgang bringen. Goffman unterscheidet zwei Möglichkeiten (vgl. 1980, S. 390-408).

Heruntermodulation. Damit sind beispielsweise scherzhafte Handlungen gemeint, die einem aus der Hand gleiten und einen ernsthaften Charakter bekommen.

Hinaufmodulation. Hinaufmoduliert sind Handlungen, bei denen dem Rahmen eine weitere Schicht zugefügt wird. Humor beispielsweise kann dazu benutzt werden, eine tiefere Feindseligkeit zu überdecken.

6.3. Der Ritualbegriff

Während Goffman mit dem Rahmungskonzept versucht, eine Verknüpfung zwischen dem handelnden Subjekt und den vorgegebenen sozialen Strukturen herzustellen, geht es ihm mit dem Ritualkonzept um die Frage, was es für die Interaktionsteilnehmer bedeutet, nach situationell angemessenen Regeln zu handeln bzw. sie auch zu verletzen. Rituale stellen gewissermaßen eine operationalisierte Unterkategorie der Rahmung dar, indem nach oder auch schon parallel zu der Klärung der Deutungsfrage "Was geht hier vor?" nun die situativ angemessenen Interaktionsregeln nach Maßgabe der Frage "Wie habe ich vorzugehen?" aktiviert werden müssen. Rahmen stehen für eine allgemeine Sondierung zur Herstellung von Erwartungssicherheit, Rituale für konkrete Interaktionskonventionen, um die gerahmten Vorgänge adäquat zu inszenieren. Damit gewinnen die Akteure Regelsicherheit.

Goffman hat mit der Einbindung der Rituale in seine Interaktionsordnung zwei Ziele verfolgt. Zum einen die Beschreibung eines interaktionistischen Grundmodells, das die Konstruktion der sozialen Realität empirisch erfassen kann; zum anderen die Erklärung von sozialen Vorgängen, durch die soziale Interaktionen und Handeln einerseits koordiniert und andererseits für Korrekturen und Modifikationen offen gehalten werden. Neben Radcliffes-Browns (vgl. 1952) sozialanthropologischen Untersuchungen bezieht sich Goffman mit dem Begriff des Rituals konzeptionell hauptsächlich auf Durkheims (vgl. 1984) Religionssoziologie[32]. Ganz allgemein definiert er: "Ein Ritual ist eine mechanische, konventionalisierte Handlung, durch die ein Individuum seinen Respekt und seine Ehrerbietung für ein Objekt von höchstem Wert gegenüber diesem Objekt oder seinem Stellvertreter bezeugt" (1982b, S. 97). Durch Rituale bringt man seinen Charakter zum Ausdruck und seine Einschätzung anderen Teilnehmern gegenüber. Man gibt etwas über sich und die anderen zu erkennen. Oft haben Rituale nur eine begleitende Rolle und äußern sich lediglich in kleinen Hinweisen. Dennoch können sie im Interaktionsvorgang nicht als ein "Spiel am Rande" (Gouldner 1974, S. 461) angesehen werden. Vielmehr werden sie bei Goffman als Elemente einer "rituellen Ordnung" (1986, S. 32) beschrieben, die nicht Selbstzweck ist, sondern Bedingung für das Funktionieren von Interaktionen.

Goffman unterscheidet Rituale, die bei Regelbefolgung in einem "bestätigenden Austausch", und Rituale, die bei Regelverletzung in einem "korrektiven Austausch" angewandt werden (vgl. 1982b).

6.3.1. Der bestätigende Austausch

Bestätigende Rituale dienen der Herstellung und Bekräftigung einer Beziehung. In Anlehnung an Durkheim (vgl. 1984) unterscheidet Goffman zwischen positiven und negativen Ritualen der Regelbefolgung: den Zuvorkommenheits- und den Vermeidungsritualen (vgl. 1982b, S. 97-137) (vgl. Abb. 4a). Ein Zuvorkommenheitsritual "... umfaßt Handlungen, durch die das Individuum den Empfängern zeigt, was es von ihnen hält und wie es sie in der beginnenden Interaktion

---

32 Religionen werden bei Durkheim in Glaubensvorstellungen und Riten unterteilt. Mit Glaubensvorstellungen sind die Inhalte der Religionen gemeint, mit Riten die Verhaltensregeln, wie Menschen sich gegenüber den heiligen Dingen benehmen sollen (vgl. Durkheim 1984). Zum Einfluß Durkheims auf Goffmans Denken vgl. Collins 1980, 1988; ferner Lenz 1991a.

Abb. 4a: Rituale

Rituale

Wie habe ich vorzugehen?

Regelbefolgung

Zuvorkommenheitsrituale   **Vermeidungsrituale**

1. Sympathie- und Interessebekundungen   1. Verbot
   - Interessierte Fragen   2. Untersagung
   - Komplimente   3. Tabu
   - Höfliche Auskünfte   4. Distanz

2. Sympathie- und Interessewerbungen
   - Erwähnungen eigener Erlebnisse /
     Erfahrungen
   - Seiner Freude/Zuversicht Ausdruck
     geben
   - Sich loben, rühmen, brüsten, prahlen

3. Höfliche Angebote
   - Bekanntmachen
   - Einladen
   - Willkommenheißen

4. Ratifizierungen
   - Beruhigungskundgaben
   - Glückwünsche
   - Äußerungen des Bedauerns
   - Formen der Zustimmung

5. Zugänglichkeitsbekundungen
   - Begrüßungen (Herstellung des Kon-
     takts)
   - Verabschiedungen (Sicherung des
     Kontakts)
   - Aufrechterhaltungsrituale

Bestätigender Austausch

behandeln wird" (1986, S. 79). Ein Vermeidungsritual "... kann in Bezug auf Formen der Ehrerbietung gebraucht werden, die der Handelnde anwendet, um vom Empfänger Distanz zu wahren, damit die Sphäre nicht verletzt wird, die den Empfänger umgibt ..." (1986, S. 70). Zuvorkommenheitsrituale geben also an, was man tun muß, Vermeidungsrituale, was man nicht tun darf.

Goffman führt folgende Zuvorkommenheitsrituale auf (vgl. 1982b, S. 97-137).

Sympathie- und Interessebekundungen
Dazu zählen interessierte Fragen, alle Formen von Komplimenten, sowie höfliche Auskünfte auf Fragen.

Sympathie- und Interessewerbungen
Hierzu wären die Erwähnungen eigener Erlebnisse oder Erfahrungen zu zählen, für die man Verständnis und Bestätigung sucht. Weiter gehören auch positive Bewertungen der eigenen Person dazu, wie je nach Stärke deren Freude/Zuversicht Ausdruck geben, sich loben, sich rühmen, sich brüsten und prahlen.

Höfliche Angebote
Den Interaktionspartnern kann durch das Angebot der Aufnahme in die eigene Gruppe geschmeichelt werden. Dazu zählen etwa das Bekanntmachen, das Einladen sowie das Willkommenheißen.

Ratifizierungen
Die Ratifizierungsrituale verfolgen den Zweck, einen möglicherweise veränderten Zustand eines Interaktionspartners wahrgenommen und akzeptiert zu haben. Ratifizierungsrituale bekunden, daß eine veränderte Situation registriert und identifiziert wurde, und man mit seinem Interaktionspartner eine Beziehung fortsetzen will. Sie bringen zum Ausdruck, daß sich trotz der anerkannten Veränderung nichts zwischen beiden geändert hat. Durch Ratifizierungsrituale werden Beruhigungskundgaben ausgesprochen; aber auch Glückwünsche und Äußerungen des Bedauerns können darunter subsummiert werden sowie alle Formen der Zustimmung, die sich auf neue Errungenschaf-

ten beziehen, beispielsweise auf eine neue Frisur. Diese Rituale stellen einen Spezialfall der Interessebekundungen dar, in dem für einen neuen Zustand positive Anteilnahme ausgedrückt wird.

Zugänglichkeitsbekundungen
Hierunter sind Bestätigungen zu verstehen, die einen Wechsel des Zugänglichkeitsgrades der Begegnung regeln. Gemeint sind damit Begrüßungen und Verabschiedungen, aber auch sogenannte Aufrecht-erhaltungsrituale, die zur Zelebrierung und Belebung einer Beziehung eingesetzt werden.

6.3.2. Der korrektive Austausch

Liegt im rituellen Interaktionsgeschehen eine Regelverletzung vor, kann der Regelverstoß durch einen korrektiven Austausch wieder in Ordnung gebracht werden (vgl. 1982b, S. 138-255) (vgl. Abb. 4b). Regelverletzungen entstehen durch Defizite an Aufmerksamkeit, durch Mißachtungen, etwa indem man erwartbare Höflichkeiten unterläßt, das heißt wenn man den anderen übergeht, sich unbeteiligt oder gleichgültig zeigt.
Ferner durch zu wenig Aufmerksamkeit sich selbst gegenüber, indem man sich gehen läßt (Kontrollverlust z. B. durch Alkoholkonsum, überschwengliche Gefühle usw.) oder sich würdelos zeigt, z. B. durch die Verrichtung erniedrigender Arbeiten.
Regelverletzungen können aber auch durch ein Zuwenig an Zurück-haltung, durch Aufdringlichkeiten entstehen, indem man durch Indis-kretionen, Neugier, Einmischungen, Frechheiten, Beschimpfungen, Kränkungen, Drohungen und Vorwürfen u. ä. dem anderen zu nahe tritt. Außerdem durch fehlende Zurückhaltung hinsichtlich der eige-nen Person, wenn man sich in übertriebener Weise selbst lobt, prahlt oder unangemessen Privates ausbreitet.

Abb. 4b: Rituale

Rituale

Wie habe ich vorzugehen?

Regelverletzung

zuwenig an Aufmerksamkeit   zuwenig an Zurückhaltung

Mißachtung   **Aufdringlichkeit**

1. zuwenig an Aufmerksamkeit dem anderen   1. zuwenig Zurückhaltung dem anderen
   gegenüber: gegenüber:
   - Übergehen   - Indiskretion
   - Sich unbeteiligt oder gleichgültig zeigen   - Neugier
                                                       - Einmischung
                                                       - Frechheiten
                                                       - Beschimpfungen
                                                       - Kränkungen
                                                       - Drohungen
                                                       - Vorwürfe

2. Zuwenig Aufmerksamkeit sich selbst ge-   2. zuwenig Zurückhaltung sich selbst gegen-
   genuber   über:
   - Sich gehen lassen   - Sich selbst loben
   - Würdelosigkeit   - Prahlen
                                                       - Privates ausbreiten

Zwischenfälle

1. Zeremonielle Entweihung

2. Verlegenheit

3. Entfremmdung in der Interaktion
   - Ablenkung von außen
   - Ich-Befangenheit
   - Interaktionsbefangenheit
   - Fremdbefangenheit

4. Territorien des Selbst
   - Persönlicher Raum
   - Box
   - Benutzungsraum
   - Reihenposition
   - Hülle
   - Besitzterritorien
   - Informationsreservoir
   - Gesprächsreservoir

Korrektiver Austausch

verbal   nonverbal

1. Erklärungen   1. Orientierungskundgaben
2. Entschuldigungen   2. Rücksichtsbekundungen
3. Ersuchen   3. Übertreibungskundgaben

79

Die soeben beschriebenen Mißachtungen und Aufdringlichkeiten gegen die rituellen Verpflichtungen bzw. Ansprüche eines Akteurs können Zwischenfälle provizieren. Zwischenfälle stellen nach Goffman die "zeremonielle Entweihung" (vgl. 1986, S. 94-100), die "Verlegenheit" (vgl. 1986, S. 106-123), die "Entfremdung in der Interaktion" (vgl. 1986, S. 124-148) sowie die Verletzungen der "Territorien des Selbst" (vgl. 1982b, S. 56-71) dar.

Zeremonielle Entweihungen
Indirekte rituelle Entweihung. Der Handelnde kann den Empfänger in einer Art und Weise entehren, daß dieser noch so agieren kann, als habe er die Entweihung nicht wahrgenommen.
Direkte rituelle Entweihung. Bei dieser Form ritueller Verachtung wird dem Empfänger die Beleidigung direkt "ins Gesicht" gesagt, quasi offiziell mitgeteilt.

Verlegenheit
Verlegenheit kann entstehen, wenn Erwartungen nicht erfüllt werden können. Goffman unterscheidet zwischen der abrupten Verlegenheit, die kurz, aber äußerst intensiv sein kann, und dem anhaltenden Unbehagen, das eher gemäßigt auftritt. In einer Verlegenheitssituation kann man seinem Interaktionspartner keine Reaktion anbieten, die einen ruhigen Fortgang der Begegnung gewährleisten würde. Die Verlegenheit versperrt den Weg. Man ist zwar mit dem anderen zusammen, aber nicht "im Spiel" (1986, S. 110). Es scheint einen kritischen Punkt zu geben, an dem der Verlegene aufgibt, seine Unsicherheit zu verbergen oder herunterzuspielen. Zeichen sind dann Tränenausbrüche, Lachanfälle, Wutanfälle, Panik. Verlegenheit kann auch ansteckend wirken, wenn die anderen merken, daß ihr Interaktionspartner ihnen keinen Halt mehr gibt. Oftmals entsteht eine Verlegenheitssituation, wenn das dargestellte Selbst in irgendeiner Weise mit einem anderen Selbst unsererseits konfrontiert wird.

Entfremdung in der Interaktion
Ablenkung von außen. Statt der gebotenen Aufmerksamkeit widmet man sich Dingen, die außerhalb des augenblicklichen Gesprächsthe-

mas liegen, und zwar zum einen willkürlich bewußt oder im unbeabsichtigter Zerstreutheit.

Ichbefangenheit. In diesem Fall richtet man seine Aufmerksamkeit in unangemessener Weise auf sich selbst.

Interaktionsbefangenheit. Hier beschäftigt man sich zu sehr mit der Frage, wie die Interaktion als Interaktion abläuft.

Fremdbefangenheit. Damit sind hauptsächlich Situationen gemeint, in denen man vorwiegend mit der Kontrolle seines Eindrucks auf andere beschäftigt ist. In ungebührendem Ausmaß wird die Aufmerksamkeit auf jene gerichtet, die zwar nicht direkt an der Interaktion beteiligt sind, dennoch aber an dem Eindruck des Akteurs interessiert sein könnten.

Zwischenfälle der Territorien des Selbst
Zwischenfälle können sich an folgenden Territorien des Selbst entfachen.

Der persönliche Raum. Der persönliche Raum stellt das Territorium dar, das den Körper eines Individuums umgibt und in das andere Personen nur in bestimmten Situationen eindringen dürfen. So gibt es beispielsweise Abstandsregeln, die je nach Situation variieren können. In überfüllten Fahrstühlen gelten andere Abstandsregeln als in einer Gesprächssituation.

Die Box. Die Box beschreibt ein Territorium, auf das ein Individuum den Anspruch erhebt, sich allein darin aufzuhalten, beispielsweise ein reservierter Stuhl.

Der Benutzungsraum. Hierunter wird ein Territorium verstanden, das nur zeitweise für einen bestimmten Zweck beansprucht wird, wie z.B. der Raum im Blickwinkel eines Museumsbesuchers bei der Betrachtung eines Bildes.

Die Reihenposition. Eine Reihenposition legt die Anordnung mehrerer Individuen im Verhältnis zu einem begehrten Gut fest. Darunter ist beispielsweise eine Warteschlange oder Warteliste zu verstehen.

Die Hülle. Sie charakterisiert die engste Umhüllung des Körpers. Da verschiedenen Teilen des Körpers verschiedene Bedeutung zugemessen wird, ist die Hülle auch unterschiedlich vor Berührung geschützt.

Die Besitzterritorien. Damit beschreibt Goffman Gegenstände, auf die ein Individuum einen eigenen Benutzungsanspruch erhebt, wie z. B. die persönliche Habe.

Das Informationsreservat. Zum einen ist damit die Kontrolle über zu aufdringliche, neugierige oder taktlose Fragen gemeint; zum anderen der Inhalt beispielsweise von Taschen, Briefen usw.

Das Gesprächsreservat. Das Gesprächsreservat ermöglicht einem die Kontrolle darüber, wer wann zu einem Gespräch auffordern kann.

Zwischenfälle bewirken meistens korrektive Handlungen, die eindeutig rituellen Charakter haben, denn sie ermöglichen eine reumütige Einstellung. Die Funktion der korrektiven Tätigkeit besteht darin, "... die Bedeutung zu ändern, die andernfalls einer Handlung zugesprochen werden könnte, mit dem Ziel, das, was als offensiv angesehen werden könnte, in etwas zu verwandeln, das als akzeptierbar angesehen werden kann" (1982b, S. 156).

Das Gelingen dieser Bedeutungsänderung basiert auf der Funktionsfähigkeit verbaler und nonverbaler Bedingungen, die Goffman als grundlegende Formen des korrektiven Verhaltens bezeichnet (vgl. 1982b, S. 157-169).

Erklärungen

Die Erklärung bietet verschiedene Möglichkeiten, eine begangene Regelverletzung zu korrigieren. Man kann bestreiten, daß sich die Handlung überhaupt ereignet hat; man kann sie zugeben und auf entlastende Umstände hinweisen; sie auf die Unübersichtlichkeit der Situation zurückführen oder seine mangelnde Handlungskompetenz vorbringen.

Entschuldigungen

"Eine Entschuldigung ist eine Geste, durch die ein Individuum sich in zwei Teile spaltet, in einen Teil, der sich eines Vergehens schuldig gemacht hat, und in einen Teil, der sich von dem Delikt distanziert und die Anerkennung der verletzten Regel bestätigt" (1982b, S. 161f.).

Ersuchen
Beim Ersuchen bittet man um Erlaubnis, eine Handlung auszuführen, die potentiell als eine Verletzung angesehen werden könnte. Man signalisiert den möglichen Übertretungscharakter seiner beabsichtigten Handlung und bittet um Einwilligung.
Eine zweite Gruppe korrektiver Rituale bilden die nonverbalen Kundgaben. Die sogenannten "leibgebundenen Kundgaben" stellen ein Mittel dar, "... mit dessen Hilfe ein Individuum versuchen kann, sich von unerwünschten charakterlichen Eigenschaften seines jeweiligen Verhaltens zu distanzieren" (1982b, S. 183) (vgl. 1980, S. 184-193).

Orientierungskundgaben
Ein Individuum vermittelt durch eine Orientierungskundgabe bestimmte Informationen über sich selbst, um den anderen die Desorientierung zu nehmen und auf diese Weise falsche Eindrücke zu korrigieren. Die Orientierungskundgabe läßt zwei spezifische Momente erkennen: das "kritische Zeichen" und den "Feststellungspunkt" (1982b, S. 36ff.). Das kritische Zeichen meint die Handlungen auf Seiten des anderen, die es dem Individuum schließlich erlauben herauszufinden, was der andere beabsichtigt hat. Der Feststellungspunkt ist der Augenblick, in dem beide Partner merken, daß das kritische Zeichen ausgetauscht worden ist und jeder von ihnen begriffen hat, daß sie das beide erfaßt haben.

Rücksichtsbekundungen
Kann oder könnte eine Handlung als Übergriff oder Bedrohung aufgefaßt werden, kann man durch Gesten zu verstehen geben, daß man rechtschaffene Absichten hat, z. B. wenn man in einer überfüllten U-Bahn, in der Frauen häufig Anlaß haben, stehende Fahrgäste unsittlicher Berührungen zu verdächtigen, beide Hände möglichst hoch an einer der Stangen festhält.

Übertreibungskundgaben
Das Kennzeichen der Übertreibungskundgabe liegt darin, daß eine regelverletzende Handlung konsequent weiterverfolgt wird, jedoch nicht in ernsthafter Weise.

6.4. Der Dramaturgiebegriff

Die Bewältigungsmomente interaktionsgefährdender Spannungen sind in den Arbeiten Goffmans zum einen mit der Rahmenanalyse, zum anderen mit den Interaktionsritualen dargestellt worden. Mit dem Rahmenbegriff erörterte Goffman gesellschaftlich bereitgestellte Deutungsfunktionen zur Herstellung von Erwartungssicherheit; mit dem Ritualbegriff hat er konventionelle Stilmittel für ein situativ angemessenes Verhaltensrepertoire beschrieben. Diese eher restriktiven Bedingungen der Rahmen- und Ritualvorgabe fußen allerdings auf ein Ziel- und an dramaturgischer Darstellung orientiertes Akteurskonzept. Hier steht die Frage im Mittelpunkt: Wie will ich vorgehen? Es gilt, das Selbst so darzustellen, daß die eigenen Zielvorstellungen erreicht werden, ohne daß die Interaktionsbeziehung gefährdet wird.

Goffman führt den Begriff der "Dramaturgie" in seiner Untersuchung über die "Selbstdarstellung im Alltag" (1988) ein. Sein Bezugsrahmen, mit dessen Hilfe er Interaktionssituationen analysiert, ist die Theatervorstellung[33]: "Die Gesichtspunkte, die in diesem Bereich angewandt wurden, sind die einer Theatervorstellung, das heißt, sie sind von der Dramaturgie abgeleitet" (1988, S. 3). Die Beschreibung und Analyse eines Verhaltens mittels der Theater-Metapher charakterisieren dieses jedoch nicht als eine bestimmte Art von Verhalten, sondern dienen vielmehr als Beobachtungsperspektive. Damit, so meint Goffman, wird der Soziologie die fünfte Perspektive neben der technischen, der politischen, der strukturellen und der kulturellen eröffnet: "Die dramaturgische Perspektive kann ebenso wie jede der anderen vier als Ziel

---

33 Goffman bezieht sich dabei auf Burke, der versucht hat, Handeln in einer Weise zu analysieren, die der Analyse von Dramen analog ist. Burke geht es vor allem um die Motive des Handelns: "The titular word for our own method is 'dramatism', since it invites one to consider the matter of motives in a perspective that, being developed from the analysis of drama, treats language and thought primarily as modes of action" (1955, S. XVI). Als die fünf Schlüsselbegriffe des Dramatismus nennt Burke die folgenden: act, scene, agent, agency, purpose (1955, S. X).

der Analyse, als ein endgültiges Ordnungsprinzip verwendet werden" (1988, S. 219).

Im Zentrum der dramaturgischen Analyse steht also das Management der (Selbst-)Darstellungen, in der die Beteiligten ein füreinander sichtbares Publikum bilden und sich gegenseitig beeinflussen und etwas vorführen. Den Zentralbegriff der Darstellung definiert Goffman wie folgt: "Eine Darstellung kann als die Gesamttätigkeit eines bestimmten Teilnehmers in einer bestimmten Situation definiert werden, die dazu dient, die anderen Teilnehmer in irgendeiner Weise zu beeinflussen" (1988, S. 18). Der Selbstdarstellung liegen strategische Manöver zugrunde. Das Ziel liegt darin, beim Interaktionspartner einen bestimmten Eindruck hervorzurufen. Im folgenden sollen die von Goffman beschriebenen Strategien der dramaturgischen Darstellung, die der Zielsicherheit dienen, näher erläutert werden (vgl. 1988, S. 19-65) (vgl. Abb. 5).

6.4.1. Der Glaube an die eigene Rolle

Voraussetzung zur 'selbstbewußten' Rollendarstellung ist die Fähigkeit zur "Rollenerfassung" und zur "Rollendistanz". "Eine Rolle zu erfassen bedeutet, völlig in dem faktischen Selbst zu verschwinden, das in der Situation verfügbar ist - ganz in Begriffen des (Rollen-)Leitbildes gesehen zu werden und ausdrücklich zu bestätigen, daß man es akzeptiert. Eine Rolle zu erfassen heißt, von ihr erfaßt zu werden" (1973, S. 120). Drei Bedingungen kennzeichnen die Rollenerfassung: die Bindung an die Rolle, die Demonstration von Qualifikationen zur Durchführung und der aktive Einsatz im Rollenhandeln.

Gegebenenfalls kann es aber auch nötig sein, die Rolle nicht mit vollem Ernst darzustellen, sondern Rollendistanz zu wahren bzw. zu zeigen. Goffman nennt beispielhaft zwei verschiedene Mittel der Rollendistanzierung: "In einem Fall versucht das Individuum, sich so gut wie möglich von der 'Befleckung' durch die Situation zu isolieren,

Abb. 5: Dramaturgie

Dramaturgie

Wie will ich vorgehen?

Glaube an die eigene Rolle

1. Rollenerfassung
   - Bindung an die Rolle
   - Qualifikation zur Durchführung
   - Aktiver Einsatz

2. Rollendistanz

Fassade

1. Szenische Komponenten
   - Bühnenbild
   - Vorder/Hinterbühne
   - Requisiten

2. Persönliche Fassade
   - Amtsabzeichen, Rangmerkmale,
     Kleidung, Geschlecht, Alter,
     Größe, physische Erscheinung,
     Haltung, Sprechweise,
     Gesichtsausdruck

3. Zynische vs. aufrichtige Darstellung

Dramatische Gestaltung
Techniken der Imagepflege

Idealisierung

Ausdruckskontrolle
in Zusammenarbeit mit dem Ensemble

1. Dramaturgische Loyalität
2. Dramaturgische Disziplin
3. Dramaturgische Sorgfalt

Unwahre Darstellungen
1. Andeutungen
2. Zweideutigkeiten
3. Auslassungen
4. Über/Untertreibungen
5. Verweigerungen

Mystifikation
1. Soziale Distanz
2. Ehrfurcht

wie etwa wenn ein Erwachsener, der mitreitet, um sein Kind zu be-
schützen, sich bemüht, völlig steif, affektlos und in Anspruch genommen zu sein. Im anderen Fall produziert das Individuum kooperativ
ein kindliches Selbst; es kommt der Situation mehr als halbwegs
entgegen, zieht sich aber dann durch eine kleine Geste von dem
weggeworfenen Selbst zurück, um zu zeigen, daß der Scherz jetzt weit
genug gegangen sei" (1973, S. 124). Der Glaube an die eigene Rolle
kann jedoch in Gefahr geraten, wenn man nicht merkt, daß man "vollständig von seinem eigenen Spiel gefangen genommen wird" (1988,
S. 19). Der Akteur geht voll in seiner Rolle auf und fällt gewissermaßen als Mitspieler aus. Ein anderes Problem liegt darin, wenn die
"... eigene Rolle überhaupt nicht zu überzeugen vermag" (1988, S. 19).
Hier muß die Diskrepanz zwischen obligatorischem und spontanem
Engagement ausgehalten werden. Um den Konflikt zu lösen, kann
man sich für eine "zynische", aber auch für eine "aufrichtige" Dar-
stellung entscheiden[34]: "Ist der Darsteller nicht von seiner eigenen
Rolle überzeugt und nicht ernsthaft an den Überzeugungen seines
Publikums interessiert, mögen wir ihn 'zynisch' nennen, während wir
den Ausdruck 'aufrichtig' für Darsteller reservieren, die an dem
Eindruck glauben, den ihre eigene Vorstellung hervorruft" (1988,
S. 20).

6.4.2. Fassade

Zur Fassade gehört das "standardisierte Ausdrucksrepertoire" (1988,
S. 23), das der einzelne im Verlauf der Darstellung zum Ausdruck
bringt. Goffman unterscheidet die "szenischen Komponenten des Aus-
drucksrepertoires" von der "persönlichen Fassade" (1988, S. 25). Zu
den szenischen Komponenten zählt er das "Bühnenbild ... die ganze

---

34 Goffman unterstreicht, daß man nicht nur aus Eigennutz zum zynischen
   Darsteller werden kann, sondern gerade auch, weil das "Publikum nicht
   gestattet, aufrichtig zu sein" (1988, S. 20). Goffman nennt das Beispiel des
   Tankwarts, "... der resigniert immer wieder den Reifendruck am Wagen
   einer überängstlichen Fahrerin prüft" (1988, S. 20).

räumliche Anordnung ... die Requisiten und Kulissen für menschliches Handeln, das sich vor, zwischen und auf ihnen abspielt" (1988, S. 23). Goffman unterstreicht, daß Bühnenbilder zumeist unbeweglich im geographischen Sinne sind, "... so daß diejenigen, die ein bestimmtes Bühnenbild als Teil ihrer Vorstellung verwenden wollen, ihr Spiel nicht beginnen können, bevor sie sich an den jeweiligen Ort begeben haben ..." (1988, S. 23). Die Bühnenregion bietet eine "Vorderbühne", der Ort, wo die Vorstellung stattfindet, aber auch eine "Hinterbühne", wo möglicherweise unterdrücktes Handeln der Vorderbühne unbehelligt in Erscheinung treten kann (1988, S. 99 ff.). Die persönliche Fassade beschreibt Goffman als "Ausdrucksträger" wie z. B. Amtsabzeichen, Rangmerkmale, Kleidung, Geschlecht, Alter, Größe, physische Erscheinung, Haltung, Sprechweise, Gesichtsausdruck, Gestik usw. (1988, S. 25). Goffman empfiehlt, die persönliche Fassade zu trennen in "Erscheinung" und "Verhalten". Erscheinung informiert über den sozialen Status, Verhalten über die Rolle, die man zu spielen beabsichtigt (1988, S. 25). Erscheinung und Verhalten können einander widersprechen, wenn z. B. ein Darsteller, der einen höheren Status besitzt als sein Publikum, sich unerwartet herablassend oder vertraulich verhält.

6.4.3. Dramatische Gestaltung

Das soeben beschriebene Repertoire ist weitgehend normiert. Die eigentliche dramatische Leistung liegt in der individuellen Kompetenz zur wirkungsvollen Rollengestaltung. Diese steht dabei in der Gefahr, in Widerstreit zwischen Ausdruck und Handeln zu geraten. Z. B.: "Der aufmerksame Schüler, der aufmerksam sein will, den Blick an den Lehrer geheftet, die Ohren weit aufgetan, erschöpft sich damit, den Aufmerksamen zu spielen, derart, daß er schließlich gar nichts mehr hört" (1988, S. 33).
Ziel der dramatischen Gestaltung ist, möglichst einen guten Eindruck von sich zu vermitteln. Mit dieser Strategie wird ein "Image" aufgebaut: "Der Terminus Image kann als der positive soziale Wert definiert werden, den man für sich durch die Verhaltensstrategie erwirbt, von

der die anderen annehmen, man verfolge sie in einer bestimmten Interaktion. Image ist ein in Termini sozial anerkannter Eigenschaften umschriebenes Selbstbild - ein Bild, das die anderen übernehmen können" (1986, S. 10). Obwohl das Image in der Interaktionssituation oftmals von den anderen bestätigt wird, ist damit zwangsläufig noch keinesfalls eine gemeinsame Übereinstimmung hergestellt. Vielmehr scheint die Anerkennung ein generelles Merkmal von Interaktionen zu sein. Goffman beschreibt dies als den "Arbeitskonsens" einer Interaktion, der nicht ein wirklicher ist, "... da ihm meistens nicht die Übereinstimmung in tief empfundenen Bewertungen zugrunde liegt ..." (1986, S. 16f.). Gerade aufgrund dieser fragilen Situation ist der Akteur gezwungen, permanent an seinem Image zu arbeiten. Dazu stehen dem Individuum verschiedene interpersonelle Praktiken zur Verfügung, die Goffman als "Techniken der Imagepflege" bezeichnet. Damit sind Handlungen gemeint, "... die vorgenommen werden, um alles, was man tut, in Übereinstimmung mit seinem Image zu bringen. Techniken der Imagepflege dienen dazu, 'Zwischenfällen' entgegenzuarbeiten" (1986, S. 18). Um sein Image optimal zur Geltung zu bringen, ist die Beachtung folgender dramaturgischer Qualitäten besonders bedeutsam.

6.4.4. Idealisierung

Um einen idealen Eindruck zu machen, müssen anerkannte Werte und Ideale des Publikums bei der Selbstdarstellung berücksichtigt werden. Dazu kann es nötig sein, Handlungen, Sachverhalte und Motive zu verbergen oder wenigstens abzuschwächen, die mit der Idealisierung unvereinbar sind. Deshalb wird oft der Eindruck erweckt, die augenblickliche Rolle sei die einzige oder wenigstens wichtigste.

6.4.5. Ausdruckskontrolle

Ohne es zu beabsichtigen, können in einer Darstellung Verhaltensweisen trotzdem falsch aufgefaßt und interpretiert werden. Diesen

Schwierigkeiten wird begegnet, indem man versucht, unliebsame Ereignisse der Darstellung, falls sie überhaupt in Erscheinung treten, in ein Licht zu rücken, das mit der allgemeinen Definition der Situation zu vereinbaren ist. Die Ausdruckskontrolle läßt sich verbessern, wenn Darsteller und die beteiligten Akteure der Situation zusammenarbeiten. Dieses "Ensemble" sorgt dafür, daß dem Publikum nur bestimmte Informationen zugänglich gemacht werden. Goffman benutzt den Ausdruck "Ensemble" "... für jede Gruppe von Individuen, die gemeinsam eine Rolle aufbauen" (1888, S. 75). Das Ensemble ist auf enge Zusammenarbeit angewiesen und durch gegenseitige Abhängigkeit und Vertraulichkeit miteinander verbunden. Es ist wichtig, daß kein öffentlicher Streit zwischen den Ensemblemitgliedern auftritt. Einmütigkeit ist also eine Bedingung für die Ensembledarstellung, obwohl sich ihre Rollen möglicherweise durch verschiedene "hohe dramatische Dominanz" (1988, S. 93) unterscheiden.

Goffman nennt drei Eigenschaften einer effektiven Ausdruckskontrolle, die teilweise in der Einzeldarstellung, aber vor allem im Zusammenspiel mit dem Ensemble bedacht werden müssen (vgl. 1988, S. 193-207).

Dramaturgische Loyalität
Hierbei geht es um die Aufrechterhaltung der Loyalität der Ensemblemitglieder. Wichtig ist die Entwicklung einer starken Gruppensolidarität. Die Ensemblemitglieder müssen eine geschlossene Gemeinschaft bilden.

Dramaturgische Disziplin
Bedeutsam für ein wirkungsvolles Zusammenspiel der Ensemblemitglieder sind der Wille und die Fähigkeit zur dramaturgischen Disziplin, d. h.: "Während der Darsteller anscheinend in spontaner unberechneter Weise von seinen eigenen Handlungen in Anspruch genommen ist, muß er dennoch gefühlsmäßig von seiner Darstellung so frei sein, daß er dramaturgische Probleme bewältigen kann, falls sie auftauchen. Er muß intellektuelle und emotionelle Anteilnahme an der Tätigkeit, die er darstellt, zur Schau stellen und muß sich zugleich davor hüten, von dem eigenen Schauspiel wirklich mitgerissen zu

werden, damit er seiner eigentlichen Aufgabe gerecht wird, nämlich eine erfolgreiche Vorstellung zu geben" (1988, S. 196).

Dramaturgische Sorgfalt
Eine loyale und disziplinierte Darstellung erfordert allerdings, sie mit Voraussicht und Planung vorzubereiten, sie klug zu inszenieren und sich auf gewisse Zwischenfälle gefaßt zu machen. Sinnvollerweise gehören dazu Ensemblemitglieder, die ebenso loyal und diszipliniert sind. Hierbei gilt die Regel: "Je weniger Mitglieder, desto weniger Möglichkeiten für Fehler, Schwierigkeiten und Verrat" (1988, S. 199). Im Sinne einer sorgfältigen Darstellung erweist sich ein Publikum als günstig, das wenig Schwierigkeiten bereitet. Schließlich ist es sinnvoll, sich den Informationsbedingungen seines Aktionsfeldes anzupassen.

6.4.6. Unwahre Darstellungen

Unwahre Darstellungen kommen dann zum Zug, wenn man sich einem Publikum ausgesetzt sieht, von dem man permanent mißverstanden zu werden droht und von dem man weiß, daß es ganz besonders darauf achtet, was mit der Darstellung gemeint sein kann. Goffman unterstreicht, daß allerdings zwischen wahrer und unwahrer Darstellung Schattierungen auftreten, die moralisch zwar umstritten, aber auch nicht unbedingt als absolut verwerflich gelten. Dazu zählt er die Strategien der "Andeutungen", "Zweideutigkeiten", "Auslassungen", "Über- oder Untertreibungen" und das "Verweigern" (vgl. 1988, S. 58).

6.4.7. Mystifikationen

Goffman erwähnt abschließend die Mystifikation als strategisches Mittel der dramaturgischen Darstellung. Durch erzeugte und dargestellte soziale Distanz gegenüber dem Publikum, so Goffman, kann in ihren Reihen eine gewisse Ehrfurcht erzeugt werden. Diese Ehrfurcht läßt den Darsteller mysteriös erscheinen: Das Publikum bleibt "scheu" und kann so auf "Abstand" gehalten werden (vgl. 1988, S. 64).

7. Fazit

Goffman hat ein umfangreiches Begriffsinstrumentarium geschaffen, mit dem vor allem unsichere und ungewisse Interaktionen beschrieben werden können. Es erlaubt die Verknüpfung der Dimensionen von Erwartungs-, Regel- und Zielsicherheit in Interaktionen:

- Vorgegebene strukturierende "Organisationsprinzipien für Ereignisse" (Rahmen) (1980, S. 19) ermöglichen Orientierungsfindung und verschaffen Erwartungssicherheit.
- Institutionell verankerte "konventionelle Handlungen" (Rituale) (1981b, S. 8) stellen verpflichtende Regulierungen der Handlungsausführungen dar und bieten Regelsicherheit.
- Eigenerzeugte spezifische Formen der (Selbst-) Darstellung in Interaktionen dienen dazu, "Teilnehmer in irgendeiner Weise zu beeinflussen" (Dramaturgie) (1988, S. 3), und stellen Zielsicherheit in Aussicht.

Die Interaktionskonzeption Goffmans wurde deshalb für die Analyse des Interviewmaterials gewählt, weil ihre Elaboriertheit erlaubt - im Gegensatz zu anderen Interaktionskonzeptionen -, die diversen Formen praktizierter Einflußnahme und Gestaltung eines Akteurs in einer Situation zu veranschaulichen.

Die meisten vorliegenden Konzepte interpretativer Sozialforschung zielen auf die Rekonstruktion einer jeweiligen Fallstruktur ab. Diese Studie hingegen beabsichtigt, das Augenmerk auf die mikrologische Analyse der Vielschichtigkeit der in den Darstellungen der Interviewpartner verwandten Interpretationsschemata zu legen. Ziel der Untersuchung ist nicht die Rekonstruktion einer zugrundeliegenden generativen Fallstruktur, beispielsweise im Sinne eines Deutungsmusters. Es geht um die Abbildung der Vielfältigkeit und Vielschichtigkeit der Selbstdarstellungen, der Rituale und Rahmen mit ihren

Transformationen, Schwierigkeiten und Brüchen. Die Interaktionsordnung Goffmans bietet durch die breite begriffliche Inventarisierung den Vorteil eines mikroanalytischen Zugangs. Dabei eröffnet das Modell weniger die Möglichkeit, eine dem Handelnden innewohnende latente Sinnstruktur zu ermitteln, vielmehr erlaubt es zu erkunden, wie sich Akteure in - vor allem fragilen Situationen - überhaupt zurechtfinden. Angesichts dieses zentralen Interesses hebt sich auch das in der Interaktionsordnung Goffmans zugrundegelegte Subjektmodell von traditionellen Modellen ab. Er hat einen Akteur im Auge, der "weder in Natur noch Kultur fraglos eingebettet, vielmehr auf Interpretation und Präsentation angewiesen, gegenüber jeder Erfahrung orientierungsbedürftig und ständig in der Realisierung seiner Situationsdefinition gefährdet ist" (Hitzler 1992, S. 457); eine Modellvorstellung also, die offenkundig bestens den pädophilen Mann repräsentiert.

Empirischer Teil

Der Kontaktrahmen, seine Rituale und Dramaturgie

1. Primäre Rahmen

Viele der befragten Männer nutzen kulturell vermittelte Kommunikations- und Umgangsformen, die dazu verhelfen, in einen ersten Kontakt zu treten. Dazu zählen Grüße, Auskünfte, Fragen und Blicke. Sie stellen rituelle Kundgaben dar, die einen Wechsel des Zugänglichkeitsgrades der Beteiligten markieren. Damit ist man in der Lage, auf eine nicht vorhergehende bzw. ursprüngliche Deutung, einen primären Rahmen, zurückzugreifen können.

Grüße
Ein Gruß signalisiert als Zuvorkommenheits- und Erkennungsritual einen Zustand, in dem der andere von Angesicht zu Angesicht zugänglich ist und eine Möglichkeit zu einem weitergehenden Austausch eröffnet wird.

> "Gelegentlich lernt man sich auch kennen, weil man in der Gegend wohnt und sich immer wieder sieht und halt immer freundlich 'Hallo' sagt. Das ist auch ein probates Mittel, was ich kenne. Also aus meiner Gegend kenne ich lauter Jungs, die ich halt immer wieder sehe und die halt anlache oder 'Hallo' sag' oder so " (Stefan: 32/1-7).

Die Kopräsenz in der Grußbegegnung bildet allerdings nur eine recht kurzzeitige soziale Situation, begrenzt dadurch, daß die Grußgesten ausgetauscht werden. Ein sozialer Anlaß, die Interaktion in ein stärkeres Engagement einzubetten, ist nicht damit verbunden. Dies leistet schon mehr das direktere Vorgehen mit der Bitte um eine höfliche Auskunft.

Auskünfte

Die Bitte um Auskunft appelliert indirekt an die Regelgepflogenheit, zuvorkommend auf Bitten zu reagieren; insofern kann man ein höfliches Entgegenkommen des Angesprochenen erwarten.

"Sonst eigentlich in diesem Rahmen die unterschiedlichsten Gelegenheiten, das läßt sich also nicht festmachen auf bestimmte Schlüsselsituationen. Das kann auch plötzlich jemand in der Stadt sein, eine Begegnung. Daß mich jemand nach dem Weg fragt, oder ich frag' jemand nach einem Weg, weil mir derjenige gefällt, und ich das Gefühl habe, daß es schön sein könnte, denjenigen kennenzulernen. Und dann versuche ich aus der Situation heraus festzustellen, ob es möglich ist, den Kontakt aufzunehmen, oder nicht möglich ist. Nicht möglich zum Beispiel, wenn die Eltern sich in der Nähe aufhalten und ein sehr waches Auge auf den Kleinen halten. In so einer Situation wäre es unsinnig, an jemand heranzutreten, ihm eine Frage zu stellen, was eine mögliche Eröffnung des Kontaktes sein könnte" (Kurt: 1/22-44).

Mit dem geschaffenen sozialen Anlaß sind verschiedene Erfordernisse an eine bestimmte Art des zu erwartenden Engagements verbunden. Der Angesprochene muß sich zunächst in einem gewissen Ausmaß mit dem Anlaß beschäftigen, und das aufgrund höflicher Konventionen in einer emotionalen Verfaßtheit der Zuvorkommenheit. Diese einerseits atmosphärisch günstige, andererseits durch das stark formalisierte Ritual noch distanzierte Situation gilt es erst einmal aufzugreifen. Sodann ist die dramaturgische Sorgfalt zu wahren; der pädophile Mann muß sich eines möglicherweise ungünstigen Publikums vergewissern und dementsprechend den weiteren Verlauf des Kontaktierungsversuchs planen. Sind die Chancen für das weitere Kennenlernen günstig, bietet sich die Möglichkeit, die Annäherung durch Fragen voranzubringen.

Fragen

Außer durch unverbindlichen Gruß und verbindliches Entgegenkommen auf eine höfliche Auskunft kann man aber auch ganz direkt, durch eine Frage, ein Kennenlernen inszenieren.

"Ja gut, da gibt's also mannigfaltige Möglichkeiten. Also beispielsweise gibt's in Großstädten Tischtennisplatten oder Fußballplätze, so Käfige, wo immer Jungs eben Fußball spielen oder Tischtennis spielen. Und dann geht man einfach dazu. Also manchmal ist es günstiger, wenn man einen Jungen schon dabei hat und nicht alleine dahin geht und fragt dann einfach, ob man mitmachen kann. Und dann, das ist meistens so der Fall, ja. Und dann kann man durch das Fußballspielen, man sieht ja auch beim Spielen, wie die Jungs spielen, auch den Charakter, also beim Spiel (-) zeigt der Mensch eigentlich so wie er ist. Und es ist eigentlich immer ganz günstig, wenn man eine Stunde Fußball gespielt hat. Dann kann man schon ein bißchen aussortieren, den kannste vergessen oder der. Und die, die dann interessant sind, mit denen kann man dann wieder was ausmachen oder eben einen Termin ausmachen und sich dann wieder verabreden mit ihnen, ja" (Paul: 1/19-38).

Um in eine Interaktion einzutreten, wird eine direkte Frage allerdings nur dann zum Erfolg führen, wenn die szenischen Komponenten des Geschehens mit der persönlichen Fassade des Fragenden harmonisiert und die Bindung an eine verlangte szenische Rolle, die Qualifikation zur Durchführung und ein aktiver Einsatz aufgebracht werden können. Ansonsten würde die direkte Art wohl zu Schwierigkeiten führen. Situationserleichternd und -aufbauend ist es, wenn eine vertraute Person den Neuankömmling ins Spiel bringt und Integrationsfunktionen übernimmt. Ist der erste Schritt der Kontaktanbahnung, gewissermaßen der Einstieg, einmal vollzogen, dann bietet die Szene die Chance, das weitere Kennenlernen auszuloten. Über das Spiel gewinnt der Befragte Einblick darüber, wie der Junge sich darstellt, wie er charakterlich zu sein scheint, wie er mit Menschen umgeht. Diese Einblicke können projektiv aufgegriffen werden, um sich den anderen als einen möglichen Partner vorzustellen. Festzuhalten bleibt allerdings noch, daß der Kontakt zwar über einen primären Rahmen, der direkten Frage, hergestellt wird, sogleich jedoch in eine Spielmodulation überführt wird, die einerseits hilft, das Engagement unverfänglich aufrechtzuerhalten, andererseits Raum für die besagten Sondierungen bietet.

Blicke

Bislang sind im primären Rahmen verbale Strategien der Annäherung dargestellt worden. Ein weiteres Mittel, eine Bekanntschaft herzustellen, bietet die Aufnahme von Blickkontakten.

> "Hallenbad, Whirlpool, sechs (-), vier Personen so im Pool oder so. Über, mir gegenüber sitzt ein bildhübscher Junge, bildhübsch. Alter, ja dreizehn, ja, drei (-), er sagte nachher zu mir dreizehn. Saß mir also gegenüber. Ich guckte ihn also ganz interessant an, richtig schön aufmerksam, richtig, ich hab' immer richtig provozierend, also das häufiger geübt, provozierenden Blick" (Mike: 10/638-648).

Der Blickkontakt erweist sich als ein grundlegendes Mittel, das Aufmerksamkeit und Zuwendung transportiert. Man schaut sich an, in diesem Fall sogar in provozierend "anmachender" Manier und stiftet damit eine erste Kontaktaufnahme, übermittelt dem anderen ein Interesse. Blicke können unterschiedlich verstanden werden. Sie können zufällig, oberflächlich, aber auch, wie hier, zielgerichtet und intensiv sein. Mit der Eindeutigkeit des Blickes, wie in der beschriebenen Erzählung, will der Befragte offenkundig die Intention seiner Handlung signalisieren. Er riskiert damit zwar möglicherweise eine Regelverletzung, indem er zu aufdringlich wird und ihm seine Ausdruckskontrolle entgleitet. Gerade die Nonverbalität der Blickstrategie aber erlaubt verschiedene Optionen des korrektiven Austausches, so daß man derartige Risiken wohl eingehen kann. Es läßt sich nämlich nachweislich nicht feststellen, ob der Blick "provozierend" hinsichtlich sexueller Intentionen war, ob der Befragte beispielsweise einfach nur vor sich hin starrte oder deshalb so intensiv schaute, weil er in dem Gegenüber eine ihm bekannte Person wiederzuerkennen glaubte. Die Multifunktionalität des Blicks erlaubt die Abweisung von Verantwortung und kann deshalb auch bis zur Provokation überspannt werden.

Ferner können Blicke unvermittelt bleiben. Wählt man verbale Kommunikation, muß man sich dem anderen annähern, muß sich ihm gegenüberstellen und dann die Kommunikation eröffnen. Dies ist in einer Situation hoher Unsicherheit eine oftmals zu direkte Form der Kontaktaufnahme.

Vermittlungen
Neben den Grüßen, Auskünften, Fragen und Blicken fungieren im primären Rahmen dritte Personen, oftmals andere Jungen, als Vermittler eines Kontaktes.

"Ansonsten, ich hab' bis jetzt die Feststellung gemacht, daß das nicht so irrsinnig gut funktioniert, wenn du jetzt als Außenstehender, jetzt zum Beispiel an einen Spielplatz gehst oder so was. Also ich habe da im Moment unheimliche Hemmungen sozusagen da reinzugehen als Außenstehender, da hinzugehen und 'He, Hallo, kann ich mitspielen?'. Da fühl' ich mich inzwischen nicht mehr so als Junge, daß ich das einfach so selbstverständlich machen könnte. Und was soll ich dann auf dem Spielplatz, wenn das nicht geht. Freibad ist was anderes, da leg' ich mich halt hin, und da rennen die vorbei, und da sieht man mal einen, den man kennt, und so und auf die Weise lernt man dann auch andere kennen, das funktioniert" (Oliver: 14/226-240).

Die Vermittlung, so könnte man meinen, ist die bequemste und unverfänglichste Art, einen Kontakt herzustellen. Gewissermaßen über Zuvorkommenheitsrituale Dritter wird das höfliche Angebot des Bekanntmachens hergestellt. Damit man sich allerdings auf diese Kontaktanbahnungsstrategie verlassen kann, ist ein gewisser Bekanntschaftsbestand Voraussetzung.

2. Modulationen

Die Erzählungen der pädophilen Männer, die das Kennenlernen veranschaulichen, enthalten zahlreiche Modulationen. Die Befragten berichten über Spiele und Scherze, sehen den Sport und das Vorlesen von Geschichten als Kontaktanbahnungsmöglichkeit. Ferner sind gewisse Proben, Vorführungen und Aufzeichnungen Möglichkeiten, um die Nähe zu einem Jungen herzustellen. Einige Männer erzählen, daß Betreuungen, Patenschaften und der Einsatz eines 'Köders' das Näherkommen ermöglicht hat.

Spiele

Einer der zentralen Modulationsvorgänge ist das So-Tun-als-ob. Ernsthaftes Handeln wird hier ins Spielerische überführt, beispielsweise, wenn eine zweckorientierte Handlung, wie ein Hubschrauberstart, zum Spiel gemacht wird und man sich dabei auf das Kennenlernen einlassen kann.

"Ja, also ich spiele auf jeden Fall, im, prinzipiell immer gern. Ich, ich bin ein alter Spieler und es gibt, angefangen von, von Gesellschaftsspielen, wo ich Präferenzen hab', zum Beispiel 'Das verrückte Labyrinth', bis zu Spielen, auf die man sich einlassen kann, also in, in oder auf die ich mich gern einlass' im Bad zum Beispiel, grad' eben, wie ich vorher schon gesagt hab', Motorboot, Motorboot spielen oder Hubschrauber spielen. Das ist ja auch geil, weil beim Hubschrauber muß er sich also so flach hinlegen ins Wasser, und dann greif ich ihm also zwischen die Beine, so von unten durch und halt' seine Brust hier, tue das eine Bein links vor mich, das andere rechts, dann geh' ich runter, daß wir wieder auf einer Ebene sind, schiebe ihn ganz her, daß hier sein Hintern ist, und dann geh' ich über Wasser wieder hoch und, und halt ihn so und er muß so gestreckt, da auf meinen Schultern hat er die Beine, und ich halt ihn so. Und dann fang' ich an mich zu drehen, ja, dreh' mich um meine eigene Achse, und das erzeugt großes Gequieke, weil der natürlich, das Wasser rast an ihm vorbei, wenn er die Hand so, prrrrr, irgendwie auf den Wellen so entlang plätschern, also so entlang springen läßt, so wie Wasserski. Es macht unheimlich Spaß, und vor allen Dingen werden sie sehr schnell sehr schwindelig. Und wenn man sie dann ins Wasser wieder läßt, huhuh, dann muß man sie wieder ein bißchen bemuttern natürlich, daß sie, daß sie also da ihr Gleichgewicht haben. Das ist also ein sehr dankbares Spiel. Außerdem kann man da also schön Motor anlassen. Also wenn, wenn sie oben sind, dann brrrrrrrrr, dann kann man also in, in den Hintern reinbla-

sen, ja, so richtig zum Reinblasen, brrrrm, und dann quieken sie los, jiiiiii, und dann, tolles Spiel. Also Hubschrauber ist toll"
(David: 41/600-628).

Offenkundig kann mit der Spielrahmung, wie sie hier geschildert worden ist, jegliche Erwartungsunsicherheit in der Kontaktanbahnung abgebaut werden; denn das Spiel scheint bewährt zu sein, ein "dankbares", ein "tolles Spiel". Der Rahmen des Spiels setzt sich aus kleinen Regelanweisungen zusammen; Zunächst gilt es, den Flug startklar zu machen. Dazu muß man mit dem Arm zwischen die Beine des Jungen greifen, mit der Hand seine Brust halten und die Beine links und rechts der Schulter ausrichten. Sodann wird gestartet. Dazu begibt man sich in die Hocke, zieht den Jungen mit seiner Hand an sich heran, so daß Gesäß des Jungen und Gesicht des Mannes nahe zusammenkommen und geht schließlich über Wasser wieder hoch. Der eigentliche Flug besteht dann darin, daß man sich um seine eigene Achse dreht; dabei wird immer wieder der Motor (das Gesäß des Jungen) angelassen, das sogenannte "Reinblasen". Die Landung führt schließlich dazu, daß man, aufgrund des erzeugten Schwindelgefühls, den Jungen "bemuttern" kann. Das gesamte Spiel steckt für den Erwachsenen voller tastender Erotik. Mit der Hand kann die Brust des Jungen erfühlt werden, auf dem Handrücken spürt der Mann den Penis des Jungen, und die Lippen können das Gesäß des Jungen berühren. Aber nicht nur Erotik ist mit dem Spiel verbunden, es ist für eine Kontaktanbahnungssituation ferner handlungsaufbauend und -erweiternd. Durch das "Bemuttern" kann der Kontakt intensiviert werden (man kann Fragen stellen, ermuntern, bedauern, trösten, auffordern usw.), und das "Gequieke" führt aller Wahrscheinlichkeit nach dazu, daß durch den offensichtlichen Spaß weitere Kontakte zu Jungen geknüpft werden können, die ebenfalls einen "Flug" wagen wollen. Bei einem derart vergnüglichen Spiel ist zu vermuten, daß es - bei einem Wiedersehen - als Aufrechterhaltungsritual genutzt werden kann, das zur Zelebrierung und Belebung dient. Insofern ist es wohl auch ein "dankbares" Spiel geworden. Nicht zuletzt aber auch, weil es auf der Hinterbühne die Befriedigung erotischer Bedürfnisse erlaubt. Dies erfordert ein hohes Maß an dramaturgischer Disziplin, damit der Akteur in seiner Darstellung freibleibt und nicht von seinem Schauspiel mitgerissen wird. Nicht immer jedoch gelingt das:

"Ich hab' ihn den Tag dann irgendwann im Wasser angesprochen, und ich hatte also einen Ball auch noch mit. Das war mein Vorteil damals, so'n aufblasbaren. Und, wie gesagt, er war da alleine. Wir hatten da also angefangen zu spielen, ganz normal, ja, im Wasser zu toben. Und das Toben ging dann so weit, daß er nachher um sieben zu Hause sein mußte und wir, glaube ich, um acht immer noch im Wasser waren, weil keiner von uns eine Uhr mithatte, keiner auf die Uhr guckte" (Manfred: 17/169-179).

In diesem Fall ist der Akteur selbst von dem Spiel so in Bann geschlagen, daß er mögliche auftauchende Probleme - wie in diesem Fall das Zeitproblem - einfach vergißt. Er geht ohne genügende Rollendistanz vollkommen in seiner Rolle auf. Die Balance zwischen obligatorischem und spontanem Engagement verschiebt sich zugunsten des spontanen. Dennoch ist das Maß an erbrachter und aufrechterhaltender Aktivität in der Begegnung gerade rahmungswirkend. Anscheinend läßt seine große Begeisterung die Hingabe ans Hauptengagement überhaupt erst zu. Das Spiel wird so zur wichtigsten Determinante seiner Handlungen, und die Kennenlernbegegnung gewinnt dadurch an Intensität. Damit ein so intensiver Kontakt zustandekommen konnte, war die Transformationskraft eines Spielzeugs bedeutsam, das den Übergang von der nicht-zentrierten zur zentrierten Interaktion erleichterte. In weiteren Erzählungen wird ebenfalls von der Transformationskraft der Spielzeuge während des Kennenlernens berichtet.

"Wie kommt der Kontakt zustande? Also ich geh' jetzt mal von konkreten Schwimmbädern aus, in denen ich gewesen bin. Ich neige dazu, also zum einen mich einfach in, wenn mehrere da sind, mich in deren Spiele einzuklinken. Die spielen mit einem Ball im Wasser, der Ball fliegt mir wirklich zufällig vor dem Bauch, wenn man im Wasser steht, vor dem Bauch oder die Brust. Ich werf' zurück und fordere auf: 'Ball wieder her', zum Beispiel, das ist eine Möglichkeit" (Frank: 1/61-69).

In diesem Fall muß das Spiel erst gar nicht konstituiert werden, sondern es geht vielmehr um die Frage, wie man dazustoßen und es aufrechterhalten kann. Spielende Jungen geben gewissermaßen den Rahmen vor, in dem es sich "einzuklinken" gilt. Eine Erwartungsstruktur, die noch unvollständig ist, nämlich wie man sich mit ins Spiel bringen kann, bedarf der Ergänzung durch einen Rahmen, der anzeigt, wie ein Ereignis (das Fliegen des Balls vor Bauch oder Brust) in eine vorgegebene Richtung (der Wunsch des Einklinkens) verstanden werden kann. Die vorgegebene Situation wird hier aufbauend und weiterführend ergänzt durch die Aufforderung: "Ball wieder her". Damit stellt der Befragte dem Jungen einen Verständnishorizont zur Verfügung; er bekundet sein Interesse am Zusammenspiel. Die rituelle Aufforderung wird von der Hoffnung geprägt, einen bestätigenden Austausch zu erzielen. Er zeigt den spielenden Jungen damit an, wie er sie - in der gerade begonnenen zentrierten Interaktion - sehen möchte: als potentielle Mitspieler. Da aus Sicht der Jungen der Treffer des Balls vor Bauch oder Brust möglicherweise eine territoriale Verletzung des persönlichen Raums darstellt, ist das Angebot des korrektiven Austauschs, mitzuspielen, eine aufhebende und entlastende Vorwegnahme einer Entschuldigung für die Jungen. Der Befragte erleichtert ihnen die Entschuldigung und bringt sich zudem auch noch ins Spiel ein. Der begangenen Regelverletzung kann man sich deshalb wohl auch nur schwer entziehen; der pädophile Mann wird ins Spiel integriert.

Scherze
Neben dem Spiel ist der Scherz eine weitere Variante, um ein So-Tun--als-ob auszudrücken.

"Also es ist eine Hauptschule. Die direkteste Bemerkung war, das ist ein junger Türke, der ist so 14, und der meint, als, ich sei schwul, und dann will er das irgendwie rauskriegen. Und da war auf dem Schulhof ein Gespräch, und da wollte er eine Note von mir haben, eine gute Note und sagte: 'Ich geb' auch ein Küßchen dafür', nur so aus Blödsinn. Da sagte ich: 'Das ist aber zu wenig' und da sagte er, der eine Türke sagte dann: 'Ja, da habe ich mehr zu bieten, 18 Zentimeter', also eindeutig (Lachen). Der ist im Moment ganz direkt, da kam auch irgendwann die Einladung dazu. Das wird alles so ein bißchen auf spaßiger Ebene gesehen" (Karl: 1-2/69-81).

Auch in diesem Beispiel wird der vom Jungen anvisierte Rahmen aufgegriffen und ergänzt. Erwartungserwartungen werden so austariert. Der Befragte deutet die Bemerkung des Jungen als Scherz ("nur so aus Blödsinn"), schließt aber sofort daran an und bringt Verunsicherung und Interaktionsspannung ins Geschehen, indem er das Angebot als unzureichend ablehnt. Damit bestätigt er einerseits schmeichelnd das Ritual des scherzhaft-höflichen Angebots, gleichzeitig wird durch ein Ratifizierungsritual das Bedauern ausgesprochen und das Angebot ausgeschlagen. Er bringt zum Ausdruck, daß er den Scherz verstanden hat, wendet ihn aber in ein erneutes Ratifizierungsritual um, das er jetzt an den Jungen heranträgt ("Das ist aber zu wenig"). Der Junge ist nun in der 'Klemme', einen veränderten Zustand zu akzeptieren, zu ratifizieren oder nicht. Anscheinend kann er jedoch darauf nicht so schnell reagieren ,und ein weiterer Junge übernimmt die Aufrechterhaltung des Rahmens, indem erneut ein Scherz gemacht wird. Dies deutet der Befragte dahingehend, daß man über seine sexuelle Präferenz Bescheid weiß, sie allerdings in Richtung Homosexualität begriffen wird.

Sport
Zwischen dem Spielerischen und dem geregelten Wettkampf, wie im Leistungssport, scheint ein stetiger Übergang zu bestehen, nur schreitet die Formalisierung beim Sport voran.

"Ich war, wir haben das immer so gemacht, der Gewinner bleibt drin. Also der Gewinner bleibt drin. Und ich bin ziemlich gut im Tischtennis. Und so habe ich halt gespielt, bin immer drin geblieben, und irgendwann war der eben auch mal an der Reihe. Und dann habe ich so mit ihm gespielt, habe mit ihm dann auch gesprochen und habe halt mein Interesse an ihm gezeigt. Dann habe ich mal, habe ich gesagt: 'Ich habe jetzt keine Lust mehr zu spielen', habe die anderen spielen lassen.

Ich meine, Tischtennis können ja immer nur zwei spielen, und die anderen sitzen dann eben auf der Bank und warten. Und das ist natürlich eine sehr gute Möglichkeit, sich mit ihm dann zu unterhalten" (Paul: 3/181-194).

Aus mehreren Gründen scheint sich Sport - in diesem Falle Tischtennis - für den Befragten als eine passende Kontaktanbahnungsmöglichkeit anzubieten. Der Wettkampfrahmen konstituiert sich aus einer klaren Regelungsprämisse: "der Gewinner bleibt drin". Um Erwartungssicherheit in der Kontaktanbahnung auszukundschaften, verschafft diese explizite Regel den Zugang zu einer exklusiven Zwei-Personen-Interaktion, das Spielerpaar. Die Voraussetzung eines konzentrierten Aufeinandereingehens ist durch die geschaffene zentrierte Interaktion gegeben. Zwar muß der Akteur im vordergründigen Hauptengagement, dem Spiel, verbleiben, kann sich aber aufgrund seiner Fertigkeit und Siegesgewißheit - "Ich bin ziemlich gut" - seinem eigentlich Anliegen, dem Kennenlernen, widmen; er steht also nicht in der Gefahr, vom Spiel mitgerissen zu werden. Vielmehr schafft seine dramaturgische Disziplin die Voraussetzung, gewissermaßen im Nebenengagement das Kennenlernen voranzutreiben. Dies geschieht, indem er seine Spielerkompetenz zu seinen Gunsten so lange nutzt, bis der Junge, der ihn interessiert, an die Reihe kommt. Nun kann er mit ihm sprechen und sogar über Zuvorkommenheitsrituale sein Interesse an ihm deutlich machen. Die Bühne des Tischtenniswettkampfes bietet weiterhin den Vorteil, daß er sich aus dem Spiel zurückziehen kann, ohne den Handlungsort verlassen zu müssen. Auf einer Bank bietet sich die Möglichkeit, das Gespräch fortzusetzen und den Kontakt zu stabilisieren.

Vorlesen
Das Vorlesen wird in der folgenden Erzählung vom Befragten zeremoniell gerahmt. In Zeremonien geht etwas anderes als das Gewöhnliche vor sich. Nicht eine umfassende Nachahmung, sondern ein punktuelles Ereignis wird abgebildet und herausgehoben. Eine Zeremonie stilisiert daher ein Ereignis, wie das berichtete Beispiel des Zubettgehens veranschaulicht.

"Da war ich einfach jemand, den er in der Jugendherberge kennengelernt hat. Ich war da in den Semesterferien auf Montage gewesen und
hatte mich in der Jugendherberge einquartiert und hatte, weil ich das
sehr gerne mache eigentlich, verschiedene Vorlesebücher dabei, und
die waren mit einer Klasse auf Klassenfahrt. Und irgendwie hat sich
das ergeben, daß ich halt ein paar Leute da kennengelernt hab', so
nachmittags, und dann hab' ich gesagt: 'Wenn ihr Lust habt, dann
kann ich euch vorm Schlafengehen, auch mal irgendwie eine Gruselge-
schichte vorlesen oder so, wenn eure Betreuer nichts dagegen haben'.
Und die hatten nichts dagegen. Und dann hab' ich da abendlich halt
Geschichten vorgelesen. Und dann sind wir halt auch so, haben wir
nachmittags ab und zu mal was zusammen gespielt, wenn ich Zeit
hatte oder so. Und der hat dann ganz begeistert dann seiner Mutter
nach Hause geschrieben, du, ich hab' jemand kennengelernt, kann der
nicht mal in den Ferien zu uns kommen und so. Na ja, und das ging
dann eigentlich sehr schnell. Die hab' ich also zu Ostern kennengelernt
und Pfingsten war ich dann dort, und im Sommer ist er mit mir zwei
Wochen weggefahren" (Andreas: 7/445-467).

Eine Handlung, das Zubettgehen, wird hier aus dem üblichen Geflecht
der Ereignisse herausgehoben. Sie wird über die Zeremonie des Vorlesens stilisiert. Die Zeremonie erlaubt dem Akteur, sich in seiner
zentralen Rolle, als Erzähler, darzustellen. Die Rollenerfassung des
Erzählers zeigt sich in seinem aktiven Einsatz ("weil ich das sehr
gerne mache"), seiner Qualifikation (er hat "verschiedene Vorlesebücher" dabei, u.a. auch geeignete "Gruselgeschichten") und seiner Bindung an die Rolle (er hat schließlich wiederholt "abendlich" vorgelesen). Über die Sicherheit in der Selbstdarstellung kann auch Zielsicherheit im Kennenlernprozeß gewonnen werden. Der Befragte scheint
sich seiner Kompetenz sicher zu sein, was der spätere Erfolg bestätigt.
Obendrein fungiert die Zeremonie auch als Zuvorkommenheitsritual.
Sympathie- und Interessebekundungen und Interessewerbungen
machen einen bestätigenden Austausch möglich. Damit gewinnt der
Befragte weiterhin Sicherheit hinsichtlich der Frage, wie habe ich
vorzugehen.

Proben

In einem anderen Zusammenhang können Handlungen zu einem anderen als dem ursprünglichen Zweck ausgeführt werden, in Form von Proben. Manche Kontaktanbahnung entsteht aus solchen Übungswünschen. Hierbei können Erfahrungen gewissermaßen in einem Schonraum gesammelt werden. Lerneffekte werden fernab "lebensechter Verhältnisse" bereitgestellt.

"Und denn brachte er eines Tages einen Freund mit. Und dieser Freund saß ganz stillschweigend im Sessel drin und traute sich also nix zu sagen, und ich denke: 'Oh, Gott, was ist das für ein Mauerblümchen'. Ein paar Tage später klingelt es bei mir. Da stand der Junge vor der Tür. Ich sage: 'Was machst du denn hier?' (-) 'Ja, wir wollten uns bei dir treffen'. Und ich sage: 'Wo ist denn dein Freund?' (-) 'Der kommt gleich nach'. - Na, ich sage: 'Dann komm' mal schon mit hoch'. Wir waren in der Wohnung drin, der Freund kam nicht. Aber dieses Mauerblümchen war um 180 Grad gedreht, ja. Er hat mich beinahe vernascht, ja. Woher der das wußte. Also wir haben uns während des ersten Treffens überhaupt nicht über Sexualität unterhalten, aber die beiden hatten miteinander darüber geredet, und er wollte jetzt mit einem Male ausprobieren. Und er war so gut drauf, das gab's gar nicht. Das kann man sich nicht vorstellen. (-) Also wenn man so dann im nachhinein darüber nachdenkt. Ja gut, er kam her, unnahbar, um Gottes willen mit mir: 'Also ich bin ein unschuldiges Wesen', ja, als so gegenüber dem Freund, ja. Jetzt hat der Freund ihm aber was erzählt, und er wurde neugierig oder auch interessiert und sagte: 'Oh, ja, da habe ich vielleicht eine Möglichkeit, mich zu aktivieren. Und da kam er her, und als der Freund nicht da war, vor dem er sich hätte eine Blöße gegeben, da konnte er sich aktivieren, ja"
(Harald: 23-24/558-586).

Obwohl der Junge dem Mann schon bekannt war, entsteht der eigentliche Kontakt erst auf Initiative des Jungen hin. Der Erzählung zufolge sucht der Junge den Kontakt zu ihm, weil er über seinen Freund weiß, daß er sich dort sexuell "ausprobieren" kann. Obwohl die beiden Freunde offensichtlich auf irgendeine Art und Weise "miteinander darüber geredet" haben, scheint es wichtig, sich allein dorthin zu begeben und sich sexuell "zu aktivieren". Der Befragte sieht den Grund in der möglichen "Blöße", die sich der Junge geben könnte. So gibt die Übungsmöglichkeit dem Lernenden Schutz gegen die Angst vor den möglichen Folgen dieser sexuellen Aktivitäten. Mann und Junge bilden im Übungsrahmen gewissermaßen ein Ensemble; sie bauen gemeinsam eine Rolle auf, sind auf enge Zusammenarbeit angewiesen und durch gegenseitige Abhängigkeit und Vertraulichkeit miteinander verbunden.

Vorführungen

Bei einer Vorführung wird eine Tätigkeit außerhalb ihres funktionalen Zusammenhangs ausgeführt, um einen unverbindlichen Einblick in den eigentlichen Ablauf dieser Tätigkeit zu erhalten. Im folgenden wird demonstriert, "wie man richtig ein Feuer macht"; ein weiteres Beispiel für Kontaktanbahnung.

"Eines Tages, als ich mit einem Arbeitskollegen da längs ging, habe ich gesehen, wie da so ein paar Kinder versuchten, Feuer zu machen. Und, na gut, sind wir mal hingegangen, und die liefen dann gleich weg, weil da kommen Erwachsene, vielleicht schimpfen die. Habe ich gesagt: 'Lauft nicht weg, braucht doch keine Angst zu haben'. Dann kamen sie so vorsichtig wieder und ich sage: 'Soll das ein Feuer werden?', und dann habe ich denen erstmal gezeigt, wie man richtig ein Feuer macht. So, dann saßen wir nachher noch zusammen. Mein Arbeitskollege, der mußte weg. Und dann fingen die an, da war so eine kleine Metallplatte im Feuer, und wenn die draufspukten, dann fing das an zu zischen. Und das fanden die toll und dann habe ich irgendwie gesagt: 'Das bringt doch nicht viel, da müssen wir irgendwie raufpinkeln oder was'. Ja, und dann stand auch einer auf, ja und pinkelte dann auf diese Platte" (Harald: 8/422-441).

Der Versuch der Kinder, ein Feuer zu machen, wird vom Befragten aufgegriffen, um ihnen diese Tätigkeit außerhalb des funktionalen Zusammenhangs zu demonstrieren, nämlich in der Spielmodulation. Er gewährt ihnen fachmännisch einen Einblick in den Ablauf des Feuermachens außerhalb einer ernsthaft-zweckbestimmten Handlung. Daß das Feuermachen spaßeshalber betrieben wird, zeigt auch der weitere Verlauf, als man ausprobiert, es zum "Zischen" zu bringen. Erneut nutzt der Befragte das Demonstrationsmodul, jetzt aber indirekt, verbal, indem er nur andeutet, daß man da "irgendwie raufpinkeln" müsse. Über die Demonstrationsrahmung gelingt es dem Mann, Erwartungssicherheit aufzubauen. Er kann feststellen, wie sie auf seine Vorführung reagieren. Waren die Kinder zunächst weggelaufen, saß man nach der Demonstration schließlich "noch zusammen". Nicht nur seine Beruhigungskundgabe, "Lauft nicht weg, braucht doch keine Angst zu haben", sondern auch sein Geschick, Sympathie- und Interessewerbung durch eine Demonstration herzustellen, haben zur Stabilisierung der Kontaktanbahnung beigetragen. Die vertrauensvolle Situation zeigt sich auch darin, daß ein Junge in Gegenwart einer ihm fremden erwachsenen Person aufs Feuer "pinkelt". Selbst das Territorium der Hülle stellt in einem derart gerahmten Szenario keine Tabuschranke mehr dar.

Aufzeichnungen
Auch mit Aufzeichnungen oder Dokumentationen läßt sich eine Kontaktaufnahme herstellen. Aufzeichnungen verdeutlichen, daß ein Vorgang tatsächlich in einer weniger transformierten Welt stattgefunden hat.

"Ja, die konventionellen Wege scheiden eigentlich aus, wurde früher auch mal ganz normal probiert, mit Aushängen in der Schule, über Zeitung, über die Zeitungen oder über die, die Mitarbeit von Lehrern und dergleichen. Das hat aber in keinem Fall etwas gebracht und dann bin ich, hab' ich eben Handzettel gedruckt, also vervielfältigt und bin dann gezielt auf die Jagd gegangen (lacht), das heißt, ich bin eben dann da gewesen, wo nach Schulschluß die, die Leute durchströmen und habe da dann einfach Zettel verteilt, und zwar so, daß es nach außen so aussah, als würde da eigentlich jeder ganz zufällig einen Zettel bekommen. Ja, gut, in Wahrheit war natürlich schon eine Auswahl dabei. Ich habe dann auch, wenn ich mal so einen Zettel übergeben habe, dann meist versucht, ins, ins Gespräch zu kommen. Es hing aber auch sehr stark davon ab, wie ich gerade drauf bin, es gibt vielleicht ein paar Tage, da habe ich Angst, auch nur jemand anzusprechen, und manchmal gehe ich dann auch ganz kackfrech auf einen zu, der mir entgegen läuft und sage: 'Du, hallo, dich hätte ich gerne in meiner Gruppe'" (Armin: 4-5/263-285).

Um Jungen für seine freie Pfadfindergruppe kennenzulernen, bedient sich der Befragte eines Handzettels, der u.a. die Aktivitäten der Gruppe abbildet und dokumentiert. Neben seiner rahmenden Wirkung fungiert das Dokument aber noch auf vielfache Weise als Zuvorkommenheitsritual. Zunächst ist mit ihm eine Zugänglichkeitsbekundung möglich. Über das Austeilen der Zettel und den damit potentiell herstellbaren Blickkontakt kann eine zentrierte Interaktion hergestellt werden. Die soziale Situation und räumliche Umgebung, die Bühne 'Schulgelände', wird in einen spezifischen sozialen Anlaß überführt: Er dient zur Werbung neuer Gruppenmitglieder mittels des Requisits eines "Handzettels". Dieser Anlaß kann auf Seiten der Adressaten als Interessebekundung aufgefaßt werden; ferner drückt sich darin auch ein höfliches Angebot aus, und schließlich macht man über die Erwähnung eigener Belange auf sich selbst aufmerksam. Die Verteilung der Aufzeichnungen vollzieht sich in der Trennung zwischen Vorder- und Hinterbühne. Auf der Vorderbühne wird so getan, als ob "jeder ganz zufällig einen Zettel" bekommt, auf der Hinterbühne ist jedoch mit Bedacht eine "Auswahl" getroffen worden. Nur so läßt sich ja auch das Bestreben steuern, ins "Gespräch" zu kommen, da sonst möglicherweise zuviel Hingabe ans Nebenengagement aufgebaut wird, ohne ins Hauptengagement einsteigen zu können. Deshalb muß die emotionale Verfaßtheit einerseits die Fassade wahren, andererseits müssen die eigenen internen Regeln der Irrelevanz zum Zuge kommen.

Betreuungen
Das Transformatorische besteht hierbei darin, daß die Beweggründe für eine Handlung zum Teil aus dem üblichen Tätigkeitsfeld herausgehoben werden können, während andere Teile in ihrem gewöhnlichen Zusammenhang bestehen bleiben. Ein Beispiel dafür ist die Fahrerrolle eines Sportbetreuers, der Jungen auf Auswärtsturnieren begleitet, die die Gelegenheit zur Kontaktaufnahme bieten. Die Annäherung wird in einen anderen Zusammenhang gestellt.

"Im Sportverein war ich auch mal, hatte ich einen Nachhilfeschüler. Der war (-), der ging in den Fußballverein, und der Trainer von denen hatte kein Auto, glaub' ich, und der hat mich dann sogar mal angesprochen, ob ich nicht ab und zu mitfahren möchte auf die Auswärtsspiele, weil da brauchen sie immer ein paar Autos. Und die Eltern haben da auch nicht jedes Wochenende Bock, da mitzufahren. Dann bin ich da halt manchmal mitgefahren auf die Auswärtsspiele, habe dadurch die ganze Mannschaft auch kennengelernt. Und da hat sich dann auch einiges entwickelt dann dadurch. Also ich bin dann mehr oder weniger Betreuer dann sogar gewesen. Und dann kenn' ich einen Jungen, der geht in den Ring, in einen Ringerverein, und da kriegt man das sogar noch bezahlt, wenn man auf die, auf die Auswärtsturniere mitfährt, ja" (Paul: 2/110-127).

Dem Befragten kommt insofern eine aus dem üblichen Tätigkeitsfeld der Sportbetätigung herausgehobene Stellung zu, indem er sich als Fahrer für Auswärtsspiele zunächst zur Verfügung stellt, dann jedoch aus dieser Situation eine qualifizierte Rolle aufbaut, sich unentbehrlich macht und schließlich fast schon professionell als Fahrer 'gegen Bezahlung' zur Verfügung steht. Das Motiv des Kennenlernens und sein sportliches Interesse wird um eine in anderen Zusammenhang gestellte Aktivität ergänzt, die aber gerade eine maßgebliche Grundlage für seine Kontaktanbindungsmöglichkeiten darstellt.

Patenschaft
Während sich der vorhergehende Befragte in den Zusammenhang des Vereinsfahrers stellt, transformiert ein anderer Interviewpartner seine Kennenlernbereitschaft in den Zusammenhang einer Patenschaft.

"Ich habe beim Berufsförderungswerk einen Rehabilitanden kennengelernt, der hatte eine Patenschaft bei der Kindernothilfe, der hatte einen Brasilianer hier. Da wußte ich sofort, das ist gut. Fünfzig Mark kostet das, damals vierzig Mark, war erhöht worden. Ich hab' hingeschrieben, es ist ja auch eine Riesenglückssache, wen man denn kriegt ... Es kam ein Brief, das kleine kam da, das kleine Bild war da auf dem Briefbogen drauf. Liebe auf den ersten Blick. Das habe ich sofort gesehen, das ist mein Pablo, Pablo, Gott sei Dank, wunderbar" (Rudolph: 8/567-574, 583-589).

Mit der Patenschaft hebt der Befragte seinen Kontaktierungsversuch in den Zusammenhang der Wohltätigkeit. Er bedient sich eines Zuvorkommenheitsrituals, indem er über das höfliche Angebot der Patenschaft sein Interesse bekundet.

Köder

Abgesehen von Dienstleistungsofferte und Wohltätigkeitskundgabe, kann man seine Anziehungskraft auch über gewisse Köder in einen anderen Zusammenhang bringen.

"Mit einer Wasserspritze, diese Dinger im Kaufhaus, die hatte ich mir gekauft, und damit bin ich ins Freibad gegangen, mit dem Ding. Da habe ich auch gar nicht mit gespielt, da habe ich mich an den Rand gesetzt und hab' das Ding demonstrativ in der Hand gehalten und hab' gewartet auf die Dinge, die da kommen. Das hat keine halbe Stunde gedauert, da hatte ich an dem Nachtmittag sechs, sieben Jungs kennengelernt. Das ist auch ein gutes Freibad, warmes Wasser, Wasserrutsche und so, fünf Becken, ideal" (Robin: 2/95-105).

Der Besitz des Spielzeugs "Wasserspritze" hebt diesen Mann aus dem Rahmen gewöhnlichen Schwimmbadbesuchers heraus. Er selbst unterstreicht seine hervorgehobene Rolle "demonstrativ", wie er sagt, indem er einerseits "das Ding in der Hand hält" und andererseits "wartet auf die Dinge, die da kommen". Die Ungewöhnlichkeit dieser Situation wird von ihm aber nicht aufgefangen, indem er beispielsweise anfängt, mit dem Spielzeug zu spielen und ein So-Tun-als-ob einleitet. Vielmehr verharrt er gerade in seiner herausgehobenen Stellung. So macht er das Spielzeug, sich und die gesamte Situation zu einem Aushängeschild für eine einzugehende Kontaktbereitschaft. Das offenkundig Unübliche dieser Zurschaustellung macht gerade seine besondere Anziehungskraft aus. Magisch zieht die in einen anderen Zusammenhang gestellte Situation die Kinder an; es hat "keine halbe Stunde gedauert".

111

Eine andere Form des Köderns und des In-anderen-Zusammenhang -Stellens besteht darin, daß man nebenbei sein Sozialprestige zur Geltung bringt.

"Und wir sind dann irgendwie, also man möge (lacht), ich weiß nicht mehr, sind wir ins Gespräch gekommen und (- -) na ja, dann kam er irgendwie mal dazu. Und dann hatte ich also damals noch einen schönen, dann hatte ich noch einen Porsche, vor zehn Jahren. Na ja, ich meine (lachen), es tut mir sehr traurig aber das zieht ja immer noch (lacht). Und, na ja, und dann brauchte man ja nur zu sagen, du, was, und denn kam man irgendwie darauf zu sprechen, was haste denn für'n Auto, ja, ja, einen Porsche, und da fahren wir auch mal mit" (Mike: 8/530-540).

Das in der Kontaktanbahnung hergestellte "Gespräch" wird in einen anderen Zusammenhang transformiert, indem der Befragte dem Gesprächsrahmen eine weitere Schicht hinzufügt. Die persönliche Fassade wird durch das prestigeträchtige Requisit in einen anderen Zusammenhang gehoben. Der dadurch geschaffene Status fungiert gleichzeitig als Zuvorkommenheitsritual; das Rühmen, Brüsten und Prahlen wird als interessewerbendes Entgegenkommen genutzt. Ein höfliches Angebot der Einladung verstärkt die Zuvorkommenheitsgeste.

3. Rahmungsschwierigkeiten

Das Kennenlernen wird einigen pädophilen Männern zum Problem. Die oftmals durch den Kontext angezeigte Bedeutung kann dann nicht bzw. nur unter Schwierigkeiten erschlossen werden. Der Deutungsrahmen der Begegnung erscheint als mehrdeutig. Die Befragten finden dann keine Anknüpfungsmöglichkeiten, um eine Bekanntschaft herzustellen. Ferner können Irrtümer und Streitigkeiten auftreten, wenn man sich auf seine Wirklichkeitsauffassung nicht mehr verlassen kann. Es werden Gegensätzlichkeiten wahrgenommen.

Anknüpfungsmöglichkeiten

In der Initiierung einer Begegnung können Verwirrung und Zweifel vorherrschen, wenn Unklarheit oder Ungewißheit darüber besteht, was eigentlich vor sich geht. Da einem kein Deutungsrahmen zur Verfügung steht bzw. man sich in keinem zurechtfindet, bleibt auch der eine Situation konstituierende Handlungsplan unsicher. Die generelle Schwierigkeit der Situationsdeutung führt dazu, daß keine Anknüpfungsmöglichkeiten gesehen werden, anhand derer man das Kennenlernen vorantreiben kann.

"Also da hab' ich, erleb' ich auch Situationen, wenn man zu Jungen geht, in der Stadt, in der Straßenbahn und so. Manche reagieren ja überhaupt nicht, wenn man sie anguckt. Andere gucken weg, oder andere merken, daß man sie interessant findet, finden das aber unangenehm, dann ist der Fall auch klar. Dann gibt es eben diese diffusen Fälle, wo man ständig wieder guckt, und der andere ist vielleicht unsicher, oder man denkt sich, oh, jetzt mußt du eigentlich was tun, und dann gibt's so merkwürdige Verhaltensweisen, da denke ich mir oft, da würde ich mir ein Zeichen von dem Jungen wünschen, aber andererseits kann ich mir auch vorstellen, daß es eine Überforderung ist, sondern daß ich derjenige bin, der das Eis brechen müßte" (Karsten: 23/114-129).

Es gibt "klare Fälle" und "diffuse Fälle" der Kontaktaufnahme. Bei den klaren Fällen reagiert der Junge überhaupt nicht, schaut weg oder zeigt sich unangenehm berührt. Bei den diffusen Fällen ist die Reaktion nicht so bestimmt; der Befragte nimmt zwar aufgrund seines ständigen Anblicks auf seiten des Jungen Unsicherheiten wahr. Diese scheinen aber nicht derart ausgeprägt zu sein, daß eine Kontaktaufnahme auszuschließen wäre. Vielmehr zeigt sich die Unsicherheit ambivalent: Weder eine Befürwortung noch eine Ablehnung ist aus dieser Haltung abzulesen. Es fehlt dann auch an einer Anknüpfungsmöglichkeit von seiten des adressierten Kindes, ohne die der Mann seine Anbahnung nicht fortsetzen kann. Der Befragte zieht daraus den Schluß, daß er dem Problem nur dadurch ausweichen kann, daß er gewissermaßen das Eis bricht. Während in diesem Fall lediglich Ungewißheiten die Rahmungsschwierigkeiten kennzeichnen, gibt es aber auch Anbahnungsversuche, wo weder Unklarheit noch Ungewißheit, sondern eine starke Wahrnehmungsunfähigkeit die Kontaktierung erschwert. Hier sieht der Befragte keinerlei Anknüpfungsmöglichkeiten.

> "Weil ich ganz ehrlich sagen muß, daß ich wirklich, sehr, sehr darunter leide und mir die Jahre fehlen, die Jahre verschwinden ja dahin. Und jetzt bin ich ja schon sechs Jahre ohne Beziehung. Und er hat zu mir ja auch gesagt, sagt er: 'Arne, also das ist zu lang. Das ist zu lang. Also so ein Jahr, zwei Jahre vielleicht auch noch, kann man da drin sein, aber wenn es über zwei Jahre hinausgeht, das ist zu lang'. Und, sag' ich: 'Was soll ich machen?' Ich (- -), ich hab' mich auch schon mit der Frage auseinandergesetzt, ob das nicht irgendwie, ob man nicht im Laufe der Jahre, also der beziehungslosen Jahre, daß man eventuell vielleicht, daß man Zeichen, die die Jungen setzen, eventuell gar nicht wahrnimmt und daß man irgendwie das aus dem Blickfeld verliert" (Arne: 12/176-193).

Offenkundig muß man in einer Kennenlernsituation "Zeichen" von Jungen wahrnehmen können, um einen Kontakt aufzubauen. Diese Fähigkeit verhilft dazu, Unklarheiten und Ungewißheiten der Situation zu beseitigen. Wenn man allerdings, wie der Befragte sagt, "sechs Jahre ohne Beziehung" ist, scheint einem diese Fähigkeit abhanden zu kommen. Die Rahmungsschwierigkeit besteht dann darin, daß "mangelnde Übung" und Erfahrung dazu führen, daß man die Zeichen aus seinem "Blickfeld verliert". Man sieht keine Anknüpfungpunkte mehr.

Gegensätzlichkeiten
Bei Irrtümern glaubt man sich seiner Rahmung sicher zu sein, handelt aber aufgrund falscher Voraussetzungen. Man stellt schließlich Gegensätzlichkeiten fest.

> "Man lernt eben auch solche Jungs kennen und auch die Lokale kennen natürlich und so. Und das war natürlich ein gewisses, wie soll man das sagen, ein gewisser Reiz, sehr schnell, verhältnismäßig schnell zu einem Jungen zu kommen auf gut deutsch, weil ich eben damals in der

etwas naiven Meinung war, daß alle diese Jungs, die da in diesen Lokalen sitzen, nur auf jemanden warten, der sie da rausholt, aber das war natürlich nicht der Fall. Ich bin immer wieder dabei reingefallen" (Herbert: 1/67-77).

Der Befragte begeht offenkundig eine Fehlrahmung. Seine und die Erwartungshaltungen der Jungen klaffen auseinander. Während man bei Schwierigkeiten versucht, die Vorgänge abzuklären, handelt man bei Irrtümern aufgrund falscher Voraussetzungen. Dies führt zu einer falschen Sichtweise der Dinge. So muß der Mann sehen, daß sein Zuvorkommenheitsritual, die Jungen aus den Lokalen "herauszuholen", ein Irrtum war.

Streitigkeiten
Gegensätzlichkeiten können zu Streitigkeiten führen. Mann und Junge rahmen die Situation unterschiedlich und haben verschiedene Auffassungen darüber, was vor sich geht. Eine längere Erzählpassage soll einen Streit, der sich im Verlauf einer Kontaktanbahnung ereignet, verdeutlichen.

"Der ist dann dazu gekommen, zu dem Spiel. Der war, wie alt war er? Elf. Der kletterte auch auf den Baum rauf, auch einen Baum rauf da (--). Hat sich einfach eingemischt ins Spiel, daß, sag ich: 'Na ja, gut, okay, kannste auch hoch, mache ich die Räuberleiter'. Das hat mir eigentlich gar nicht so gepaßt. Schaut er so blöd runter zu mir, na ja. Der Platz, da wo der Spielplatz ist, der ist aus Stein, wo so Steine und so, so'n Steinrand. Ja, wo die wieder vom Baum unten war'n, dann sitzen wir halt dann alle vier da, da auf den Steinrand. Dann sag' ich, der Torsten, wie, frech wie er ist, der lehnt schon mal seinen Kopf an meine Schulter. Sag' ich: 'Ja, habt ihr Lust eine Cola zu trinken?' Auf einmal flüstert mir der Torsten ins Ohr: 'Hey, komm, wieso, wie die alle auf eine Cola? Ich möchte mir dir allein eine Cola trinken'. Sag ich: 'Ja, okay. Müssen wir uns eine Ausrede einfallen lassen'. Aber die waren ja erst acht, er war ja elf. 'Ach, das, ja, das ist jetzt das Problem, wir fahren ja ganz weit weg zum Colatrinken. Da könnt ihr ja wahrscheinlich nicht mit, ihr habt ja gar nicht eure Mutter gefragt'. Ja, okay, die haben das dann halt akzeptiert. Torsten und ich losgezogen in die nächste Kneipe, eine Cola getrunken, und dann sind wir aus der Kneipe raus und kaufen uns irgendwie, nee, gehen, gehen, jetzt gehen wir zuerst mal auf'n Spielplatz. Da hängt so'n Reifen an drei Ketten, und der Torsten setzt sich auf meinen Schoß und läßt sich so'n bißchen komisch, legt mir seinen Kopf so auf den Schoß. Ich: 'Junge, irgendwie mag ich dich'. Meint er: 'Ja, das ist mir schon klar, daß du mich magst. Ich mag dich nicht, aber wieviel Geld hast denn dabei?'. Sag ich: 'Ach, Geld, Geld hab' ich eigentlich keins dabei'. Aber, (-) hab' schon Geld dabei gehabt. Siebzig Mark hab' ich in meiner Tasche gehabt. Sag' ich: 'Aber wieviel Geld sollte ich denn deiner Meinung nach dabei haben?' 'Na ja, so siebzig Mark', meint er, (lacht) Intelligent (- - -). Sag' ich: 'Nee, Geld hab' ich keins, wir können uns jetzt Pommes holen, und dann können wir uns auch wieder treffen. Zu was hast denn Lust? Zum, was hast denn Lust so zu machen, wenn wir uns wiedertreffen?' 'Ja, Lagerfeuer'. Und sag' ich: 'Okay, dann treffen wir uns am Samstag um acht Uhr in der Früh (-). Hab' ich den Platz dann gemacht ins Gelände (-), machen dann Lagerfeuer. Ja, der Junge ist auch wirklich da, und wir gehen dann dahin. Sag' ich zu ihm: 'Also ich muß jetzt mit dir reden, entweder verstehst du mich oder du verstehst mich nicht. Also, das, was, es geht darum, du hast mir da letztens im, auf dem Spielplatz und so'. Sagt er: 'Ja, kannst ruhig erzählen, ich versteh' alles', meint er. Sag' ich: 'Ja, also hör mal zu: manche Sachen gibt's für mich eigentlich nicht für Geld, und die gibt's freiwillig oder gar nicht. Aber ich, also ich würde gern mit dir zusammen sein, und es ist für mich eigentlich auch nicht so wichtig, also, ich würde mich freuen, wenn wir einfach Freunde werden könnten, okay?' (- -) 'Ja, sagt er, okay'. Dann haben wir, dann hat er überhaupt nicht, ist nicht drauf eingegangen auf das Thema. Und sagt jetzt: 'Okay, ich, gehen wir noch irgendwo zum Pommesessen, (-) ja, und dann bring' ich dich heim'. Also bis in die Nähe von der Haustür, also (-). Ja und dann treffen wir uns, verabreden wir uns wieder, auch wieder draußen, und ich mach' den Vorschlag, wir könnten eigentlich auch mal zu mir gehen. Und da sind wir dann noch nicht zu mir gegangen, aber den nächsten Tag sind wir dann zu mir und haben einen Schokoladenpudding gekocht und so. Ich wollte ihm einfach zeigen, also, mir ist, daß mir der Junge wichtig ist und daß mir der Sex eigentlich, das, das ist eigentlich kein Thema für mich, der Junge ist mir wichtig" (Patrick: 15-16/237-298).

Nachdem sich der Junge in das Spiel Baumklettern "eingemischt" hatte, bekundet er durch ein körperliches Zuvorkommenheitsritual Interesse an dem Mann. Als er seinen Kopf auf die Schulter des Mannes legt, fühlt dieser sich geschmeichelt. Er begegnet dieser Zuvorkommenheit in der Erzählung seinerseits mit der Sympathiebekundung "frech, wie er ist". Auf die Einladung an die Spielgruppe zum Colatrinken reagiert der Junge aus Sicht des Mannes gewissermaßen konspirativ. Durch Geflüster auf der Hinterbühne bildet sich ein Ensemble, das sich von den anderen Mitspielern abgrenzt. Die an dieser Stelle geschlossene dramaturgische Loyalität gerät aber nach dem Colatrinken in Schwierigkeiten, obwohl der Junge zuvor ein zweites Mal durch ein körperliches Zuvorkommenheitsritual sein starkes Interesse bekundet hat, dies Mal, indem er seinen Kopf auf den Schoß des Mannes legt. All dieses Entgegenkommen bringt den Mann anscheinend zu der Äußerung: "Irgendwie mag ich Dich". An dieser Stelle bricht latent - ohne Thematisierung auf seiten des Mannes - ein Streit aus, denn der Junge entgegnet: "Ich mag dich nicht, aber wieviel Geld hast du denn dabei?" Mit Aufrechterhaltungsritualen versucht der Mann, die schwierige Situation zu umgehen, indem er übers Pommesessen die Begegnung dieses Tages ausklingen läßt und sich um ein Wiedersehen bemüht. Dieses stellt er in die Zuvorkommenheit des Jungen und macht es davon abhängig, worauf der Junge Lust hat. Beim erneuten Treffen wird der Rahmungsstreit allerdings vom Mann thematisiert: "Ich muß jetzt mit dir reden." Der Mann legt dar, wie er den Kontakt verstanden wissen will. Dabei bekundet er gegenüber dem Jungen, daß er den Kontakt auf Freundschaft aufbauen will und nicht auf Geld. Er versucht, die Gegensätzlichkeiten in einem korrektiven Austausch abzubauen. Die im Schweigen des Jungen anklingende Verlegenheit wird durch eine erneute Einladung zum Pommesessen aufgefangen. Abermals dienen Verabredungen dazu, den Kontakt zu festigen und in andere Bahnen zu lenken. Das Schokoladenpudding-Kochen bekundigt Sympathie und Interesse; es soll unterstreichen, daß "Sex eigentlich kein Thema" ist. Der Mann versucht so, die Regelverletzung durch betonte Zuvorkommenheitsrituale zu beleben, und zwar zum einen durch Erklärungen, zum anderen durch symbolisch bekundete Bedeutungsänderung des Kontakts. Damit soll die Begegnung zu einer beiderseits als akzeptabel angesehenen Form gebracht werden.

4. Rahmungsbrüche

Das Engagement der Kontaktanbahnung kann fehlschlagen; der Rahmen erleidet einen Bruch, sei es, daß die Leitfunktion eines Rahmens in der Situation unangemessen ist, weil der pädophile Mann sich dem Jungen zu schnell zu erkennen gibt und sich offenbart; sei es, daß eine sinnerzeugende und erwartungsschaffende Situation nicht hergestellt werden kann, weil der Mann unkontrolliert und enthemmt vorgeht.

Offenbarungen
Während einer Kontaktanbahnung besteht die Gefahr "auszuhaken", wenn man - wie im folgenden Beispiel - mit seiner Rollendarstellung Probleme hat und sich unpassend als 'Pädo' offenbart.

> "Also ich hab' ihn mal vom ersten Tag an, habe ich sofort, sofort gesagt, was Sache ist. Und er hat das denn auch so hingenommen. Es hat also ziemlich lange gedauert, bis da was in Gang kam"
> (Dirk: 17/466-470).

Offenkundig hat der Befragte die Situation des Kennenlernens falsch gerahmt. Das Selbstbekenntnis scheint unangemessen gewesen zu sein, hat es doch "ziemlich lange gedauert, bis da was in Gang kam". Man könnte sagen, daß er in der Situation zu stark engagiert war. Die Offenbarung hat auf seiten des Jungen vermutlich Verlegenheit ausgelöst. Ihm wurde keine Reaktion angeboten, die einen ruhigen Fortgang der Interaktion gestattet hätte. Dem Befragten ist es nicht gelungen, die Diskrepanz zwischen dem obligatorischen Engagement einer aufrichtigen Selbstdarstellung und einem situationsadäquaten Engagement auszuhalten. Er hakt aus und gibt dem Jungen "sofort" zu erkennen, "was Sache ist".

Enthemmungen

Situationen stehen in der Gefahr des Aufschaukelns, wenn der Rahmen beispielsweise heruntermoduliert wird und sich die Selbstkontrolle lockert.

"Ja, ich hab' jahrelang enthaltsam gelebt, und ich steh' auch unter Führungsaufsicht, und es ging auch gut, bis vor ungefähr eineinhalb Jahren, da lernte ich einen Jungen kennen, und der hat sich sehr aktiv verhalten, und ich hab dadrauf reagiert. Und dann war es also passiert" (Fritz: 2/114-119).

Hier schreitet der Befragte von einer gehemmten Reaktion zur unmittelbaren Enthemmung voran. Die sich selbst auferlegte Distanz kann nicht gewahrt werden, die Handlung entgleitet ihm, "es passiert". Ebenso rahmengefährdet wie das Heruntermodulieren ist das Hinaufmodulieren.

"Den habe ich kennengelernt, und am ersten Tag, ja da passierte es, daß ich ihn nach Amerika einlud, weil ich, die Amerikareise hatte ich geplant und war gerade, kriegte dann den Gedanken und ging dann abends, an dem Tag, wo ich ihn kennengelernt habe, bin ich mit ihm nach Hause und sagte zu den Eltern: 'Also ich bringe ihnen jetzt ihren Sohn nach Hause, und ich habe also etwas ganz Dummes gemacht. Also ohne sie zu fragen habe ich ihn schonmal eingeladen nach Amerika. Wie wird er enttäuscht sein, wenn sie das nicht erlauben'. Und der Vater sagte: 'Kommt überhaupt nicht in Frage'" (Fritz: 17/413-424).

Dem zunächst unverfänglichen Rahmen des Kennenlernens wird sogleich eine weitere Schicht hinzugefügt. Noch ehe die Erwartungssicherheit ausgelotet ist, ist das Engagement derart gesteigert, daß der Akteur von einem Strom von Empfindungen überflutet wird und dies auch nicht länger zu verbergen versucht. Mit dem überzogenen Zuvorkommenheitsritual einer Einladung in die USA soll dem Interaktionspartner zwar geschmeichelt werden, doch wird damit eigentlich kein regelgeleiteter bestätigender Austausch herbeigeführt, sondern durch das Außergewöhnliche der Einladung eine Regel des Kennenlernens verletzt; das Angebot erscheint als zu aufdringlich. Der

korrektive Austausch wird bei den Eltern durch ein Ersuchen hergestellt. Man bittet um Erlaubnis, eine Handlung auszuführen, die
potentiell als eine Verletzung höflichen Verhaltens angesehen werden
könnte. Dadurch signalisiert man den möglichen Übertretungscharakter seiner Handlung und bittet um Einwilligung. Werden einerseits
die Vorgänge aus einer mehr oder weniger engagierten Defensive
gerahmt, gibt es auch Kennenlernsituationen, in denen man in die
Offensive geht und sogleich in der Annäherung sexuelle Interessen
signalisiert, allerdings unter Umständen und in einer Art und Weise,
die den Rahmen erneut zu gefährden scheinen.

"Ich war also vormittags um zehn, stand, war in der Tierhandlung und
(-), na ja, und dann guckte er so, und ich hab' dann die Angewohnheit,
so kann man natürlich auch so eine Art Bezug aufbauen und zwar,
sich in der Hose einen so, so daß das so aussieht, als ob man sich in
der Hose einen runterrubbelt. Und dann stellt man sich so daneben
hin, und das hatte der Junge wohl, der Jens auch festgestellt. Na ja,
und denn kam er denn auch hinter mir her, und dann guckte er sich
Bilder an, und dann kam ich zufälligerweise dann so an seinen Körper
ran, und dieses Signal hat dann für sich ausgereicht. Und dann sind
wir also die Treppe raufgegangen. Und ich hinterher, und dann waren
wir auch in einem Schuppen drin, bei Karstadt, war so ein Blockhaus,
war da ausgestellt. Da waren wir drin, bloß ich hatte zuviel Angst,
konnte dann, machste was, machste nichts, obwohl, wäre gar kein
Problem gewesen. Da haben wir uns dann, ja gut, dann sind wir so
auseinandergegangen, erstmal, und wir standen sogar im Zelt, beide
im, da war eine Verkaufsausstellung. Wir standen im Zelt drinne, ja,
im Zelt, er vierzehn oder was. Ich hätte also nur noch zugreifen brauchen, beide im Zelt. Haben nichts gesagt, guckten nur so. Dann hatten
wir uns wieder aus den Augen verloren" (Mike: 20-21/652-681).

Zwar wird hier mit einem So-Tun-als-ob-Modul (Hand in der Hose)
ein Kontakt herbeigeführt, das anhaltende Unbehagen des Mannes
jedoch prägt den Verlegenheitscharakter der Situation. Er kommt mit
seiner Enthemmung nicht zurecht. Der Betreffende hat es zwar zu
einer Begegnung gebracht; er ist gewissermaßen mit dem Jungen
zusammen, aber er ist nicht im Spiel. Da er ängstlich mit den Eventua-

litäten seines Handelns beschäftigt zu sein scheint, kann die Situation nicht weiter vorangetrieben und fortgeführt werden. Sie beginnt aus der Perspektive des Pädophilen erfolgversprechend, endet aber mit einem Bruch.

Der Alltagsrahmen, seine Rituale und Dramaturgie

1. Primäre Rahmen

Der primäre Rahmen wird von den befragten pädophilen Männern hauptsächlich für Darstellungen verwandt, in denen der Alltag zwischen Mann und Junge fernab eines spielerischen Zusammenseins gestaltet wird. Dieser Teil des Alltagslebens hat nach Aussagen der Männer einen eher ernsthaften Charakter. In erster Linie zählen sie dazu die Gespräche, die einen breiten Raum in den Begegnungen einnehmen. Des weiteren thematisieren sie die Haushaltsarbeit, die bei den Zusammenkünften teilweise auch eine Rolle spielt. Ferner wird in einer Anzahl von Interviews auf die Hilfe bei den Schularbeiten hingewiesen. Einige Befragte berichten, daß aus manchen Freundschaften ein gemeinsames Interessensgebiet, ein Freizeitprojekt hervorgegangen ist, das den Alltag zwischen Mann und Junge überwiegend bestimmt. Schließlich erzählen einige Männer über eine ganze Reihe von Freizeitaktivitäten, welche nicht in besonderer Weise gerahmt werden.

Gespräche
Einige Pädophile berichten, daß das alltägliche Zusammensein zwischen Mann und Junge sich nicht, wie folgender Befragte sagt, durch "große Unternehmungen" auszeichnet, sondern das Gespräch im Mittelpunkt ihrer Begegnungen steht.

"Eben so große Unternehmungen, so Tagesfahrten oder mal einen ganzen Tag schwimmen gehen, oder solche Sachen hab' ich eigentlich mit ihm nie gemacht. Wir haben eigentlich, unsere Beziehung lief eben halt nur so auf Gesprächsebene, daß er halt rüber kam, wenn Probleme waren, wenn irgendwas zu bequatschen war oder so, er hat Ärger in der Schule gehabt oder irgendwie solche Sachen. Und ich habe ihm halt dann erzählt, was er machen kann und was er machen sollte und solche Sachen. Daß er eben halt von einem Pauker ziemlich unter Druck gesetzt wurde, und da hab' ich ihm halt gesagt, wie er sich auch vorsichtig wehren kann, wen er einschalten sollte auf jeden Fall und solche Sachen" (Dieter: 6/364-377).

Das Image des Befragten scheint das eines 'klugen Ratgebers' zu sein. Hierüber wird im primären Rahmen auch die Erwartungssicherheit der Zusammenkünfte hergestellt; er weiß, auf was es in den Situationen ankommt, und er weiß auch, wie er sich darstellen muß, damit erneute Begegnungen sichergestellt werden. Offenkundig wird das Image vom Jungen aufgegriffen, denn ihre Gesprächsebene fixiert sich deutlich auf zu lösende Probleme, vor allem den "Ärger in der Schule". Durch seine ritualistischen Ratschläge sendet der Mann dem Jungen Beruhigungskundgaben aus und gewinnt augenscheinlich seine Sympathie und Zustimmung als helfender Gesprächspartner, denn "wenn Probleme waren", konnte er "halt rüber" kommen. Die Alltagszusammenkünfte dieser beiden wird also durch das Zuvorkommenheitsritual des Mannes bestimmt, verläßliche und erfolgreiche Hilfestellungen zu gewähren. Der offensichtliche Erfolg der Ratschläge trägt aller Wahrscheinlichkeit nach dazu bei, daß sich die Begegnungen wiederholen und eine Kontinuität der Beziehung erreicht werden kann.

In anderen Gesprächen stehen im Zentrum der Begegnungen nicht die schulischen, sondern die Probleme, die die Jungen mit ihren Eltern haben.

"Ich habe mich also auch auf die Bedürfnisse und den Wünschen dieser Jungs eingestellt, bin mit denen zusammen zu Festen hingegangen, haben Spaziergänge gemacht oder sind zusammen Fahrrad gefahren, einfach so ganz normale simple Dinge, die man eigentlich machen sollte, wenn man Kinder hat. Und das hat denen natürlich sehr gut gefallen. Und auch haben sie dadurch natürlich sich getraut, auch so mal über ihre Probleme, die sie mit ihren Eltern hatten, sprechen zu können. Sie haben dann auch wirklich mal so über ihre Eltern geschimpft, was denen so an ihren Eltern nicht gefällt und daß sie mit denen einfach nicht klarkommen. Immer wenn sie die Eltern darauf ansprechen wollten, dann wurden sie abgewimmelt, ach, was wollt ihr denn und so. Sie haben gemerkt, ihre Eltern nehmen also ihre kleinen Problemchen, die sie haben, nicht ernst genug. Die tun das so als Bagatellsachen ab, während sie bei mir einfach das Gefühl hatten, daß ich ihre Probleme sehr ernst nehme, auch darauf eingehe und daß ich auch mit denen darüber spreche, in den, wenn ja auch nur in diesen kurzbemessenen Zeiten der Besuche, die ja doch meistens mal nur am Wochenende waren" (Jörg: 8-9/564-588).

Zwar haben in der gemeinsam verbrachten Zeit der Zusammenkünfte anscheinend "normale simple Dinge" wie "Spaziergänge" oder "Fahrradfahren" nach Darstellung des Mannes einen bedeutsamen Stellenwert, doch in erster Linie dahingehend, daß darüber eine Vertrauensbasis zu den Kindern hergestellt werden kann. Nicht die Aktivitäten, sondern die "kleinen Problemchen" sind der primäre Bezugsrahmen der Zusammenkunft, der ihr Sinn verleiht. Der Befragte sieht sich in einen Kontrast zu den Eltern gesetzt und kann sich als 'pädagogisch kompetent' darstellen, da er das Vertrauen der Jungen genießt. Er nutzt die von den Eltern begangene Regelverletzung und Mißachtung, indem er gewissermaßen in ihrer Stellvertretung einen korrektiven Austausch herbeiführt. Durch Zuvorkommenheitsrituale werden Sympathie- und Interessenbekundungen ausgesprochen. Er nimmt die Probleme der Kinder ernst, geht darauf ein und spricht mit ihnen darüber. Aus dem korrigierenden Austausch scheint ein bestätigender Austausch geworden zu sein. Dies gelingt, weil der Befragte sich als Erwachsener in seiner Rolle zurücknehmen kann und seine dramaturgische Darstellung auf Rollendistanz angelegt ist. Der primäre Rahmen des aufmerksamen Zuhörens verschafft die nötige Erwartungssicherheit für ein gelungenes Engagement in der Zusammenkunft.
In anderen Erzählungen wird ebenfalls hervorgehoben, daß nicht unbedingt die gemeinsamen Aktivitäten das Zusammensein prägen, sondern die Gesprächsatmosphäre die eigentliche Bedeutung der Zusammenkünfte ausmacht.

"Ja rumziehen halt, was weiß ich, irgendwie so durch die Büsche, und da geht's mehr ums Quatschen und Schwätzen und ums Zusammensein, als um irgendeine Aktivität" (Oliver: 14/214-217).

Das Gespräch im Alltagsleben muß also nicht immer auf spezifische Probleme wie Schul- und Elternkonflikte abheben, sondern kann auch ohne Hintergründe für sich selbst rahmungswirksam sein. Es erfordert also je nach Situation der Begegnung eine besondere emotionale Bereitschaft zur Kommunikation. Waren in den vorhergehenden Darstellungen Hilfestellungen angebracht, ist hier eher das vergnügliche Element "Quatschen und Schwätzen" einer Gesprächsbegegnung beschrieben.

Haus- und Schularbeit
Zu den Alltäglichkeiten des Zusammenseins zählt in einigen Beschreibungen der pädophilen Männer auch die gemeinsame Erledigung von Hausarbeiten.

"Man geht dann nach draußen, zusammen einkaufen. Da lege ich sowieso sehr viel Wert darauf, daß wenn er hier ist und auch übernachtet, daß wir alles gemeinsam machen. Ob es nun darum geht einzukaufen oder über das Essen zu reden oder auch das Essen vorzubereiten und abzuwaschen, das machen wir alles gemeinsam.
F: Ah, ja, dann muß er auch mit abwaschen. Das macht er freiwillig. Ja, gut, dann kriegt er auch kleine Aufgaben gestellt, die er dann machen muß. (-) Und das geht, das macht er auch gerne" (Harald: 3/154-166).

Dem Jungen kommt in Gegenwart des pädophilen Mannes keine exponierte Position einer Gast- oder Besucherrolle zu. Das Hineinnehmen des Jungen in die Erledigung gewisser Alltagsverrichtungen im Haushalt enthierarchisiert eine spezifische Rollenvorstellung und unterstreicht die Selbstverständlichkeit einer gleichberechtigten Aufgabenverteilung. Die Beteiligung an der Hausarbeit erscheint nicht als lästige Verpflichtung; sie wird in den Rang eines Zuvorkommenheitsrituals gehoben, denn der Junge erhält bestimmte Mitspracherechte im Haushalt. Durch die Erledigung von Hausarbeiten wird ferner hervorgehoben, daß sich ihre Zusammenkünfte aus der Sphäre des Außergewöhnlichen herausbewegt haben und ihrem Alltag auch ein Stück vertraute Normalität zukommt. Dieser routiniert angewandte primäre Rahmen bietet daher die Gewißheit, die Begegnungen in ihrem Verlauf absehen und damit auch steuern zu können; ein Großteil an Erwartungssicherheit ist damit in das Alltagsgeschehen eingeflochten. Wenn Jungen und pädophile Männer zusammenkommen, spielt oftmals auch die Erledigung der Schularbeiten eine Rolle.

"Schularbeiten, mein ganzer Stolz. Ich hab' ihn, auf Mathematik, in der Realschule, und das ist so toll, als wenn das mein Sohn ist. Wir machen hier nicht einbleuen, machen wir auch nicht. Das machen wir nach Lust und Tollerei, und denn bringt er seinen Kram mit, und dann üben wir ein bißchen, und dann freut er sich mit mir".
(Rudolf: 18/455-462).

Auch in diesen Alltagsbegegnungen scheint ein Stück Normalität erreicht worden zu sein. Die offensichtlich verbesserten mathematischen Leistungen beruhen ja nicht auf "Einbleuen", sondern entspringen einem regelmäßigen Kontakt mit dem Mann, wobei dann nach Maßgabe des Lustprinzips ein bißchen geübt wird. Die schulischen Verbesserungen werden auf das Zuvorkommenheitsritual, dem Jungen behilflich zu sein, zurückgeführt. Beiderseits wird der Erfolg durch die gemeinsame Freude darüber ratifiziert. Dies scheint die Beziehung außerdem zu stabilisieren; der Lernerfolg wirkt gemeinschaftsbildend. Mann und Junge finden sich in einem bestätigenden Austausch wieder.

Freizeitprojekte
Um die Kontinuität und Stabilität einer Beziehung sicherzustellen, sind gemeinsame Bezugspunkte im Alltagsleben relevant. Im primären Rahmen erzählen einige pädophile Männer von bestimmten Freizeitprojekten, die Mann und Junge mit großem Einsatz und großer Ernsthaftigkeit betreiben.

"Ja, wir haben zum Beispiel auch zusammen die Imkerei aufgebaut. Und das hat ihm auch viel Spaß gemacht. Das war, ich hab' das ja auch ganz neu angefangen ohne (-), ohne Vorkenntnisse, meistens macht ja jemand nur Imker, wenn er's vom Vater her übernommen hatte, und er hatte da sehr viel Energie. Also wenn ich das Hand, (-) das Handtuch werfen wollte, und es wird mir zu viel oder so, und dann hat er mich sogar noch angetrieben, beziehungsweise wenn er gestochen worden ist oder so, das hat ihm schon arg weh getan, aber da hat er dann doch nicht locker gelassen, das hat er so, so Sachen haben wir halt viel zusammen gemacht" (Daniel: 8/529-539).

Der Aufbau der Imkerei bietet nicht nur Projektionsflächen für ein ausgefallenes Freizeiterlebnis, sondern erlaubt die rekursive Bezugnahme auf ein gemeinsam erlebtes Betätigungsfeld. Dadurch, daß sich Mann und Junge etwas "aufgebaut" haben, können sie sich auf eine gemeinsame 'Geschichte' beziehen. Daß ein derartiges Freizeitprojekt gemeinschafts- und stabilitätsbindende Wirkungen hat, ist daran abzulesen, daß bei potentiellen Schwierigkeiten des Projektes "nicht locker gelassen" wird. Ebenfalls als beziehungsstiftend ist wohl die gemeinsame Ausgangsbasis des Projektes anzusehen. Mann und Junge haben "ganz neu angefangen, ohne Vorkenntnisse". Die Schaffung eines gemeinsamen Bezugspunktes fungiert hier als Aufrechterhaltungsritual; es kann zur Zelebrierung und Belebung der Beziehung immer wieder eingesetzt werden. Die mit diesem primären Deutungsrahmen versehene Kontinuitätsabfolge überführt ungewisse Erwartungen in relative Erwartungssicherheit, wie die Alltagszusammenkünfte zwischen Mann und Junge verlaufen.
Ein anderer Befragter berichtet von dem Aufbau einer Handwerks -Werkstatt.

"Was haben wir gemacht? Also, ich habe da eine Riesenwerkstatt mit unheimlich viel Werkzeug. Die haben wir also noch zusammen weiter ausgebaut mit Profi-Maschinen zum Teil, zwar alles alte Profi-Maschinen. Also ich habe eine Drehbank von 1900 mit Riemenvorgelege, und er hat eine alte Hobelmaschine, Wandsäge, Kreissäge, Fräse, und auch modernes Handwerkzeug hatten wir natürlich auch, haben wir zusammen Flohmarkt gemacht und immer selbst so meist Handwerkssachen gekauft und technische Sachen. Und wir haben auch sehr viel gebaut, was andere so mit dem Modellspielzeug machen, das haben wir mit großen brauchbaren Dingern gemacht, eine Werkstatt gebaut, ein großes Dach gebaut. Das kommt ja noch dazu. Das ist unten im Hochhaus, da kam also immer wieder ein Hochwasser und hat uns immer zurückgeworfen, hat es uns also alle zwei Jahre wieder restaurieren lassen, reparieren und so weiter. Richtige Sisyphusarbeit, ein großes Grundstück, das in Ordnung gehalten werden mußte mit Pflanzen und Blättern, fegen im Herbst, wochenlang, und dann mit Maschinen, Traktorhammer, paar Hänger dazu und alles Mögliche dazu" (Karl: 6/371-393).

Auch in dieser Erzählung wird die gemeinschaftsbildende und stabilitätssichernde Wirkung eines Freizeitprojektes deutlich. Nicht nur, aber vor allem auch die durch das Hochwasser immer notwendige Restauration bindet das Paar über längere Zeit zusammen. Durch die gemeinsam geteilte Erlebniswelt eines Werkstattbetriebes können sich Mann und Junge stets gegenseitig signalisieren, daß sie einander 'ähnlich' sind und etwas Gemeinsames teilen. Dadurch gewinnt die Beziehung an Homogenität und Kontinuität. Auch in diesem Fall fungiert das Freizeitprojekt als Aufrechterhaltungsritual einer Freundschaftsbeziehung. Beide Beteiligten fühlen sich offenkundig in ihren Alltagsbegegnungen in einem bestätigenden Austausch vereint.

Tagesablauf
Viele pädophile Männer beschreiben ihre Begegnungen mit einem Jungen als sehr vertraut. Oftmals prägt ein routinierter Ablauf die Zusammenkunft. Gewohnheiten geben den primären Deutungsrahmen vor. Da man sich schon länger kennt, weiß man, wie der Alltag verläuft. Nicht immer unbedingt Neues, sondern Bewährtes bestimmt die Freizeitaktivität zwischen Mann und Junge.

"Unser Alltag ist (lacht), er kommt sehr oft hierher, zum Computerspielen. Das ist eigentlich das Allererste. Dann muß ich ihn erstmal zwingen, seine Hausaufgaben zu machen. Die macht er dann auch, entweder hier in der Hausaufgabenbetreuung, bei mir oder zu Hause bei der Mutter, also eins von den dreien. Und ja gut, dann setzen wir uns an den Computer, wenn schlechtes Wetter ist gleich, oder wir gehen auch raus, Tischtennis spielen, Fußball spielen oder halt nur einfach spazierengehen oder so, in die Stadt reingehen, ein bißchen spazieren, Läden angucken oder sonst irgendwas, Spielzeug angucken" (Thomas: 6-7/394-406).

Der Alltag ist in dieser Erzählung in ein Verlaufsprogramm von Aktivitäten eingebettet. Zunächst geht es um die Abwicklung der "Hausaufgaben" und anschließend um Freizeitbeschäftigungen. Das Insistieren auf Erledigung der Schularbeiten deutet eine Beziehung an, die von Verantwortungsgefühlen des Mannes getragen ist. Nicht nur der gemeinsame Freizeitspaß gilt als wichtig, auch auf Verpflichtungen wird in dem Beisammensein geachtet. In der Freizeit hat das "Computerspielen" offensichtlich eine herausragende Bedeutung, denn "das ist eigentlich das Allererste", weshalb der Junge zu ihm kommt. Da er "sehr oft" bei dem Mann ist, kann die Anwesenheit und das Verweilen des Jungen aus Sicht des Befragten als Indikator für eine Zustimmung der Begegnung gewertet werden. Dies bringt er zwar nicht verbal zum Ausdruck, aber das Lachen kann als eine bestätigende Ratifizierung dieser Freundschaft interpretiert werden.

2. Modulationen

Viele Alltagsbegegnungen zwischen Mann und Junge sind in einem modulativen Rahmen verankert. Haben im primären Rahmen die Alltagsbeschäftigungen einen eher ernsthaften Anstrich, werden Verschlüsselungen hauptsächlich dazu verwandt, um ihnen eine heitere Note zu geben. In den Zusammenkünften stehen überwiegend Spaß und Spiel im Mittelpunkt. Verschlüsselungen sind beispielsweise in witzigen und phantasievollen Gesprächen zwischen Mann und Junge anzutreffen, ferner in ihren Rollenspielen und aufregenden 'Happenings', wie sie sagen, wo man ein wenig verrückt sein darf. Auch spannende und abenteuerliche Lernerfahrungen sind in einen modulativen Rahmen eingebettet, seien es die berichteten Treffen und Fahrten der bündischen Szene, Entdeckungsausflüge oder das Autofahren, das Jungen nach Aussagen der befragten Männer so gerne lernen wollen.

Phantasiegespräche

Während im primären Rahmen Gespräche auf einem ernsthaften, mitunter problembehafteten Hintergrund beruhen, wird nun der ernsthafte Kern und Charakter eines Gesprächs in einen spaßigen Vorgang gerückt. Es geht etwas anderes als das Gewöhnliche vor sich. Fragen des Jungen werden zwar für ernstgenommen, geantwortet wird aber, um der Begegnung einen stabilen, von Leichtigkeit und Vergnügen getragenen Rahmen zu geben und um Spannungsmomente in das Gespräch einzuflechten, phantasiebetont.

> "Und mit dem kann ich stundenlang zusammensitzen und über irgendwelche völligen Belanglosigkeiten reden. Weder ihm noch mir wird das langweilig, verstehst du, über irgendeinen Quatsch. Er fragt mich, wie ich früher war, als ich so alt war wie er oder was ich da gemacht hab' usw. Und dann fällt mir meistens nichts ein, dann erfind' ich irgendwas, und er fragt dann zehnmal hintereinander die gleiche Frage, und ich versuch' dann immer irgendwas zusammenzubasteln aber selbst wenn das zusammenhanglos wird, und das wird ihm nicht langweilig, und mir wird's auch nicht langweilig, dadurch daß da so'n intensiver Signalaustausch da ist sozusagen" (Oliver: 12/120-133).

Von dem Gewöhnlichen eines primären Rahmens, den "Belanglosigkeiten" eines Gesprächs, wie es der Befragte nennt, geht für den Erwachsenen offenbar ein großer Reiz aus. Gespräche sind gerade nicht nebensächlich, trivial oder unbedeutend, sondern geben der Zusammenkunft eine gewisse Bedeutung, Außergewöhnlichkeit und Einzigartigkeit, denn das Belanglose stiftet erst die situationstragende Leichtigkeit fürs modulative "Quatsch"-machen-Können. Der Befragte knüpft an eine belanglose Gesprächssituation an, baut sie durch Transformationen aus und treibt so die Interaktion voran. Zwar reagiert er auf Interessebekundungen des Jungen, was er im Jugendalter gemacht habe, in der Darstellung zunächst verlegen, bricht aber nicht aus dem Rahmen und ist in der Lage, durch ein Phantasiespiel eine Geschichte zu konstruieren. In der Interaktion findet also ein Wechsel ins Spielerische statt. Das spielerische So-Tun-als-ob-Modul trägt die Zusammenkunft, in der das Miteinanderreden im Mittelpunkt steht.

Bezeichnend für die Tragfähigkeit des modulativen Gesprächs ist, daß "selbst wenn das zusammenhanglos wird", keine Langeweile auftritt und das Phantasiespiel seinen Sinnzusammenhang behält. Beide befinden sich dadurch in einem bestätigenden oder, wie der Befragte sagt, "intensiven Signalaustausch".

Rollenspiele
Einige Befragte berichten davon, wie sie, im alltäglichen Zusammensein mit den Jungen, Menschen in den verschiedensten Situationen in Form eines Rollenspiels darstellen.

> "Ja, mit der Eisenbahn, eine Reiseankunft am Bahnhof und der Zugabfertiger sagt: 'Da und da angekommen und bitte beeilen beim Aussteigen', und 'ach Gott, wo habe ich mein Gepäck?' Eine alte Dame: 'Ach, können Sie mir mal helfen?' Kommt jemand an, ein kleines Kind: 'Kommen Sie mal, kann ich Ihnen das tragen?' Und die verschiedensten Personen, und gerade auf dem Bahnhof kann sehr viel los sein, unterschiedliche Sachen, das dann auch richtig durchzuspielen, ja, ist eine der Möglichkeiten" (Kurt: 5/304-313).

Auffällig an dieser spielerisch angelegten So-Tun-als-ob-Modulation ist, daß sie Optionen für verschiedene Spielrichtungen und -verläufe offenhält ("Gerade auf dem Bahnhof kann sehr viel los sein"). Der Befragte sichert damit einen Spielverlauf ab, in dem größtmögliche Flexibilität gegeben ist. Gerade die Breite dieses spielerischen Rahmens verschafft der Begegnung Erwartungssicherheit, da man auf verschiedene Möglichkeiten ausweichen kann und nicht in Gefahr gerät, sich in einem zu eng vorgegebenen Rahmen spielend festzufahren. Das Modul gewährt hier, wie in dem dargestellten Phantasiegespräch, fortwährend Anknüpfungsmöglichkeiten für einen kontinuierlichen Interaktionsablauf. Die soziale Situation des Spiels selbst, die räumliche Umgebung eines Bahnhofs, und der soziale Anlaß, das Ereignis eines ankommenden Zuges, bieten Chancen, den Engagementverlauf in die Bandbreite der verschiedensten bestätigenden Rituale einzubetten: Interessierte Fragen, höfliche Auskünfte und Angebote, Beruhigungskundgaben usw. sind möglich; gespielt werden eigentlich bestätigende Zuvorkommenheitsrituale, die im Ton auf das Ethos eines gewählten sozialen Anlasses abgestimmt sind. Auf seiten des pädophilen Mannes ist dazu ein beträchtliches Ausmaß an Rollendistanz aufzubringen; er ist in der Lage, ein kindliches Selbst zu produzieren und sich damit auf eine Ebene mit dem Jungen zu bewegen, wie er im folgenden auch erläutert.

> "Ja oder man guckt sich an und der Blick, jeder weiß von dem anderen, man kennt sich dann. Das ist eine sehr intensive Verbindung, die manchmal auch nur in einem Blick dann liegt, wenn dann so ein Blick zurückkommt, so nach dem Motto: 'Was hast du dir denn da wieder einfallen lassen?' Oder irgend so was" (Kurt: 5/338-344).

Durch die "intensive Verbindung", wie der Befragte sagt, aber vor allem "in einem Blick" kommt zum Ausdruck, daß beide Spielpartner von ihrem Tun gefangengenommen sind und sich dem Hauptengagement vollkommen hingeben können. Dieser Zustand wirkt gemeinschaftsbildend, "man kennt sich dann". Beiderseits ratifizieren sie so ihre Handlungen. Offensichtlich ist der bestätigende Austausch auf seiten des Jungen auch von Sympathiebekundungen getragen, denn sein Blick signalisiert augenscheinlich Spaß am Spiel, wenn er zum Ausdruck bringt, "was hast du dir denn da wieder einfallen lassen?" Es gibt in den Alltagsbeschreibungen von pädophilen Männern dargestellte Rollenspielmodulationen, wo dem So-Tun-als-ob-Rahmen noch weitere Schichten hinzugefügt werden. Man kann etwa spielen, wie man einen Wettkampf spielt, und Dieses Modul noch mit der dokumentarischen Rahmung einer Sonderausführung versehen, wie es das im folgenden erläuterte Computerspiel veranschaulicht.

> "Alle möglichen, also wie gesagt, am liebsten so diese Rollenspiele, diese Fantasy-Rollenspiele. Nicht, da gibt's enorme viele (lacht), da gibt's enorm viele, wo man mit so einer ganzen Party, das sind fünf oder sechs Leute, muß man da halt durch so eine Phantasiewelt laufen und dann zaubern und kämpfen gegen Monster und so, aber auch nicht berühmt, das ist also, es gibt immer größere.
> F: Das macht er gerne.
> Das macht er sehr gerne, ja.

F: Wie ist es dir dabei, also bist du dann eher erheitert oder so, weil er
Freude hat oder macht's dir selber Spaß?
Es macht mir auch unheimlich Spaß, ja, ja. ich bin auch extremer
Computerfan, ja, ja, doch. Und es ist also unser, kann man sagen, unser
gemeinsames Hobby. Also da sind wir beide sehr begeistert, also er
spielt auch unheimlich gern. Hier in der Nähe gibt's auch einen Com-
puterladen, wo man sich Spiele ausleihen kann, und pro Woche leihen
wir uns also ein Spiel mindestens aus und spielens dann"
(Thomas: 7/413-441).

In dem "Fantasy-Rollenspiel", als Dokumentation aufgezeichnet und
über dem Computer jederzeit abrufbar, können die Beteiligten so tun,
als ob man "zaubern" oder "kämpfen" würde. Das Geschehen setzt
sich also aus mehreren Rahmungsschichten zusammen. Charakteristisch für dieses Spiel ist, daß ein Handlungsverlauf, der als Vorbild
herangezogen wird, weder genau eingehalten noch vollständig ausgeführt werden muß. Auf diese Weise kann eine "Phantasiewelt" geschaffen werden, in der dem ursprünglichen Vorbild andere und neue
Sinnzusammenhänge hinzugefügt werden. Diese Art des Spiels ver-
bindet Mann und Junge in ihrem Alltag; es ist, wie der Befragte sagt,
ihr "gemeinsames Hobby". Das Computerspiel, das "beide sehr begeistert", stellt anscheinend auch immer wieder den sozialen Anlaß her,
der die Beziehung aufrechterhält. Pro Woche wird ein Spiel ausgelie-
hen. Über diese zur Gewohnheit gewordene Regelmäßigkeit gewinnt
die Begegnung an Erwartungssicherheit. Das routinierte Spielmodul
bindet das Paar in einen bestätigenden Austausch zusammen.

Happenings
Manche Befragte heben in ihren Erzählungen über den gemeinsamen
Alltag außergewöhnliche Ereignisse und Begebenheiten hervor. Auch
diese sind von dem Spielmodul des So-Tun-als-ob getragen und in
einen sozialen Anlaß eingebunden. Das Besondere des spielerischen
Happenings liegt darin, daß vor allem die Expansivität von Handlungen herausgestellt wird.

"Da haben wir erst noch eingekauft, so eine Art Picknick und dann
haben wir genau, dann hat er eingekauft. Und da hat er auch ziemlich

Schrott gekauft, (lacht) Chips und so'n ganzen Kram. Und irgendwie, wenn wir dann an dem See waren und angefangen hatten zu essen, und dann hat es halt doch nicht so geschmeckt, und, und dann hat er so eine Kreation gemacht. Hat er auf so einem Stein angerichtet, da die Chips und Joghurt und so alles zusammengekippt und danach Cola drüber geschüttet, und das war dann, ich weiß nicht, wie's hieß, irgendsoein Gericht, das er dann MacDonalds anbieten kann als Weltverkaufsschlager, und das haben wir dann versenkt und all so was. Richtig so Sachen auch gemacht, die ich ja eigentlich auch nicht mache, so Lebensmittel verschwenden und so, na ja gut, Umweltverschmutzung in dem Sinn war es nicht aber, ja so Sachen haben wir halt zusammen gemacht, happening-mäßig" (Daniel: 12-13/109-123).

In der Erzählung wird der soziale Anlaß des "Picknicks" in ein So-Tun-als-ob-Modul überführt, in dem die Speisen, die ursprünglich für das Picknick bestimmt waren, für einen anderen Zweck verwandt werden. Die Ernsthaftigkeit eines Vorhabens wird umgewandelt in ein spaßiges Spiel. Die Speisen, die im primären Rahmen noch einen bestimmten Bedeutungszusammenhang erfüllt haben ("Picknick"), werden in etwas transformiert, das dem primären Rahmen nachgebildet ist ("Kreation"), von den Beteiligten nun aber als etwas anderes gesehen werden kann, nämlich als "Weltverkaufsschlager", den man dann "versenkt". Das, was in der Interaktion erst vor sich geht, ist nun neu bestimmt worden; aus dem "Picknick" wurde ein "Happening". Die ursprüngliche Bedeutung hat aber nicht nur eine neue Rahmung erfahren; außerdem die neue Bedeutung in ihrer Expansivität unterstrichen. Der Befragte hebt deutlich das Procedere des "Happening-mäßigen" hervor: Das Ganze wurde dann "angerichtet", "zusammengekippt", "geschüttet", "angeboten" und "versenkt", wie er sagt.

Ein anderer Befragter berichtet ebenfalls von einem primären Rahmen, der durch modulative Expansion in einem neuen Licht erscheint.

"Also, ja da fällt mir beispielsweise noch eine Sache ein, was, was ich mal mit Jungens da gemacht hab', auch welche, die bei uns, bei mir in der Nachbarschaft wohnten. Ja, wir haben uns irgendwann mal zur Karnevalszeit mal irgendwo getroffen, zufällig, und dann wollten sie unbedingt feiern, ja. Und wie gesagt, damals hab' ich noch immer bei meinen Alten gewohnt. Ja, dann tauchten die dann mal irgendwann mal da auf, brachten Blumen und Kerzen oder Teelichter oder so was, die sie aus der Kirche geklaut hatten. Ich hab' mich bepißt vor Lachen. Flasche Wein und all so Klamotten. Ja, und dann haben wir Party gefeiert (lacht). Rolladen runter, schön dunkel (lacht). Na ja, und das ging dann so drei Tage hintereinander und zwischendurch allen möglichen Scheiß gemacht, rumgebalgt da oder irgendwann kamen sie denn auf die Idee, die hatten irgendso'ne Seite aus der Bildzeitung mitgebracht, wo die ganzen Erotikangebote stehen, haben sie dann paar, paar von den Frauen da angerufen und Termine (lacht) ausgemacht und so ne Klamotten, ich hab' mir natürlich einen gegeiert" (Dirk: 14/221-243).

Auch in dieser Erzählung wird aus einem gewöhnlichen sozialen Anlaß eines primären Deutungsschemas (hier eine Party) ein außergewöhnliches Geschehen, das sich in seiner Expansivität zu steigern scheint. Offensichtlich geht für den Befragten etwas anderes vor sich, als er von einer gewöhnlichen Party erwartet, denn für ihn wird die Zusammenkunft zu einer Angelegenheit, bei der er sich "bepißt vor Lachen" und "sich einen gegeiert" hat, vor allem, als die Jungen so tun, als ob sie auf ein Erotikangebot einer Zeitungsannonce reagieren. Hierin ist auch die Expansivität einer ausgelassenen Stimmung zu sehen, die das außergewöhnliche Spiel ermöglicht.

Gruppentreffen und -fahrten

Andere pädophile Männer rahmen ihre Alltagsbegegnungen mit Jungen im Modul einer mit Lernerfahrungen angereicherten Erlebniswelt, wie sie beispielsweise bei Gruppenzusammenkünften und Gruppenfahrten der bündischen Jugend anzutreffen sind, von denen das folgende Beispiel erzählt.

"Beginnt, ja, beginnt erstmal, wir stellen uns im Kreis, singen ein Lied, wir sprechen kurz, wo wir hingehen, gehen dann meistens raus, entweder irgendwie in einen Park, um dort ein bißchen uns auszutoben, zu spielen oder mal zum Kletterbaum oder mal zu den Befestigungsanlagen einer Bastion. Dann kommen wir wieder hierher, und es gibt so ein paar Bausteine, von denen immer mehrere in einer Gruppenstunde stattfinden. Nicht alle aber mehrere Bausteine, etwa wie Basteln, machen wir uns mal so Trinkgefäße aus Bambus, wie dahinten welche stehen, oder wir lernen und singen Lieder, ja, diskutieren über irgendeine aktuelle Sache, sei es jetzt Golfkrieg oder sei es vielleicht auch mal die Frage von sexuellen Rollen. Wir beschäftigen uns dann mit praktischen Kenntnissen, was man als Pfadfinder braucht, angefangen vom klassischen Knoten bis hin zu ökologisch bewußtem Verhalten in der Natur. (-) Dann beschäftigen wir uns auch mit kulturellen Themen, ja da gibt es am Ende jeder Hortenrunde einen gemütlicheren Teil, wo wir sitzen, gemeinsam Abendessen, da bringt jedesmal jeder der Jungen etwas mit als kleinen Beitrag zum Essen. Muß ich meistens den größeren Teil beisteuern, aber das macht nichts. Wir essen gemeinsam und erzählen dabei. Ich lese was vor, planen unsere nächsten Fahrten. Das geht dann meistens so von etwa fünf Uhr nachmittags bis etwa acht, halb neun" (Armin:11/709-23).

Die Zusammenkünfte zwischen dem Mann und den Jungen sind in dieser Erzählung in einen zeremoniellen Rahmen eingekleidet. Es gibt für die Hortenrunde deutliche zeitliche Hinweise, auf deren Wirkungsbereich das Spiel beschränkt sein soll. Die zeremoniellen Klammern rahmen Anfang und Ende der Begegnung; eingangs steht das Singspiel auf dem Plan, den Abschluß bildet der gemütliche Teil mit einem gemeinsamen Abendessen. Ferner gibt es zwischendurch immer deutliche Hinweise, die Thema und Ort anzeigen, sich die Aktivitäten erstrekken sollen, seien es die Bewegungsspiele außerhalb der Wohnung oder die sogenannten "Bausteine", wie zum Beispiel das Basteln, die Diskussionen, die praktischen Kenntnisse, die erworben werden, oder die kulturellen Themen, die einen Gesprächsgegenstand darstellen. Die Strukturierung durch den zeremoniellen Rahmen erlaubt dem Befragten, den Zusammenkünften mit hoher Erwartungssicherheit entgegenzugehen, denn der Engagementverlauf ist durch die zeitlichen, örtlichen und thematischen Klammern weitgehend festgelegt. Ferner sind die Aktivitäten auf das Ethos der Zusammenkunft einer bündischen Jugendgruppe abgestimmt. Damit ist ein gewisses Maß an anlaßgemäßer Stimmung und Betätigung vorgezeichnet; die Erlebniswelt der Zusammenkünfte vermittelt den Jungen vielfältige

Lernerfahrungen, sei es bei den Gruppenstunden oder auf den Fahrten, die der Befragte andeutet. Ebenso wie in diesem Interview berichten andere pädophile Männer außerhalb der bündischen Szene von erlebnisträchtigen Lernerfahrungen, die dem Jungen im gemeinsamen Alltag geboten werden. Dazu zählen zum Beispiel Ausflüge, die mit vielfältigen Entdeckungsmöglichkeiten verbunden sind.

Entdeckungsausflüge
Im Alltag pädophiler Begegnungen stehen Ausflüge an der Tagesordnung. Voraussetzung für einen gelungenen Ausflug ist es allerdings, daß er genug Raum und Möglichkeiten für spielerische Entdeckungen und Betätigungen bietet, wie das folgende Beispiel der Besichtigung eines Bergbaumuseums zeigt.

"Und dann hat es von 9 bis 13 Uhr auf. Und dann guckt der natürlich in den vollen Korb, wieviel Leute da runter und wieviel da wieder rauskommen, ja und zwar das war
F: Zwei fehlten.
Es haben immer zwei gefehlt. Und zwar vier Stunden lang. Das konnte er sich also gar nicht vorstellen. Und auf jeden Fall kam irgendwann da so ein Wächter rum und sagte: 'Ja, sagen sie mal, was machen sie denn hier unten?' Das konnte er sich also gar nicht vorstellen. Ja, wir haben alles angeguckt. Also, das war von. Daß er in dem Baumaschinensaal, in diesen Bohrern und er hat, also Kohle haben wir nachher noch einen ganzen Sack voll mit hochgenommen, haben wir Kohle gepickt, also, manche Leute haben gedacht, wir sind beknackt. Und dann vor allen Dingen, in die engsten Flöze sind wir rein. Wir sahen also echt aus, also, ich hatte eine hellblaue Hose an, ja, und wir sahen dann aus wie die Schweine. Aber, das war sowas von toll, ja, ja, das war sowas von toll, auf den Förderbändern rumgekrabbelt. War dann alles abgesperrt mit Seil, wo du nicht gehen durftest. Nee, also er sagte: 'Was hilft mir das, ich muß sehen, wie'n Förderband von innen aussieht'. Ja, dann Sprenglöcher. Da haben wir dann nachgeguckt, ob die auch richtig tief sind. Na, und das heißt, mit Stöcken, ob die auch richtig, die, die nicht nur zur Zierde.
F: Das macht dir jetzt genauso einen Spaß wie ihm.

136

Das hat mir genauso einen Spaß gemacht. Vor allen Dingen, ich hab'
dann auch.
F: Aber ohne ihn hättest es du aber nicht gemacht.
Nee, nee, das ist es ja. Das sind also Sachen, die ich mit ihm erlebe
praktisch, was, die ich auch dann erlebe, die ich als Kind also auch
nicht gemacht habe. Ich war auch noch nie in meinem Leben vorher im
Bergwerk drinnen, ja? Und wir haben jetzt demnächst vor, ein Salz-
bergwerk zu besuchen, Salzgitter, irgendwo wollen wir hinfahren. Ich
muß mich noch erkunden, wo das ist, wann die Öffnungszeiten haben.
F: Weil das auch so toll war.
Weil das einfach so toll war. Das war auch vor allen Dingen ein tolles
Erlebnis. Vor allen Dingen, also, er hat dann Kohle mit rausgeschleppt.
Wir haben dann also im Fahrstuhl. Es hätte nur noch gefehlt, daß wir
einen Bohrer mitnehmen. Die Bohrköpfe vorn angeguckt. Da lag dann
ein Regal, haben wir irgendwo gefunden, und zwar, als das schon auf
dem Weg abwärts war vom Museumsweg eigentlich, haben wir irgendwo ein Regal gefunden. Da lagen dann die ganzen Bohrköpfe,
Diamantbohrer und runde und viereckige Köpfe. Haben wir dann
natürlich alles besichtigt und angeguckt. Und er hat dann den Bohrer
genommen und dann auch mal gedreht, was passiert, wenn man den
jetzt wieder andreht. Und alles so Sachen haben wir gemacht. Wir
haben also Bergwerk richtig erlebt den Tag" (Manfred: 42-44/168-252).

Die Demonstrationsmodule, wie sie das Museum vorgibt, werden von
dem Jungen und teilweise auch von dem Mann nicht nur, wie es
üblicherweise bei Besuchern zu erwarten ist, lediglich besichtigt,
sondern auch in einen einübenden Erlebniszusammenhang gestellt.
Bei einem abgespannten Förderband zum Beispiel muß der Junge
nach Darstellung des Befragten darauf "rumkrabbeln" und sehen, "wie
ein Förderband von innen aussieht" oder Sprenglöcher werden von
ihnen dahingehend überprüft, "ob die auch richtig" und "nicht nur zur
Zierde" sind. Versuche und Proben sind hier unter Bedingungen
möglich, in denen der wirkliche Kontakt mit der Welt ausgeschlossen
ist; die Ereignisse sind von ihren gewöhnlichen Zusammenhängen
und Folgen abgelöst. Dies macht die Erlebnisträchtigkeit dieser beschriebenen Museumswelt aus. Beide, Mann und Junge, haben offenkundig Spaß dabei, abzulesen daran, daß auch kleinere Regelverlet-

zungen des Jungen, wie das Förderbandbesteigen oder das Mitnehmen von Kohle, durch Orientierungskundgaben des Mannes korrigiert und durch Formen der Zustimmung in einen bestätigenden Austausch ratifiziert werden. Er ist selbst mit in die "engsten Flöze ... rein", so daß sie am Ende aussehen "wie die Schweine". Damit werden Sympathie und Interesse bekundet und dem Jungen Zuvorkommenheitsrituale entgegengebracht. Die kleineren Verbotsüberschreitungen bindet beide Beteiligten sogar noch in dramaturgischer Loyalität zusammen; sie müssen darüber klammheimlich Stillschweigen vereinbaren und stellen so eine geschlossene Gemeinschaft dar, die das "Bergwerk richtig erlebt" hat, wie der Befragte sagt, und das heißt nicht in dem Rahmen eines gewöhnlichen Museumsbesuchs, sondern 'verschlüsselt' in Form einer Entdeckungsreise, auf der vielfältige Lernerfahrungen zu machen sind.

Autofahren
Von ähnlich gelagerten aufregenden Lernerfahrungen, die dem Jungen geboten werden, berichten andere pädophile Männer, wenn es darum geht, daß der Junge Autofahren lernen will.

> "Autofahren lernen wollen sie natürlich, da kommt jeder auf den Klops. Der Jochen war da ganz wild drauf. Und da dachte ich, da hättest du dich niemals darauf einlassen dürfen, weil die dann kein Ende kriegen. Und ich kriegte dann ein glückliches Ende, weil ich den alten Käfer, der gab dann den Geist auf, und dann war Schluß damit. Da sagte ich: 'An den anderen kommst du nicht dran, der ist zu schwer', da bin ich hart geblieben" (Robin: 29/410-419).

> "Was natürlich faszinierend ist für jeden Jungen, wenn er etwas älter ist, wenn er vierzehn ist oder fünfzehn ist, daß man mal auf einen Verkehrsübungsplatz fährt und läßt den mal Autofahren. Also wenn ich mir heute überlege, welche Gefahr ich da eingegangen bin, obwohl es meistens etwas dunkel war und so weiter" (Mike: 18/493-501).

Die Möglichkeit, Autofahren zu lernen, bietet dem Jungen ein kleines Thrill-Erlebnis. Sie sind "ganz wild darauf" und es ist für sie "faszinierend", wie die Befragten sagen. Das Autofahren kommt einer Sonderausführung gleich; unter dem Schutz des Erwachsenen können die Jungen eine Erfahrung machen, die ihnen in ihrem Alter sonst verwehrt bleibt. Offenkundig ist es ein wenig schwierig, die Erwartungssicherheit in diesem Übungsrahmen aufrechtzuerhalten, "weil die dann kein Ende kriegen" oder weil man sieht, "welche Gefahr" man "da eingegangen" ist. Die Bereitstellung des Übungsrahmens erfordert also von den Männer hohe dramaturgische Disziplin. Einerseits müssen sie von ihrer Handlung in Anspruch genommen sein, andererseits müssen sie so frei bleiben, situative Probleme bewältigen zu können. Da die Versuche und Proben nicht nur von ihren gewöhnlichen Zusammenhängen und Folgen abgelöst sind, sondern auch noch einer Altersgruppe zugebilligt werden, die von dieser Erfahrung normalerweise ausgeschlossen ist, wird mit der Gewährung des Übungsrahmens gleichzeitig ein Zuvorkommenheitsritual dargeboten. Das höfliche Angebot und die Erlaubnis werten den Status des Jungen auf; er wird in einen bestätigenden Austausch hineingenommen.

3. Rahmungsschwierigkeiten

Rahmungsschwierigkeiten ergeben sich in den Alltagsbegegnungen zwischen Mann und Junge, wenn es dem pädophilen Mann nicht gelingt, sich auf die Interessen des Jungen einzulassen. Dies zeigt sich zum einen daran, daß einigen Männern ihr Rollenverständnis zweifelhaft erscheint und sie keine Gewißheit erlangen, was ihnen das alltägliche Zusammensein mit dem Jungen wert ist. Hier stellt sich der pädophile Mann als verunsichert dar, ob er überhaupt den Alltag mit einem Jungen teilen will. Zum anderen entstehen Rahmungsschwierigkeiten, wenn den Männern situative Fehleinschätzungen hinsichtlich der Spielinteressen des Jungen unterlaufen. In diesem Fall mißlingt die Rahmeneinschätzung, was der Junge augenblicklich will, vorhat und was in der Interaktion vor sich geht. Schließlich können Schwierigkeiten auftreten, wenn Mann und Junge unterschiedliche Vorstellungen über verschiedene Freizeitinteressen äußern.

Die Kinderebene

Der Alltagsrahmen einer pädophilen Freundschaft gerät in Schwierigkeiten, wenn die Befragten in ihrem Glauben an ihre eigene Rolle hin-
und hergerissen sind. Einerseits macht der Alltag mit den Kindern
Spaß, andererseits ist man ihn bald leid, wie in der folgenden Erzählung deutlich wird.

> "Ja, also, es gibt Sachen, die mag ich einfach gerne so. Und da, und
> diese, auf die andere Ebene einlassen, auf diese Kinderebene, irgendwo
> macht es Spaß, irgendwo kann man es mitmachen, und dann ist es
> schön, aber mittlerweile bin ich halt auch an den Punkt angekommen,
> wo ich irgendwo ziemlich frustriert bin. Oft immer dieses auf die
> andere Ebene runterlassen oder hinlassen, wo ich einfach keine Lust zu
> habe. Ich gehe gerne in die Kneipe, und ich finde es unheimlich toll,
> wenn in einer Kneipe immer die Kinder wären, daß ich mit den zu-
> sammen einen saufen könnte, aber das gibt es ja nicht, also das, das ist,
> was mich daran so stört. Daß es eben einfach nicht möglich ist, so ein
> Alltagsleben (-) so zu gestalten (-). Ich habe keine Lust, auf irgendwel-
> chen Kinderspielplätzen rumzulaufen oder im Schwimmbad irgendwel-
> chen kleinen Kindern hinterherzulaufen oder sonst was. Das ist also
> eine Sache da, die könnte mir unheimlich stinken. Nicht nur, nicht nur
> wegen der Gefahr, die da irgendwie für mich dahinter steckt oder auch
> für das Kind dahinter steckt, sondern überhaupt die ganze Situation"
> (Christian: 4-5/341-364).

Der Befragte befindet sich in Rahmungsschwierigkeiten, weil er hinsichtlich seines Rollenverständnisses und seiner Rollendarstellung
Mehrdeutigkeiten zuläßt. Zwar bleibt seine Erwartungssicherheit, was
sich in einem gemeinsamen Alltag zwischen ihm und einem Jungen
ereignen könnte, nicht unklar; nur ist ihm dieser gemeinsame Alltag
"mittlerweile" ungewiß geworden. Bisher funktionsfähige Deutungsrahmen scheinen nicht länger geeignet zu sein. Er traut seiner Wirklichkeitsauffassung nicht mehr und zweifelt an den klar umrissenen
Möglichkeiten, welche (Alltags-)Rolle er an den Tag legen soll: eine,
bei der er sich auf eine "Kinderebene" einläßt, oder eine, die dem
Selbstverständnis eines Erwachsenen nahekommt. So wünscht er sich
andere soziale Situationen und soziale Anlässe, um mit Kindern

zusammenzukommen. "Kneipe", ein Ort der Erwachsenen, und "Kinderspielplatz" stehen hier in einem bildhaften Kontrast zueinander. Die wünschenswerten Situationen und Anlässe geben aber ein Engagement und eine emotionale Verfaßtheit vor, die der Kinderwelt nicht zu entsprechen scheinen und im "Saufen" Ausdruck finden. Der Befragte ist in seinem Glauben erschüttert, eine Kinderrolle 'mitspielen' zu können. Er kann seine pädophile Rolle nicht mehr voll erfassen, das heißt, er ist nicht mehr in der Lage, sich ganz in Begriffen eines (Rollen-)Leitbildes zu sehen. Zwar besteht wohl weiterhin die Qualifikation, ein solches Rollenverhalten darstellen zu können; zur Bindung an die Rolle und zum aktiven Einsatz hat er aber "einfach keine Lust" mehr. Die pädophile Rolle vermag ihn nicht mehr zu überzeugen. Eine Diskrepanz zwischen obligatorischem und spontanem Engagement tut sich auf. Spontan würde er sich viel lieber der Erwachsenenrolle zuwenden, in der Begegnung mit Kindern ist er aber auf kindliche Rollen verpflichtet. Er möchte nicht als zynischer Darsteller erscheinen, der in Gegenwart von Kindern eine Rolle spielt, sondern will ihnen aufrichtig entgegentreten; dies würde ihm aber ein kindliches Selbst abverlangen, wozu er, wie er immer wieder betont, "keine Lust" mehr hat. Durch diese Rahmungsschwierigkeit geht dem Befragten auch die Zielsicherheit verloren, wie er den Alltag in den Begegnungen zwischen Mann und Junge gestalten soll. Er ist sich in seiner dramaturgischen Darstellung unsicher geworden. Die szenische Komponente des Alltagsgeschehens "Kinderspielplatz" würde er viel lieber mit der einer "Kneipe" eintauschen. Der dargestellte Rollenzweifel besteht im übrigen nicht nur wegen der "Gefahren", die eine pädophile Präferenz mit sich bringt, weil ständig dramaturgische Disziplin und Sorgfalt nötig sind, sondern strahlt auf die "ganze Situation" seines Lebens aus.

Der richtige Spielverlauf
Während die Rahmungsschwierigkeiten in der soeben dargestellten Erzählung auf Identitätsprobleme zurückzuführen sind, berichten andere pädophile Männer von Schwierigkeiten, die sich aus Fehleinschätzungen eines Interaktionsverlaufs in der gemeinsamen Alltagsbegegnung mit einem Jungen ergeben.

"Also ich denke da an jemand, der eigentlich immer nur selber bestimmen wollte, wie das Spiel geht, und das Spiel nahm also immer schnell
eine Richtung in Richtung chaotische Unfälle und so was. Und das hat
mir dann weniger Spaß gemacht. Und ich habe auch gemerkt, daß
meine Vorstellungen einfach deswegen bei ihm nicht ankamen, weil es
meine Vorstellungen waren und nicht seine. Da kann dann Spannung
entstehen, die entsteht dann auch. Und da das auch mein Freund war,
dann versuche ich die Spannungen aus der Situation herauszunehmen,
keine Spannungen zu erzeugen" (Kurt: 7/451-462).

Der Befragte unterstreicht seinen irrtümlichen Glauben an die richtige
Einschätzung einer Spielsituation: "Und ich habe auch gemerkt, daß
meine Vorstellungen einfach deswegen bei ihm nicht ankamen, weil
es meine Vorstellungen waren und nicht seine." Offensichtlich hat er
nicht ausreichend dramaturgische Disziplin wahren können und war
von seinen eigenen Handlungen so in Anspruch genommen, daß er
potentiell auftauchende Probleme erst einmal nicht wahrnam. Durch
diesen Zwischenfall geht zunächst ein Stück Erwartungssicherheit
verloren; es entsteht Interaktionsspannung. Er versucht, die irrtümli-
che Mißachtung der Vorstellungen des Jungen in einem korrektiven
Austausch aufzulösen. Der Befragte stellt fest, daß er sich in der
Begegnung in unangemessener Weise auf seine Belange konzentriert
hat und ist offenbar bestrebt, durch Rücksichtsbekundungen die
Regelverletzung aufzuheben, indem er sich bemüht, "Spannungen aus
der Situation herauszunehmen".

Verschiedene Interessen
Bestehen zwischen Mann und Junge unterschiedliche Interessen, ist es
oftmals schwer, die Aktivitäten in einem gemeinsamen Rahmen zu
verankern. Die Befragten berichten beispielsweise sehr häufig, daß die
Jungen Filme sehen wollen, für die sich die Männer überhaupt nicht
interessieren. Welche Wege gewählt werden, um mit derartigen Konflikten umzugehen, verdeutlichen die beiden Interviewpassagen.

"Ich sage unter Umständen schon, dann sage ich nicht, das darfst du
nicht sehen, sondern es tut mir leid, das schau' ich mir nicht an. Das
kannst du meinetwegen anschauen, wenn du lustig bist, aber so etwas

schaue ich mir nicht an. Das interessiert mich nicht aber wenn jetzt ein Zombie-Film daherkäme, ja, es gibt wirklich Grenzen, wo ich sage, nee, tut mir leid, das schaue ich mir nicht an" (Stefan: 5/322-330).

"Ich mach' dann so Sachen, wenn wir ins Kino gehen, dann immer einmal bestimme ich, einmal er, weil sonst, ich bin also auch nicht bereit, mir nun ununterbrochen solche Horrorfilme anzugucken. Sag' mal, also paß auf: einmal komm' ich mit dir und dann aber einmal kommst du mit mir" (Herbert: 24-25/343-349).

Offenkundig bleiben die Männer weitgehend ihren Prinzipien treu, die einen kompromißlos, die anderen auf eher moderater Ebene. Sie wollen sich aufrichtig gegenüber dem Jungen darstellen. Anscheinend gibt es auch deutliche Grenzen, inwieweit man sich auf die Interessen eines Jungen einläßt, was aber nicht heißt, daß den Kindern ihre Wünsche abgesprochen werden ("Das kannst du meinetwegen anschauen"). Der Rahmungsschwierigkeit begegnen die Befragten, indem Vermeidungsrituale angewandt werden, die eine deutliche Distanz zum Ausdruck bringen ("So etwas schaue ich mir nicht an"), oder indem versucht wird, Zwischenfälle durch Absprachen zu minimieren ("Einmal komm ich mit dir und dann aber einmal kommst du mit mir"). Offenbar brechen aber trotz der Schwierigkeiten und Unterschiede die Alltagsinteraktionen nicht ab, da keine allzu hohen Erwartungen an gemeinsame Interessen aufgebaut werden. Es muß nicht immer unbedingt Ähnlichkeit hergestellt werden, vielmehr gibt es Bereiche, wo die Unterschiede einfach toleriert werden, bzw. gibt es noch genug gemeinsame Bezugspunkte ihres Alltags.

4. Rahmungsbrüche

Selten treten in den Alltagszusammenkünften zwischen Mann und Junge Rahmungsbrüche auf. Offenkundig sind die Befragten in der Lage, ihre Begegnungen so zu arrangieren, daß für Aktivitäten zumeist ein passender Rahmen gefunden werden kann. Von den wenigen auszumachenden Fehlrahmungen sind hauptsächlich die spielerischen Ereignisse betroffen, zu denen der pädophile Mann keinen oder nur einen gebrochenen Zugang findet.

Nicht im Spiel
Rahmenbrüche im Alltagsgeschehen zwischen Mann und Junge zeichnen sich dadurch aus, daß keine zentrierten Interaktionen zustandegebracht werden können, sondern lediglich nicht-zentrierte Interaktionen. Während der Junge im Spiel ist, schaut der Mann ihm nur zu.

> F: Was machst du dann, spielst du mit?
> Nee, ich muß, ich werde immer, fange manchmal an zu lachen. 'Warum lachst du jetzt', (lacht) sagt er.
> F: Ja, warum?
> (lacht) Ja, weil ich das so drollig finde in dem Moment.
> F: Ja, was ist das Drollige, wenn der Junge jetzt mit den Autos.
> Ja, wenn er so intensiv beim Spielen ist und nicht darauf achtet dann, nicht darauf, und ich guck' dann mal zu, und dann muß ich manchmal darüber lachen. Wenn dann lache ich ihn nicht aus, sondern weil er so unheimlich gut spielen kann" (Klaus: 6-7/395-412).

Zwar sind Mann und Junge kopräsent, jedoch nicht in zentierter Organisationsform. Es wird kein gemeinsamer Handlungsrahmen geschaffen. Der soziale Anlaß für die Zusammenkunft führt zu unterschiedlichen Sinnsetzungen. Während der Junge sein Engagement auf das Spiel richtet, gelingt es dem Mann nicht mitzuspielen. Sein Engagement ist auf die Beobachtung des Jungen beschränkt. Er kann sich nicht auf das Spielereignis einstellen und ein gewisses Maß an anlaßgemäßer Stimmung und Betätigung erzeugen. Vielmehr hakt er aus, indem er durch sein Lachen zwar nicht Distanz zum Spiel, wohl aber zum Mitspielen zum Ausdruck bringt. Durch das Mitspielen wäre er vermutlich mit einer Rolle konfrontiert, von der er nicht überzeugt ist. Andererseits ist er durch die Beobachtung derart in Bann gezogen, daß sie allein schon 'Befremden' auslöst ("Weil ich das so drollig finde") und durch das Lachen zur Spannungsentladung gebracht werden muß.

Von einem ähnlichen Zwischenfall, der Verlegenheit auf seiten des Erwachsenen auslöst, berichtet ein anderer Befragter.

"Ja, was heißt gespielt, geguckt, ich sag' mal so, ich habe, ich habe eigentlich mehr geguckt aber ich hab's auch mal so, das war mir vielleicht ein bißchen zu peinlich gewesen. Ich weiß es nicht, was er dann gesagt hat, aber ich sag' mal, jedesmal, wenn ich mich damit beschäftigt habe, so irgendwie mit ihm was zusammenbauen oder so, weil ich habe dann teilweise schon, da hat er irgendwie so'n Raumschiff gebaut, und dann hat er so zu mir gesagt: 'Ja und du baust jetzt noch irgendwie so'ne Raumkapsel' oder so. Dann habe ich diese Raumkapsel gebaut. Und dann war dann dieses Gefühl so von früher natürlich schon ganz stark da. Aber ich hab' mich dann doch nicht getraut, so mit Motorengeräusch dann so. Da hätte er mich wahrscheinlich so'n bißchen, na ja (lacht) angeguckt. Ja, aber das war irgendwie schon echt eine unheimlich tolle Zeit so" (Fabian: 27/788-804).

Hier handelt es sich offensichtlich um einen Grenzfall. Einerseits ist der Befragte mit im Spiel ("Dann habe ich diese Raumkapsel gebaut"), andererseits stellt er heraus, daß er "eigentlich mehr geguckt" habe. Das Mitspielen ist von Schwierigkeiten begleitet: "Motorengeräusche" zu erzeugen sprenge den Rahmen dessen, was in einer Spielsituation möglich ist. Der Befragte versucht anhand von Rollendistanz, sich von der möglichen 'Befleckung' durch die Situation zu isolieren. Auch ihm gelingt es nicht, ein anlaßgemäßes Hauptengagement aufrechtzuerhalten und seine Aktivitäten im wahrsten Sinne des Wortes im Ton auf das Ethos des sozialen Anlasses abzustimmen. Dies ist ihm anscheinend zu "peinlich", er hat sich nicht "getraut" und hakt aus. Die abrupte Verlegenheitsreaktion führt der Befragte auf seine virtuelle Einnahme der Perspektive des Jungen zurück. Eine derart übertriebene Anpassung an eine Kinderrolle scheint ihm in den Augen des Jungen lächerlich. Offenkundig stört seine Verlegenheit nicht den Spielverlauf; für ihn selbst ergibt sich jedoch ein Rahmenbruch, weil ein dargestelltes Selbst mit einem anderen Selbst in Konfrontation gerät und nicht harmonisch verbunden werden kann. Der Glaube an die eigene Rolle hat Risse. Bindung, Qualifikation und Einsatz für ein spieladäquates Rollenhandeln sind zwar vorhanden, vermögen aber nicht umfassend zu überzeugen, so daß eine Diskrepanz zwischen obligatorischem und spontanem Engagement auftritt, die der Befragte zugunsten seines spontanen Empfindens löst, indem er sich aus dem Spiel bewegt.

Der Sexualitätsrahmen, seine Rituale und Dramaturgie

1. Primäre Rahmen

In einigen Erzählungen werden der Übergang zum sexuellen Geschehen und dieses selbst von den Befragten in einem primären Rahmen dargestellt. Zwar erleben sie die zunehmende Körperorientierung als markante Handlungssequenz, und auch die sexuelle Interaktion erfordert spezifische Verständigungsweisen zwischen Mann und Kind, doch im Gegensatz zu den komplexer gerahmten transformatorischen Darstellungen reicht hier ein primäres Deutungsschema aus, denn die Befragten sind sich ihres Vorgehens größtenteils sicher. In drei Situationen kommt der primäre Rahmen hauptsächlich zur Anwendung: Er wird eingesetzt bei Begegnungen, die auf längerfristige Beziehungen angelegt sind, wobei man allerdings im großen und ganzen schon Gewißheit über die sexuellen Bedürfnisse des Jungen erlangt hat und dadurch selbstsicher agieren kann, ferner in dauerhaften, bereits längere Zeit bestehende Beziehungen, in denen ein hohes Maß an Vertrauen aufgebaut worden ist, sowie in einmaligen, eher flüchtigen Sexualkontakten.

Sichere Begegnungen
Es gibt Begegnungen zwischen pädophilem Mann und Junge, die es dem Mann aufgrund bestimmter Umstände gestatten, hinsichtlich einer körperlichen Annäherung sicher agieren zu können.

> "Ja, (-) also spätestens, also spätestens dann an so einem gemeinsamen Wochenende beim Übernachten, na ja, wenn ein Junge ungehemmt ist, dann ist es für ihn, und wenn man auch schon mal baden war, dann kennt man sich gegenseitig, wie man aussieht, wenn man nichts anhat.

Da ist dann kein Befremden da. Und wenn ein Junge auch sexuell nicht verklemmt ist, und man liegt zusammen im Bett, man hat sich gern und man kuschelt, dann stellen sich ganz automatisch bei mir und dann auch bei dem Jungen, bei dieser Art von Jungen, die ich besonders mag, da ist es dann so, dann stellen sich ganz automatisch sexuelle Reaktionen ein. Das heißt, er ist genauso erregt wie ich auch. Und das ist ihm nicht unangenehm, wenn man sich gegenseitig da anfäßt, wo man tolle Gefühle hat, dann miteinander da spielt. Das kann gut sein, daß er die Intensität in dem Sinne noch nicht erlebt hat, aber ich habe die Erfahrung gemacht, daß die meisten Jungen, die ich kennengelernt habe, sehr wohl wissen, daß das Schwänzchen nicht nur zum Pullern da ist, sondern daß man sich da also sehr schöne Gefühle machen kann, bis es ganz toll kribbelt" (Kurt: 15-16/336-358).

Gelegenheiten für eine körperliche Annäherung und sexuelle Begegnung schafft offenbar zunächst einmal das gemeinsame Übernachten. Weiterhin scheint es von Vorteil zu sein, wenn man sich vorweg schon einmal unbekleidet gesehen und "Befremden" abgebaut hat. Ganz besonders wichtig ist es allerdings auch, Jungen kennenzulernen, die sexuell nicht "verklemmt" sind und "sehr wohl wissen, daß das Schwänzchen nicht nur zum Pullern da ist", wie der Befragte sagt. Verläuft die Zusammenkunft unter diesen erwartungsauslösenden Umständen, kann ein Deutungsrahmen angewandt werden, der das Geschehen in der Abfolge 'Zärtlichkeitsaustausch, sexuelle Erregung, sexuelle Praktik' beschreibt. In der Darstellung wird gewissermaßen eine Naturwüchsigkeit beschrieben. Sie ist, was primäre Rahmen eben charakterisiert, nicht auf vorhergehende, ursprüngliche Deutungen zurückführbar, sondern in einem "primär" und hier gewissermaßen "natürlichen Rahmen" verankert. Der Ereignisverlauf - und vor allem die darin enthaltenen körperlichen Reaktionen - werden mehr oder weniger als 'rein physikalisch' dargestellt: Durch das "Kuscheln ... stellen sich ganz automatisch sexuelle Reaktionen ein ..., wenn man sich gegenseitig da anfäßt, wo man tolle Gefühle hat ...".
Damit allerdings eine sexuelle Begegnung möglich wird, sind noch weitere Voraussetzungen abzuklären.

"Da wo ich schlafe, ist auch genug Platz, daß auch jemand anders schlafen kann. Und zusätzlich habe ich auch noch andere Schlafgelegenheiten. Wenn ich die Frage stelle, wo willst du denn schlafen, guck mal da und da, und hier bei mir wäre auch Platz, dann war die Reaktion immer, dann schlafe ich hier. Und da ich grundsätzlich ohne Sachen schlafe, na ja, da scheiden sich auch die Geister. Entweder findet es der Junge auch interessant, dann zieht sich der Junge auch aus, oder er hat Befremden, dann läßt er die Hose an. Und dann passiert vielleicht beim ersten Wochenende gar nichts, und beim zweiten Mal läßt er auch die Hose weg, und kuschelt sich, und ja, bei Jungens ist es ja so, daß die Karten auf dem Tisch liegen. Wenn der Spaß an der Situation hat, dann stellen sich auch prompt Reaktionen ein und ja ohne Worte, nicht" (Kurt: 17/433-449).

Beim gemeinsamen Übernachten sind gewissermaßen Territorialfragen zu bedenken. Sie sind für ein regelgesichertes Vorgehen offenbar bedeutungsvoll. Es geht darum, wo geschlafen wird, um das Aktionsgebiet, das gemeinsame Bett oder eine andere Schlafmöglichkeit; ferner wie geschlafen wird, um die leibliche Hülle, mit Pyjama oder ohne. Der Mann kleidet diese Fragen in Zuvorkommenheitsrituale. Er richtet das höfliche Angebot an den Jungen, seinen Schlafplatz selbst zu wählen, macht aber auch auf einen Platz in seinem Bett aufmerksam. Da er nackt schläft, könnte es der Junge als "interessantes" Angebot empfinden, sich auch auszuziehen. Die Entscheidung bleibt ihm aber überlassen. Erst wenn der Junge beide Territorialfragen zugunsten einer Anbahnungsmöglichkeit beantwortet hat und auch durchs Ankuscheln den Wunsch nach Nähe signalisiert hat, kann eine sexuelle Interaktion eingeleitet werden; sie geschieht, wie auch im vorherigen Textauszug berichtet, in der Darstellung des primären Rahmens: "ganz automatisch" durch "gegenseitiges Anfassen" und zudem noch "ohne Worte", wie hier hinzugefügt wird.

Längere Begegnungen
In einer Beziehung, die, wie im folgenden Fall, seit zwei Jahren besteht, ist im sexuellen Geschehen auch ein primärer Rahmen anwendbar. Während in der vorhergehenden Erzählung die sexuelle Interaktion "ohne Worte" ablief, ermöglicht offenbar die nähere Vertraut-

heit der Beziehungspartner zueinander, aber auch die sexuelle Entwicklung des Jungen in der Beziehung, deutliche sprachliche Signale über das sexuelle Geschehen zu äußern.

"Da wurde die Eichel ein bißchen feucht, und dann war das schon erledigt. Der hat auch nicht gemerkt am Stöhnen, daß er jetzt einen Orgasmus hat. Das war so schnell dann manchmal vorbei. Da sagte er: 'Ja, ich bin fertig'. So. Und dann sagte ich: 'Mein Gott, du hast ja noch gar nichts erlebt'. Und so. Nachher, als er 13 wurde, wurde es tiefer. Er erlebt seinen Orgasmus selbst stärker, ja. Er sagt also: 'Mein Gott, mach's besser oder halt's länger oder, ja, mach' so weiter. Oder dies oder jenes so'. Die Stimme wurde, ja, anstrengender, er atmete tiefer" (Manfred: 59/317-382).

Im Vergleich zur vorher berichteten Erzählung, in der das Geschehen in einem primär-natürlichen Rahmen beschrieben worden ist, da der sexuelle Ablauf als rein physikalisch betrachtet wurde, steht jetzt ein primär-sozialer Rahmen im Vordergrund. Die Ereignisse laufen nicht naturwüchsig ab, sondern die Akteure greifen steuernd ein. Beide sind im Hauptengagement des Geschehens und kommunizieren über den Engagementverlauf. Potentielle Schwierigkeiten, Wünsche und Vorlieben werden in einem bestätigenden Austausch sogleich ratifiziert. Pädophile Männer, die sich in einer dauerhaften Beziehung befinden, stellen auch die sexuellen Praktiken 'unverschlüsselt' dar. Modulationen treten, wenn man sich lange kennt, offenbar zugunsten der primären Rahmung zurück.

"Na ja, sind dann schon so ein bißchen weitergehende Dinge als wie Blasen. Oder er hat gerne, wenn man am Säckchen leckt und dies und jenes. Hoden ein bißchen massieren, dies und jenes. Und dann weiß ich eben, daß er gerne sich einen blasen lassen will. Findet er schön, macht ihn geil. Legt dann schön seine Hände auf deinen Kopf, daß du ja nicht weggehst. Und ist nachher sehr (...) wie man jetzt so nach zwei Jahren eben weiß, die auch ihm halt sehr gut gefallen" (Manfred: 53/41-53).

In der zweijährigen Beziehung werden "Lecken" und "Blasen" beim Jungen als "weitergehende Dinge" bezeichnet. Das sexuelle Geschehen wird in einem bestätigenden Austausch dargestellt. Nach Auskunft des Mannes ratifiziert der Junge die sexuellen Praktiken mit Formen der Zustimmung, bleibt aber passiv.

In einer weiteren Erzählung, in der körperliche Annäherung und sexuelle Interaktion ebenfalls in dem Ablaufmuster 'Zärtlichkeitsaustausch, sexuelle Erregung und sexuelle Praktik' dargestellt werden, wünscht sich der pädophile Mann allerdings eine Praktik, die nicht verwirklicht werden kann.

"Ja und dann war's halt spät, und dann haben wir ein bißchen, was weiß ich, haben wir uns halt gesagt, ach, jetzt legen wir uns halt halt hin. Jetzt ist es eh schon spät, und dann hat er auch hier übernachtet. Na ja, und dann waren wir im Bett, und dann haben wir nackt nebeneinander gelegen und ja, und dann haben wir uns hauptsächlich gestreichelt, ganz zärtlich, und dann gibt's da eigentlich gar keine Grenze mehr, sondern wenn die Zärtlichkeit irgendwann schon immer intensiver wird, dann, dann wird halt nicht nur der ganze Körper, sondern gibt's halt auch die Geschlechtsteile, also den Schwanz und so weiter. Und der ist natürlich schon gestanden, schon längst bei beiden. Na ja, und dann, na ja, was wir denn so im Bett machen. Aber eins ging bei ihm nicht, wo ich eigentlich, eigentlich schon darauf steh', bumsen. Als da, da hat er gesagt, also das macht er nicht. Und ich hab' gesagt: 'Ach komm, mach doch und so' aber er sagte: 'Nein' also er hat gesagt, das ist sein heiligster Körperteil und (lacht) und in sein Allerheiligstes kann ich nicht eindringen, vielleicht später mal, aber, aber das mußte ich doch respektieren (lacht). Na ja, das hab' ich dann wohl oder übel auch respektieren müssen, weil, weil er einfach nicht wollte, trotz mehrmaliger eindeutiger Angebote (lacht). Aber das war dann auch so recht schön" (Maximilian: 8-9/535-560).

Der Versuch, den Jungen zu "bumsen", führt zu einem Zwischenfall. Der in der Erzählung eingangs dargestellte natürliche Rahmen, in dem der Entwicklungsverlauf der sexuellen Begegnung gewissermaßen deterministisch festgelegt ist ("dann gibt's da eigentlich gar keine Grenze mehr"), muß durch soziale Rahmensetzung ergänzt werden.

Der Automatismus der Handlung wird von einer Orientierung abgelöst, die um Korrekturbemühungen bestrebt ist. Auch diese beiden Interaktionspartner müssen über ihren Engagementverlauf kommunizieren. Der Junge reagiert auf den Zwischenfall nach Darstellung des Befragten jedoch nicht verlegen, so daß die Interaktion bzw. die Begegnung ohne größere Schwierigkeiten fortgesetzt werden kann. Der Zwischenfall erscheint dem Jungen, nach Auskunft des Mannes, eher als indirekte rituelle Entweihung ("sein heiligster Körperteil"). Auf die verbale Entehrung (Entmännlichung) einer besonderen territorialen Hülle des Körpers reagiert der Junge offenbar nicht verletzt und kann nach Angaben des Befragten weiter reagieren.

Einmalige Begegnungen
Über Kontakte, die an Ort und Stelle des Kennenlernens körperliche Annäherung und sexuelle Interaktion anstreben, wird folgendes berichtet:

"Ja, ja er merkte das dann, also, daß ich ihn eben halt so, so aufmerksam anblickte. (-) Was macht der? Er ging raus aus dem Whirlpool, guckte natürlich, ob ich auch hinterherschaute. Hatte schon so eine kleine Erregung da so in seiner, in seiner Hose drin, nicht und guckte auch, daß ich hinterherguckte. Und ich guckte dann auch hinterher. Und dann schwamm er dann in so einem großen Becken. Da guckte ich dann also auch hin. Dann kam er wieder rein und setzt sich da neben mir. Setzte sich dann dahin, noch in einem gebührenden Abstand, wie sich das gehört, ja nicht zu schnell das ganze. Na ja, dann kam er so etwas näher, und unter Wasser da sieht man ja absolut gar nichts. Na ja, dann nimmt man erst einmal die Beine so ein bißchen auseinander, und dann kommt man mal so gegen das andere Knie. Und, na ja, nun die übliche Anmache, wie, wie's also Erwachsene auch machen. Also es ist nichts anderes auch. (-) Na ja, und dann rutscht man, wird man dann so ein bißchen da so lang, lang am Schenkel lang und na ja, und er blieb dann ruhig sitzen und das ist also immer, hallo Nachbar, ich hör dir trapsen. Und ging er so langsam rum, na ja, und denn (- - -) und denn drehte er sich so langsam um, und ich ließ dann meine Hand auf dieser Stufe dann liegen. Und er drehte sich um, und ganz zufälligerweise kam er natürlich mit seinem (lacht) Schwanz, kam

151

er natürlich an meine Hand ran. Ja, und man soll nicht glauben, daß ich meine Hand, warum soll ich meine Hand wegnehmen, ich denke ja gar nicht daran. Ich, ich hab' zwar nichts mit gemacht, aber ich hab' sie auch nicht weggenommen, sondern er hat also die Möglichkeit, das selbst zu signalisieren. Also nun tu' doch mal irgendwas. Legte die Hand, legte also seinen Schwanz da so richtig schön darauf. Und man merkte also tatsächlich auch, ausgefahren bis dort hinaus. Ja, na ja, kann ja noch heiter werden (lacht). Na ja, und denn kam er, rutschte er dann auch immer näher an mich heran, nicht und dann, na ja, und dann hat man, wurde man dann immer forscher und dann meint man tatsächlich o.k., kam man dann also regelrecht, hat man dann den Schwanz gegriffen. Und denn, na ja, und denn war alles klar. Bloß wo jetzt sich hin verziehen? (- -) In, und ein anderer Pädo, der mußte das so ähnlich zwar noch nicht begriffen haben aber zumindestens wollten wir dann uns, ist dann die Dusche so ein bißchen abgeteilt, und da wollten wir uns dann in Duschraum zurückziehen. Und da folgte uns bereits schon ein anderer Pädo, nicht. Der mußte also wieder abgeschüttelt werden (lacht). Gelang mir also auch, indem man dann also so bißchen auch mit dem schwimmen geht oder so. So, dann gibt es der andere dann, hatte dann also wohl das Interesse auch so ein bißchen verloren, wo, wo er wohl merkte, na, da läuft wohl doch nichts. Und denn bin ich mit ihm unters Solarium, zu zweit. Na ja, und, und dann passierte das dann unterm Solarium. Anschließend haben wir, sind wir dann noch, draußen haben wir dann bei MacDonald oder irgend so einem Schnellimbiß haben wir dann noch so ein bißchen gegessen gehabt. Und, na ja, das war so mal so ein Kontakt" (Mike: 11/682-46).

Im Gegensatz zu angestrebten oder gebundenen Beziehungen kann der pädophile Mann in diesem Fall nicht von den erkundeten Gewißheiten eines schon hergestellten Kontaktes und Vertraulichkeiten einer Freundschaft ausgehen. Kennenlernen, sexuelle Anbahnung und Interaktion sind an den Ort und die Stelle gebunden. Wozu Pädophile anderswo meistens einen längeren Zeitraum benötigen, wird hier in der augenblicklichen Situation vollzogen. Die Reduktion von Unbestimmtheit und Unsicherheit ist deshalb auch in viel größerem Umfang zu bewältigen als in den anderen Situationen. Das Interviewzitat verdeutlicht sehr eindrucksvoll, wie Erwartungssicherheit geschaffen wird. Der Befragte versichert sich in einer ständigen Bezugnahme immer wieder neu der erlebten und wahrgenommenen Reaktionen und Aktionen des Kindes. Dies tun zwar andere pädophile Männer auch, nur können sie, da sie der Entwicklung einer Beziehung zum Sexuellen einen längeren Zeitraum beimessen, schon erkundete Erfahrungswerte einbeziehen und daran anknüpfen. Eine solche zeitliche Erstreckung liegt hier nicht vor. Es ist eigentlich ungewöhnlich, daß aufgrund dieser Bedingungen ein primärer Rahmen gewählt wird. Alle anderen Befragten stellen die anbahnende Körperannäherung und den sexuellen Kontakt überwiegend in einen modulativen Rahmen dar. Sie sind allerdings auch bestrebt, dauerhafte Beziehungen aufzubauen, und legen es selten auf einen einmaligen Kontakt an. Möglicherweise bewirkt aber gerade der Umstand einer einmaligen Begegnung, daß man unverschlüsselt vorgehen kann. Etwaige Mißerfolge können dann unter 'Pech' verbucht werden und stehen nicht im Kontext eines hohen Erwartungsdrucks, der auf eine mögliche Beziehung ausgerichtet ist. Die Begegnung hat einen eher beliebigen, nicht sehr verpflichtenden Charakter. So versucht der Befragte gleich zu Anfang, durch einen "aufmerksamen Blick" eine zentrierte Interaktion herzustellen. Daraufhin agiert der Junge in einem Wechselspiel von Nähe und Distanz; er entfernt sich, schaut zurück, kommt wieder, rückt näher heran. In der ganzen Zeit hat der Befragte versucht, den Blickkontakt zum Jungen aufrechtzuerhalten. Offenkundig deutet der pädophile Mann die sexuelle Erregung des Jungen als Interessenbekundung, vor allem, als dieser wiederkommt und sich in seine Nähe begibt. Der Junge scheint die verdeckte Mitteilung des primären Rahmens, den intensiven Blick, der sexuelles Interesse signalisiert, erkannt zu haben. Nachdem der primäre Rahmen 'Blickkontakt' erfolgreich war, kann ein weiterer primärer Rahmen, die "Anmache, wie ... es ... Erwachsene ... auch machen", gewählt werden. Die Berührungen werden, nach seiner Darstellung, vom Jungen ratifiziert ("er blieb dann ruhig sitzen"). Dies stellt der Befragte erneut als ritualistische Interessenbekundung dar ("hallo Nachbar, ich hör dir trapsen"). Im folgenden übernimmt, nach Darstellung des pädophilen Mannes, in erster Linie der Junge die Sequenzierung des sexuellen Handlungsablaufs. Dieser wird von ihm in einen modulativen Rahmen gestellt, denn der Junge "tut so als ob" er "zufälligerweise ... natürlich mit seinem Schwanz ... an meine Hand ran kam". Der Befragte stellt sich in dieser Situation als passiv dar; der Aktionsfaden wird dem Jungen überlassen. Da der pädophile Mann seine Hand nicht weggezogen hat, damit aber auch keine sexuelle Annäherung versucht, ist es dem Jungen, nach seiner Darstellung, offensichtlich freigestellt, was aus der Situation wird. Mehrere Signale indizieren nun, daß der Junge offenkundig sexuelles Interesse hat: Er legt 1. seinen Penis auf die Hand des Mannes, 2. hat er eine Erektion, und 3. rutscht er näher heran. Aus diesen kritischen Zeichen leitet der Mann den Feststellungspunkt für ein direkteres Vorgehen ab. Er macht nicht mehr nur ein sexuelles Angebot, indem er seine Hand darbietet, sondern greift nun auch zu; er berührt den Penis des Jungen. In diesem moment ereignet sich jedoch ein Zwischenfall, da ein anderer Pädophiler die Zusammenkunft offensichtlich zu stören droht. Es gelingt aber, sich aus der ungewollten Fremdbefangenheit zu lösen und die sexuelle Interaktion fortzusetzen. Als Hinterbühne wird nun das Solarium gewählt. Näheres über das sexuelle Geschehen wird aber nicht mitgeteilt. Der einmalige Kontakt endet mit einem gemeinsamen Essen in einem Schnellimbiß.

2. Modulationen

Die meisten Befragten legen in ihren Darstellungen, die die körperliche Annäherung und das sexuelle Geschehen beschreiben, einen modulativen Rahmen zugrunde. Dabei handelt es sich hauptsächlich um pädophile Männer, die zwar auch eine dauerhafte Beziehung zu einem Jungen anstreben; nur sind sie weitaus unsicherer als die Männer, die die sexuelle Interaktion in einem primären Rahmen verankern. Deshalb werden Modulationen überwiegend in folgenden vier Fällen angewandt: Zunächst einmal, um körperliche Annäherung abzuschätzen, besonders, wenn über die sexuellen Bedürfnisse und Empfindungen des Jungen Unklarheiten bestehen und man nicht weiß, wie weit man in seinen sexuellen Handlungen gehen kann. Ferner, wenn Mann und Junge erstmals gemeinsam übernachten ('das erste Mal'). Außerdem, wenn es gilt, sexuelle Verlegenheit des Jungen aufzufangen, und schließlich, um ihm Unsicherheiten zu nehmen und ihm einen Schonraum für sexuelle Lernerfahrungen zu bieten.

Körperliche Annäherungen

Bevor sexuelle Interaktionen verwirklicht werden können, geht es in einigen Darstellungen der pädophilen Männer hauptsächlich erst einmal um die körperliche Annäherung. Sie nimmt in den Erzählungen oft einen breiteren Raum ein als das sexuelle Geschehen. Dies liegt unter anderem wohl daran, daß, wie das folgende Beispiel zeigt, durch die Anbahnung selbst eine Menge erotischer Bedürfnisse befriedigt werden können und man sicherheitshalber gar nicht oder nur sehr vorsichtig versucht, sexuelle Schritte einzuleiten.

"Elf Jahre, drei Monate genau. (-) Der ist jetzt noch nicht viel älter, weil das ist noch nicht so lange her. Der hat also gerne geschmust, gerne. Der hat also, irgendwann habe ich also einfach mal versucht, ob du ihm einen Kuß geben kannst. Hat er sofort mitgemacht. Dann fange ich ein Spielchen an gerne, wenn ich mal so weit bin: 'Komm ich fange deine Zunge, streck' sie mal aus, ich beiß' sie dir ab', dann streckt er die Zunge raus, 'keine Sorge, ich tu' nicht weh, passiert nix', fange die Zunge. Hat der alles mitgemacht. Ich hab' meine Zunge rausgestreckt, er hat meine gefangen. (-) Ich hab' irgendwann mal hab' ich gesagt: 'Also beim Küssen den Mund leicht öffnen, können sich die Zungen streicheln gegenseitig', hat der gemacht. Das war so schön mit dem. Ich ging also abends, nachdem alle Kinder geschlafen haben, im Bett waren, zu ihm noch. Hab' mich zu ihm an die Bettkante gesetzt oder teilweise auch so mehr oder weniger mit dazugelegt. Hab' ich ihm das T-Shirt hochgeschoben und seinen Körper gestreichelt. Er war ein bißchen kitzelig, aber nicht sehr stark. Er mochte es, wenn ich also den Mund auf seine Brustwarzen legte und dann mit der Zunge gekitzelt habe. Brustwarzen lecken fand der toll. Kitzeln, das angenehme Kitzeln halt, habe ich häufiger gemacht bei ihm, sehr häufig sogar. Und dann habe ich also häufig auch, wie gesagt, dieses Knutschen lief also ganz klar, irgendwann mal guck ich auf seine Hose, heb' den mal hoch, mal sehen, was darunter ist. Und ich merkte schon, daß da bei ihm sich was rührt, nicht immer, aber häufiger. Dann auch schon mal, schon

Scherze gemacht, was heißt Scherze, schon Sachen gemacht, die also seinen Schwanz klar einbezogen haben.

F: Was denn?

Nicht durch Masturbation, das hab' ich nicht gemacht, sicherheitshalber, vorsichtigerweise, weil das war mir doch, ich weiß nicht.

F: Was waren denn das für Scherze?

Also, (-) jetzt schneid' ich dich mitten durch, bei der Nase angefangen runter bis da unten hin. Und dann muß man den in der Mitte genau durchschneiden. Also muß man den zurechtlegen mit der andern Hand, sowas. Ich hab' mich also (-).

F: Da konntest du ihn mal berühren und gucken.

Ja, so was, das war schon, später hab' ich ihn durch die Hose masturbiert, bis ich richtig gemerkt hab', jetzt hat er richtig einen steifen Schwanz.

F: Durch die Hose, heißt das, also in die Hose gegangen oder?

Nein, auf die Hose, auf die Hose. In die Hose gegangen, da hätte ich sie runterziehen können, da hätte er nichts gegen gehabt. Hätte ich sogar blasen können, was ich viel lieber gemacht hätte (-).

(Frank: 23-24/257-310).

Der Befragte ist sich offenbar sicher, daß der Junge, mit dem er zusammen ist, gerne schmust. Um jedoch diese Erwartungssicherheit zu bestärken und hinsichtlich der körperlichen Annäherung mehr Gewißheit zu erlangen, inszeniert er das So-Tun-als-ob-Spiel: "Komm, ich fange deine Zunge." Beide befinden sich durch das Spiel in einem Hauptengagement körperlicher Annäherung; der Junge hat den Spielvorschlag des Mannes ratifiziert und auch "alles mitgemacht", wie der Befragte sagt. Dies wiederum wird zum Anlaß für einen Rollentausch; der Junge soll die Zunge des Mannes fangen. Auch den Rollentausch besteht die Modulation, die Interaktion bleibt aufrechterhalten. In einem nächsten Schritt versucht der pädophile Mann, auf dem Fundament der modulierten Situation, der zunehmenden Körperannäherung einen primären Rahmen beizufügen. Er schlägt vor, beim Küssen den Mund leicht zu öffnen, die Zungen könnten sich dann gegenseitig streicheln. Auch diese Erweiterung der Rahmenschicht hat interaktiven Bestand. Aus der schrittweisen Abstimmung zieht der Befragte augenscheinlich die Sicherheit, abends am Bett des Jungen sich versuchsweise stärker sexuell zu nähern. Nachdem er das T-Shirt des Jungen hochgeschoben hat, streichelt er den Körper des Jungen. Nach Darstellung des pädophilen Mannes gefiel dem Jungen das "Brustwarzenlecken" und das "Knutschen". Als der Mann feststellt, daß der Junge davon eine Erektion bekommt, versucht er durch das So-Tun-als -ob-Spiel ("Jetzt schneid' ich dich mittendurch"), den Genitalbereich einzubeziehen. Die direkte Anwendung eines primären Rahmens, was in Analogie zum Spiel die konkrete Masturbation gewesen.wäre, erscheint ihm allerdings nicht angebracht. Das Durchschneiden von der "Nase angefangen runter bis da unten hin" erlaubt unverfängliche Berührung, die zu einem späteren Zeitpunkt dazu führt, daß der Junge von ihm masturbiert wird. Allerdings hat der Junge dabei seine Hose an, und auch die Masturbation wird nur so lange betrieben, bis "er richtig einen steifen Schwanz" hat. Obwohl der Befragte auf vielfältige Weise sich seiner Erwartungssicherheit vergewissert hat, bleibt es bei einseitiger 'verdeckter Masturbation'. Die sexuelle Handlung wird nicht zum zentrierten Gegenstand der Interaktion; im Fokus steht das Spielarrangement, nicht die Masturbation. Fast, möchte man meinen, erscheint die sexuelle Aktivität im Nebenengagement eines spielerischen Geschehens, das durch die Abstimmung einer körperlichen Annäherung die hauptsächliche Aufmerksamkeit des Befragten absorbiert.

Die folgende Erzählung macht deutlich, daß der Vorbereitung einer Körperannäherung größere Bedeutung zugemessen wird als dem sexuellen Geschehen selbst. Gelingt nämlich die Annäherung, ergibt sich eine sexuelle Interaktion fast wie von selbst. Die Annäherung ist hier aber nicht, wie in der vorhergehenden Darstellung, mit der Erfüllung erotischer Bedürfnisse verknüpft, sondern dient der Herstellung von Sympathiebekundungen. Tragen diese zu einer Annäherung bei, ist eine sexuelle Begegnung, wie in diesem Fall, offenbar unverfänglich herzustellen.

"Das ergibt sich insofern, weil bei vielen Jungen es entweder deren Wunsch ist, da man ja auch über Nacht weg war, seinen Schlafplatz auch bei mir in der Nähe zu plazieren und bei mir zu liegen oder daß

ich von mir aus auch den Wunsch habe, daß der Junge bei mir liegt
oder ich bei ihm und ich ihn fragte. Das war sicherlich nur am Anfang
der Fall. Nachher war es nicht mehr erforderlich, daß ich ihn fragte,
hast du nicht Lust heute abend bei mir zu liegen oder bei mir in der
Nähe oder neben mir oder sonst was. ... Es ist also nicht so, daß dies:
willst du bei mir schlafen, daß das dann heißt: willst du mit mir schlafen (Lachen), sondern es heißt erstmal, weißt du schon, wo du liegst,
sonst kannst du dich ja hierhin legen, jetzt mal flax ausgedrückt, also
durchaus unverfänglich. Muß ja auch nicht unbedingt sein, es heißt ja
nun nicht zwangsläufig, daß jeder Junge, der neben mir lag, mit ihm
sexuell verkehrt wurde, nicht zwangsläufig. Aber das war in der Regel
so der Werdegang. Meist war es eigentlich so, daß die Jungen mich
fragten, Christoph, wo liegst du? Ich lieg' neben dir oder ist da noch
Platz? Rutsch mal ein Stückchen, ich möchte gerne bei dir liegen. Das
war an sich überwiegend. Das waren also wenige Fälle, wo ich an sich
die Initiative ergriffen habe, meist war es umgekehrt. ... Und dann
spielte sich das im Grunde ab, was sich auch tagsüber abspielte, daß
man sich halt in den Arm nahm und daß man sich ein bißchen
schmust und sich streichelte. Und dann ist es nur noch eine Frage der
graduellen Streicheleinheit, würde ich sagen, inwieweit dann aus
diesem Streicheln eine sexuelle Beziehung wird. Und so ergab sich das
dann auch, man streichelte sich eben, man machte nicht an der Gürtellinie halt, sondern streichelt eben weiter. Entweder das kam vereinzelt
von den Jungen, meist, muß ich allerdings sagen, hab' ich die Initiative
zu diesem Schritt ergriffen. Allerdings nicht bei den Jungen, von denen
es abgelehnt wurde, sondern entweder mit einer wohlwollenden
Duldung hingenommen wurde, was auch relativ selten war oder eben
sehr positiv aufgenommen und von den Jungen auch erwidert wurde"
(Christoph: 7/443-453; 8/496-512; 7/456-473).

Der Befragte ist Leiter einer bündischen Jugendgruppe. Bei ihren
Fahrten, die auch Übernachtungen einschließen, gewinnt die Örtlich-
keit des Schlafplatzes in einem großen Gruppenraum eine herausgehobene Bedeutung. Sie resultiert aus der dramaturgischen Dominanz des
Gruppenleiters. Zu seinem standardisierten Ausdrucksrepertoire,
insbesondere seinem Rangmerkmal, gehört die Abklärung des Zuvorkommenheitsrituals, wer nachts bei ihm "liegen" kann. Um das Territorium des Schlafplatzes, gewissermaßen der persönliche Raum, rankt

sich eine Reihenposition. Sie legt die Anordnung fest, in welchem Verhältnis man zu einer herausgehobenen Person steht. Es geht hier also etwas anderes vor sich als das gewöhnliche Zubettgehen. Die Schlafplatzverteilung hat einen zeremoniellen Bezugsrahmen. Eine Handlungsentscheidung, nämlich die Frage des Schlafplatzes, wird aus dem üblichen Geflecht der Ereignisse des Schlafengehens herausgelöst und füllt, stilisiert, eine ganz neue Situation aus, die Verständigung über den nächtlichen Schlafplatz. Die Zeremonie moduliert hier also ein Ereignis. Dieses Ereignis fordert Engagement heraus. Beiderseits, bei dem Mann, aber, wie der Befragte darstellt, vor allem bei den Jungen, müssen Interessebekundungen ausgetauscht werden. Höfliche Angebote ("Weißt du schon, wo du liegst?" oder "Ich möchte gerne bei dir liegen") signalisieren so Zugänglichkeits- und Sympathiebekundungen. Auf diese Weise wird die zunehmende Körperannäherung angedeutet. Denn obwohl die rituelle Bekundung "Willst du bei mir schlafen" nicht bedeute, "Willst du mit mir schlafen", ist das aber nach Auskunft des Befragten "in der Regel so der Werdegang". Die Darstellung der sexuellen Interaktion wird in der Erzählung in einem primären Bezugsrahmen wiedergegeben: "Sich in die Arme nehmen", "Schmusen" und "Streicheln" weisen implizit auf eine Sequenzabfolge der sexuellen Annäherung an den Genitalbereich hin, denn es ist dann "nur noch eine Frage der graduellen Streicheleinheit, ... inwieweit dann aus diesem Streicheln eine sexuelle Beziehung wird", die an der "Gürtellinie" nicht haltmacht. In der sexuellen Interaktion, die vom Erwachsenen allerdings meistens initiiert werden muß, wird auf Signalreize geachtet, die Hinweise darauf geben, ob das Handeln auf die Zustimmung des Partners trifft. Die Reaktionen reichen von "wohlwollender Duldung" bis zumeist "positiven" Reaktionen, bei denen die Jungen eine "Erwiderung" zeigen.

Es gibt aber auch Annäherungsversuche, in denen Modulationen offenkundig nicht unmittelbar zu körperlicher Nähe oder gar sexueller Interaktion führen. Die folgende Erzählung zeigt, daß dem Annäherungszeitraum dennoch ein bedeutsamer Stellenwert beigemessen wird, da ohne die Schaffung einer vertrauensvollen Atmosphäre sexuelle Interaktionen nicht eingegangen werden.

"Man kann merken zum Beispiel bei (-) den Leuten, die jetzt im Moment zu mir kommen, ja einfach, wie reagieren sie auf das Thema Sexualität. Das ist bei dem einen Jungen, ja, ich würde mal sagen, bedingt durch die dörfliche Atmosphäre, wo er herkommt, daß Sexualität was relativ Schwieriges ist, wo man nicht so darüber spricht. Und ich mein, ich habe zum Beispiel eine Menge Aufklärungsbücher hier rumliegen, und die werden dann durchgeblättert, und dann ergeben sich einfach Fragen dazu. Oder die haben natürlich sofort, als sie hier gesehen haben, daß ich ein Video hab', haben sie schon mal gefragt, na, hast du, hast du eventuell auch Pornos oder so und können wir mal anschauen? Und (-) ja, ich mach' da nicht viel Geheimnis drum. Ich habe die, und wenn sie die anschauen wollen, wir haben also mal einen ganzen Nachmittag, wo wir hier Monopoly gespielt haben, lief nebenher im Fernsehen ein Porno. ... Irgendwo ist das natürlich so meine Hoffnung, daß das mal aufbrechen würde, aber noch sind die Hemmungen stärker. Und ich versuche einfach so eine Atmosphäre zwischen uns rüberzubringen, daß sie sich irgendwann mal trauen einfach das zu machen, wozu sie im Augenblick gerne Lust haben. Noch ist es nicht so aber das braucht einfach Zeit"
(Andreas: 12-13/70-87; 13/105-111).

Dokumentationsmodule wie Aufklärungsbücher, die der Befragte herumliegen hat und die von Jungen durchgeblättert werden, oder Pornovideos, nach denen gefragt wird und die man sich beim Monopolyspiel nebenher anschaut, führen nicht zu körperlichen oder gar sexuellen Annäherungen. Zwar werden dadurch Fragen zum Thema Sexualität aufgeworfen, aber nach Darstellung des pädophilen Mannes sind offenkundig die "Hemmungen", sich zu "trauen", zu stark.

Erstes Mal
Bevor es zu einem ersten sexuellen Erlebnis zwischen Mann und Junge kommen kann, sind auch hier vorbereitende Interaktionen der körperlichen Annäherung notwendig, die in einem schrittweise verdichtenden Vorgehen modulativ hergestellt werden. Auf dieser Annäherung kann dann das erste gemeinsame sexuelle Erlebnis aufgebaut werden.

"Ich glaub', es ist dann recht früh schon im Schwimmbad zu Berührungen gekommen, wo er, also beispielsweise, sich an mich geklammert,
am Rücken, also die Arme um meinen Bauch rumgeschlungen, also auf
dem Rücken war, und wo ich dann gemerkt hab', er hat einen Steifen
und hat mir den in meine Furche, in meine Pofurche so ein bißchen so
rein-, reingelegt. Und ich meinerseits auch beim Motorbootfahren, da,
da, wenn man, also den, den, den Jungen so greift, man hat ihn vor
sich und die Bei-, das eine Bein links, das andere Bein rechts, die eine
Hand hält den Brustkorb und die andere ist eben in Beckenhöhe. Und
da ist ja, weil Kinder also keinen sehr breiten Körper haben und ich
sehr lange Finger, (lacht) ist also da schnell also ein Finger in der Nähe
vom Schniedel. Und da habe ich diese Sache auch gemerkt, und das
hat er auch sehr genossen, und er wollte also immer wieder Motorboot
fahren und, und ständig Motorboot fahren und möglichst mit Richtungswechsel. Und mit irgendwelchen, irgendwelchen Anschubsungen
und, und Bremsen und wieder Kurve, und jedesmal natürlich wollte er
da ein bißchen stimuliert werden da so. Also das war denn sehr
schnell, unsere Begegnungen im Schwimmbad. Und wie er dann zum
ersten Mal hier übernachten konnte, wie war denn das? Genau, da war
ja Zirkus. (- -) Da habe ich angeboten, er könnte das Wochenende hier
sein, hier verbringen. ... Ja, ja, und denn war der da, und da war also
die ganze erste Nacht war also kein Schlaf zu finden. Er ist also mit
der Taschenlampe, Lampe, ständig rum, unter der Bettdecke und hat
also mich entdeckt, alles. Er wollte alles wissen an mir, und, und, und
wie ich wo, und, und hat alles, jede Öffnung ausgeleuchtet, und das
war irre geil. Es war irrsinnig geil. Also diese Neugier von dem und
an, also an mir.
F: Hattest Du einen steifen Schwanz auch?
Ja, ja, ja. Macht mich total an.
F: Hat er den auch berührt und richtig rum gemacht?
Ja, er hat richtig rum, in dem Sinne nicht, sondern er hat nur rum im
Sinn des Entdeckens, er wollte also wissen, wie ist denn das da, und,
aha, Haut zurück oder, oder vor, und, ah, geht nicht oder so ein bißchen, aha, dann war das aber auch schon gegessen. Und dann kam das
nächste und so. Und dann wollte er sehr schnell, daß ich ihn auch
irgendwie berühre. Aber wie das jetzt genau lief, chronologisch, weiß
ich jetzt nicht mehr, weil er ist inzwischen ja öfters dagewesen, und ich
kann nur sagen, worauf's rauslief letztendlich. Letztendlich lief's darauf hinaus, daß sein Interesse an mir, nach diesem ersten Entdecken

gleich Null war aber er ständig wollte, daß ich ihm was tue, also er wollte, er ist dagelegen, und wenn ich dann, schließlich gesagt habe, ja, gute Nacht und, und mich umgedreht habe, ja, wann fängst's denn jetzt an? Er ist richtig fordernd geworden, ja, was anfangen? Ja, lutsch' halt oder so. Da habe ich gesagt: 'Ja also hör' mal, ich mein, wenn, wenn, wenn, das ist nicht so, daß ich jetzt hier der, der Lutschautomat bin oder so was', sondern daß, mich muß auch was anmachen da, also, wenn, wenn da, und dann hab' ich auch öfters nichts, gar nichts getan, weil von ihm nichts kam" (David: 15/297-322; 16-17/391-433).

Der Befragte stellt bei ersten Berührungen fest, daß der Junge sexuell erregt zu sein scheint. Durch die Umklammerungen des Jungen spürt er die genitale Erregung. Um sich aber ganz sicher zu sein ("Da hab ich die Sache auch gemerkt"), baut er einen Bezugsrahmen auf, der das Berühren im Genitalbereich des Jungen möglich macht. Die Spielmodulation "Motorbootfahren" zeitigt vielfältigen Erfolg: Der Junge hat das Spiel nach Darstellung des Mannes "sehr genossen", er will es ständig wiederholen und das in den verschiedensten Varianten (mit "Richtungswechsel", "Anschubsungen", "Bremsen" und "Kurven"). Zudem will er noch "ein bißchen stimuliert werden". Da der Befragte durch das Spiel erneut die sexuelle Erregung feststellen konnte, scheint er sich dieses Bedürfnisses beim Jungen nun ganz sicher geworden zu sein. Die interaktive Annäherung im Übergang zu weiterer sexueller Betätigung scheint abgesichert. Nach dieser Schwimmbadbegegnung kommt es zu einer Übernachtung des Jungen bei dem Mann. Sie liegen erstmals gemeinsam in einem Bett und verbringen eine Nacht zusammen. Da schon eine zunehmende Körperannäherung zwischen beiden erreicht worden ist, ist es offenkundig nun möglich, problemlos eine sexuelle Begegnung anzubahnen. Das 'erste Mal' wird in Form einer Sonderausführung hergestellt. Dabei dient dem Jungen eine Taschenlampe als Spielzeug, um seine sexuelle Neugier zu befriedigen. "Im Sinn des Entdeckens", wie der Befragte sagt, wird er unter der Bettdecke überall "ausgeleuchtet". Das Neugierbedürfnis des Jungen erscheint einerseits unermeßlich, denn jede "Öffnung" wird betrachtet, und andererseits unermüdlich, da "die ganze erste Nacht kein Schlaf zu finden ist". Diese Situation führt beim Befragten zu enormer sexueller Erregung. Dennoch bindet er sich voll an seine Rolle, Untersuchungsobjekt zu sein, und fällt nicht aus dem Spiel, indem er versucht, seine sexuelle Erregung abzureagieren. Im Gegenteil, seine qualifizierte Rollenerfassung, nämlich das passive Verharren, ermöglicht es ihm, einerseits vom Spiel sexuell 'angesprochen' zu sein, das heißt, es genießen zu können, andererseits auch, dramaturgische Disziplin zu wahren. Denn er überblickt das spielerische Geschehen, überläßt den Engagementverlauf aber gänzlich dem Jungen; dieser bestimmt schließlich, daß er auch stimuliert werden will.

Der dargestellte Bezugsrahmen des Einübens hat stark spielerische Züge. Charakteristisch ist es beim Spielverlauf, daß Handlungen weder genau und konstant eingehalten, noch vollständig ausgeführt werden. Oftmals wird ein Handlungsverlauf angefangen, aber auch sogleich wieder abgebrochen bzw. neu begonnen oder kurz unterbrochen. So auch hier, denn hat der Junge seine 'Versuchsreihe' abgeschlossen, "war das aber auch schon gegessen. Und dann kam das Nächste und so". Die mit der Neugier verbundene Sprunghaftigkeit empfindet der Befragte als "irrsinnig geil"; nach dem 'ersten Mal' läßt diese Euphorie jedoch nach, als er feststellen muß, daß in der Zwischenzeit die Rollen zwischen passivem und aktivem Part gewechselt haben. Er kann nicht mehr in seiner präferierten passiven Rolle verharren, sondern wird zur Aktivität herausgefordert. Der Junge zeigt kein Entdeckerinteresse mehr, fordert aber jetzt den Mann ständig auf, ihn zu stimulieren. Dies erlebt der Befragte als Regelverletzung und Mißachtung seiner Person. Es kommt zu einem Zwischenfall. Da der pädophile Mann sich mit dem Jungen nicht in demselben Rahmen wiederfindet, diskutiert er mit ihm über seine Auffassung der Situation. Ein korrektiver Austausch scheint sich nicht abzuzeichnen. Der Befragte konstatiert lediglich, daß er dann öfters "gar nichts getan hat, weil von ihm nichts kam".

Das sogenannte 'erste Mal' muß sich natürlich nicht, wie in der soeben wiedergegebenen Erzählung, gleich in der ersten Nacht ereignen. Ein weiteres Beispiel soll verdeutlichen, wie sich nach längerem Zusammensein eine körperliche Annäherung und die erste sexuelle Begegnung ereignen können.

"Also ich habe dann doch irgendwann in der Nacht für mich alleine, also in Gedanken mit anderen Freunden zusammen aber nicht mit ihm, da kann man sich ja nicht, da kann man sich keine Gewalt antun, onaniert, und auch so, ohne es betont demonstrativ ihm gegenüber zu tun, noch vor ihm zu verstecken. Es ist so selbstverständlich, so wie, wenn ich alleine schlafe. Denn ich hab' mir gedacht, das ist also etwas, was möglich sein muß, wenn man zusammen lebt. So wie man sich ja auch nackt auszieht beim Baden. Das muß drin sein. Und einmal habe ich erlebt, da hat er onaniert, und das habe ich also mitgekriegt und habe dann die Hand unter die Bettdecke geschoben und habe ihm dabei geholfen. Aber er hat sich nicht aktiv um mich gekümmert, also er hat es nur zugelassen" (Fritz: 14/219-234).

Der Erzähler geht hier davon aus, daß die sexuelle Annäherung als Regelverletzung erscheinen könnte ("keine Gewalt antun"). Die sexuell anregende Situation, mit einem Jungen nachts zusammen in einem Bett zu liegen, stellt ihn vor die Schwierigkeit, die Diskrepanz zwischen obligatorischem und spontanem Engagement auszuhalten. Da er seine Rolle situationsadäquat erfassen will, soll die sexuelle Annäherung nicht als Aufdringlichkeit erscheinen. Ein zu offensives Vorgehen könnte als zeremonielle Entweihung aufgefaßt werden. Er verwendet deshalb Vermeidungsrituale, um Distanz zu wahren, damit die Sphäre des Jungen, vor allem seine territoriale Hülle, nicht verletzt wird. Damit der ruhige Fortgang der Interaktion gewahrt bleibt, muß deshalb der Junge Signale seines sexuellen Einverständnisses geben. Um dies zu erreichen, wird die virtuelle Vorwegnahme des Regelverstoßes in einen korrektiven Austausch überführt, mit dem die Erlaubnis um Einwilligung herzustellen versucht wird . Dazu wählt der Betreffende den Bezugsrahmen des Demonstrationsmoduls. Mit seiner monosexuellen Tätigkeit stellt er einen Idealdurchlauf mit dem Beweiszweck her, daß sexuelle Betätigung in seiner Gegenwart bzw. mit ihm möglich sein kann. Dies wird vorsichtigerweise von ihm 'verdeckt' inszeniert. Er versucht nämlich, es einerseits nicht zu deutlich zu zeigen, andererseits aber auch nicht zu verbergen. Das Onanieren wird gewissermaßen aufs Nebenengagement verlagert; im Hauptengagement steht jedoch die Aufmerksamkeit, wie der Junge darauf reagiert. Der Befragte ist also interaktionsbefangen, denn durch die potentielle

Vorwegnahme eines Zwischenfalls beschäftigt er sich überwiegend mit der Frage, wie die Interaktion als Interaktion abläuft. Er bewahrt seine dramaturgische Disziplin; zwar signalisiert er im Nebenengagement Interesse, hütet sich aber davor, mitgerissen zu werden, und konzentriert sich auf das Hauptengagement. Das Demonstrationsmodul der Onanie fungiert gewissermaßen als vorweggenommener korrektiver Austausch, indem der Befragte implizit um sexuelle Interaktion ersucht. Er signalisiert zwar den Übertretungscharakter, bittet aber gleichzeitig um Erlaubnis. Die Onanie steht in dem Dienst einer Orientierungskundgabe, die dem Interaktionspartner bestimmte Informationen übermitteln soll, um ihn einerseits die Desorientierung zu nehmen ('hier kannst du onanieren') und um andererseits auf diese Weise potentielle falsche Eindrücke zu korrigieren ('du brauchst keine Angst vor mir zu haben'). Ferner wird damit eine Rücksichtsbekundung ausgedrückt. Da sie als Übergriff oder Bedrohung erscheinen könnte, signalisiert der Befragte durch monosexuelle Gesten, daß er rechtschaffene Absichten hat. Diese interaktiven Vorbereitungen zum sexuellen Geschehen sind letztendlich als Beruhigungskundgabe zu interpretieren. Die sexuelle Interaktion selbst setzt sich erst in Gang, als der Junge durch das kritische Zeichen seiner masturbatorischen Tätigkeit die Erlaubnis zur sexuellen Betätigung für den Mann ratifiziert. Erst jetzt berührt er den Jungen.

Verlegenheiten
Es gibt Erzählungen, in denen Jungen nach Darstellung der pädophilen Männer auf körperliche Annäherung erst einmal verlegen reagieren. Durch einen modulativen Bezugsrahmen gelingt es aber, die Verlegenheit aufzufangen und sogar, wie in folgendem Beispiel, sexuelle Interaktionen aufzubauen, die vom Jungen auch erwidert werden.

"Und da hat sie es irgendwann eingerichtet, daß sie ihn jeden Abend so, als sie ihn ins Bett gebracht hat, so massiert hat. Und das hatte ich auch irgendwann mitbekommen und so. Und dann habe ich ihn auch locker so gefragt, ob ich ihn nicht massieren soll. Und dann waren wir noch so im Wohnzimmer. Das war gleichzeitig das Zimmer, wo die

Mutter drin geschlafen hat. Und dann hat er sich auch immer so aufs Bett gelegt und so. Dann, ich weiß noch, der hatte so eine rote Sporthose von Adidas an und sonst nichts und lag dann so auf dem Bauch. Und dann habe ich ihm so den Rücken massiert. Und ich hatte mich damit vorher auch schon so ein bißchen beschäftigt, von daher hatte ich vielleicht auch ein ganz gutes Einfühlungsvermögen so. Ja, dann drehte er sich irgendwann um, sagt er: 'Ja und jetzt so auf dem Bauch' und so, als wenn es für ihn halt völlig normal war und so, hier und da massieren und so. Und, (-) ja, ich weiß auch nicht, dann gab es eben, als wenn das eben immer so wäre, auf dem Rücken liegen, und ich weiß auch nicht (lacht), dann gab es irgendwie so diesen Augenkontakt so, und von wegen alles klar, oder wir verstehen uns, ich weiß nicht, wie ich das beschreiben soll. Jedenfalls habe ich ihm dann so den Bauch massiert, so eine rhythmische Massage, so eine bestimmte Richtung um den Bauchnabel rum und so den Bereich und all so ein Zeug. Das war alles ganz interessant und so. Dann hat er mich am liebsten noch gefragt, da hatte er irgendwie anderes im Kopf so, und das war irgendwann so, daß ich dann so meine Hand, so die Fingerspitzen am Bauchnabel hatte und den Rest des Handrückens halt dann tiefer und habe dann halt irgendwann auch gemerkt, daß er also schon einen Steifen hatte und so. Und dann habe ich irgendwie auch so gegrinst, und dann irgendwann, dann ist er sogar noch ein bißchen rot geworden so aber lächelt dann da irgendwie noch so. Und dann habe ich halt so aus Spaß gefragt: 'Ja soll ich den auch noch massieren?' Dann hat er halt sich so ins Fäustchen gelacht und grinste so und blieb aber irgendwie ganz entspannt liegen oder so. Nicht, daß er so irgendwie erschreckt gewirkt hat oder so. Und ja, und so an dem Abend habe ich ihn einfach nur so gestreichelt, halt so mit der flachen Hand irgendwie so, das fand er ganz toll. Und dann, ja irgendwann haben wir uns gute Nacht gesagt. Und dann irgendwie kamen die noch von oben runter und so. Und dann gab es noch einen tollen Abend. Und das war das erstemal so. ... Das war dann, ich weiß nicht wann, das war, das war im (-) Februar, meine ich war das. Da saß ich halt auch so dann abends so am Bett. Und dann hatte ich ihn so auf dem Rücken massiert, und dann hat er sich so umgedreht und so und dann, das war irgendwie schon so eine tolle Routine aber eine, die irgendwie nicht so abgefahren, sondern so richtig immer wieder was Schönes so. Und dann irgendwie (-) ist er dann so verharrt (-) und sagt dann so: 'Ja deinen möchte ich auch mal streicheln so'.

F: Deinen hat er gesagt?
Deinen möchte ich auch mal streicheln so. Und dann, ja weiß nicht, irgendwie (lacht) lief das, ich kann dieses Gefühl gar nicht beschreiben, weil das war immer so halt schon irgendwie logischerweise so das Ding meiner Träume so. Ich habe immer gedacht, irgendwie, da muß unheimlich viel Tolles passieren, oder das muß eine ganz enge Bindung da sein, die tollsten Voraussetzungen bis also sowas mal irgendwie so kommt, daß ich ein total gutes Gefühl dabei hätte und so. Und da war es halt genauso. Und das war richtig toll, weil irgendwie (-) dann, ich weiß noch, irgendwie war das, ich war irgendwie so ein bißchen aufgeregt und so. Und dann dadurch hat das alles ein bißchen länger gedauert. Und dann hat er halt, irgendwann hat er halt auch noch so süffisant gefragt und so: 'Ja dauert das noch lange?' (lacht) Und dann, da war auch ziemlich viel Aufmerksamkeit dabei und so. Und dann als es soweit war, da hat er, das fand ich natürlich ein bißchen unromantisch, hat er das Licht angemacht und mußte sich das alles genau angucken und so. Und sagte dann irgendwie noch so oder hat irgendwie: 'Ja zieh' dir mal gleich ein neues T-Shirt an' und so. Und der war irgendwie so völlig locker dann so. Und das war dann irgendwie so, ja, so ein Rieseneinschnitt für mich, so in meinem Leben einfach" (Fabian: 20/547-596; 21/48-86).

Der Befragte knüpft an einen sozialen Anlaß an, an den sich der Junge offenkundig gewöhnt hat, die allabendliche Massage durch seine Mutter. Diese wird vom Befragten in ein Zuvorkommenheitsritual überführt. Das höfliche Angebot, von ihm massiert zu werden, wird vom Jungen entgegengenommen; die Interaktion hat damit einen bestätigenden Austausch erreicht. In der dramaturgischen Durchführung des Ereignisses weiß sich der Befragte offensichtlich qualifiziert; er hat auf dem Gebiet der Massage Erfahrung. Im Verlauf des Geschehens kommt es zu einem spezifischen Augenkontakt, der besagt, "von wegen alles klar oder wir verstehen uns". An dieser Stelle wird dem sozialen Ereignis der Massage auf der modulativen Ebene ein zeremonieller Bezugsrahmen hinzugefügt, auf dem nun etwas anderes als das gewöhnliche Massieren vor sich geht. Die Massage bekommt eine sexualisierte Ebene; der zeremonielle Rahmen wird zudem noch mit dem Modul des In-anderen-Zusammenhang-Stellens überlagert. Der

Handrücken erspürt während des Massierens den Genitalbereich des Jungen. Dieser ist sexuell erregt, und der Mann bestätigt im rituellen Austausch durch sein Grinsen seine Sympathie- und Interessenbekundung. Der Junge wird ein bißchen rot, signalisiert also offensichtlich abrupte Verlegenheit. Der Befragte läßt sich dadurch jedoch nicht irritieren, sondern greift die Situation auf und macht daraus einen Spaß, wie er sagt, und fragt, ob er "den auch noch massieren" soll. Der Junge reagiert offenbar verlegen, indem er sich "ins Fäustchen lacht und grinst". Das entspannte Liegenbleiben des Jungen wird vom Mann dahingehend gedeutet, daß wohl kein anhaltendes Unbehagen vorliegt. Er entnimmt daraus das Einverständnis des Jungen, seinen Penis streicheln zu dürfen. Nach dieser ersten körperlichen Annäherung wird die Massagezeremonie regelmäßig wiederholt. In der Folge der Begegnungen wendet sich das Blatt, und der Junge wird selbst sexuell aktiv. Er macht aus dem zeremoniell modulierten Rahmen einen primären und fragt: "Ja, deinen möchte ich auch mal streicheln". Der Mann ist davon überwältigt. Er empfindet das Zuvorkommenheitsritual als enorme Sympathie- und Interessenbekundung. Indirekt versieht er sich aber selbst auch mit derartigen Ritualen, denn er geht davon aus, daß schon beste Voraussetzungen geschaffen sein müssen, bis sich eine solche Situation herstellt. Er ist von dem Ereignis gewissermaßen mitgerissen, so daß seine dramaturgische Disziplin ein wenig in Gefahr gerät. Die Aufregung führt dazu, daß der Zeitpunkt seiner Ejakulation sich hinauszieht. Dadurch scheint der Junge ins Nebenengagement zu rutschen; es dauert ihm zu lange. Die Reaktion des Jungen auf den Orgasmus des Mannes rahmt der Betreffende schließlich in der Sonderausführung einer einübenden Modulation; er "mußte sich das alles genau angucken". Die Neugierde des Jungen bewirkt auf seiten des pädophilen Mannes die Empfindung einer kleinen Regelverletzung. Er fühlt sich ein wenig mißachtet, da der Junge "unromantisch" wurde und er das "Licht angemacht" hat. Die Regelverletzung erzeugt aber keinen Zwischenfall im interaktiven Geschehen. Das Ratifizierungsritual, ein neues T-Shirt anzuziehen, bewertet der Befragte als lockere Form der Zustimmung.

Ein weiteres kurzes Zitat soll belegen, daß spezifische Modulationen angewandt werden, um einem Verlegenwerden beim Jungen vorzubeugen. Der Befragte rahmt das Geschehen hier in einer So-Tun-als-ob-Modulation und erschließt sich damit seiner Ansicht nach die Möglichkeit, Sexualität mit ein "bißchen Abstand" anzubahnen.

"Da war er nackig im Bett, da hab' ich angeklopft: 'Hat der Herr noch einen Wunsch?' (-) 'Wer ist denn da?' (-) 'Der Portier, Hotelportier.' (-) 'Ja, kommen Sie mal rein'. Auf die Tour geht das. Aber ich kann nicht hingehen und sagen als Robin und Jochen zusammen, das ist schwul, das mag er nicht, man muß da ein bißchen Abstand zu haben" (Robin: 17/356-363).

Schonräume
Dort, wo die Erzählungen das sexuelle Geschehen fokussieren, wird die Begegnung oft in einen Einübungsrahmen gestellt. In dem vom Mann zur Verfügung gestellten Schonraum ist eine sexuelle Sonderausführung möglich; der Junge kann Erfahrungen unter Bedingungen sammeln, die von ihren gewöhnlichen Zusammenhängen und Folgen abgelöst sind. Sexuelle Neugierde, Versuche, Proben und Planungen sind in dieser Rahmenmodulation erlaubt. Das folgende Interview gibt darüber Auskunft.

"Och ja, es war ganz lustig, ja. Dieser Junge hatte, es war Sonntagvormittag, ich lag noch im Bett, weil ich um drei Uhr morgens erst ins Bett gegangen bin. Und der hatte einen Schlüssel für die Wohnung. Und, ach so, ich muß dazu sagen, daß er schon ein paarmal sonntags gekommen war. Er steht immer sehr früh auf, kam dann her, hat das Frühstück gerichtet. Dann haben wir nachher irgendwas zusammen gemacht, und deshalb hat der auch einen Schlüssel. Und so kam er auch wieder und kam halt dann noch zu mir ans Bett. Und, ach ja, dann hat er sich erstmal hingesetzt und sich mit mir unterhalten, auch ein bißchen so geschmust. Und ich selber lag, wie ich immer tue, nackt im Bett. Und dann hat er halt auch ein bißchen erzählt von Sexgesprächen in seiner Klasse. Und hat dann auch mehrfach merklich drauf hingewiesen, daß er das Gefühl hätte, daß sein eigener Penis gewachsen sei und daß er auch in die Pubertät komme, was wohl noch nicht der Fall ist. Hat das aber so gesagt und hat also immer wieder mal das Thema darauf gelenkt und kam halt irgendwann auch auf Nacktheit zu sprechen. Dann hat er gesagt, ja, eigentlich fänd' er's gar nicht so schlecht so nackt zu sein, man würde sich viel freier fühlen, nur zu Hause konnt er's ja nicht. Ich sag': 'Na bitte, hier kannst du's ja tun' und hat er dann auch gleich zum Anlaß genommen, sich die Jacke oder erstmal ein bißchen freier zu machen. Und hat er gemeint, ach, eigentlich sei es schöner, gestreichelt zu werden und hat dann sich noch weiter ausgezogen. Und (-) dann hat er gesagt, ja, er sei, hat er so gelegentlich gemeint, es sei eigentlich immer so schön, wenn er selber sich am Penis streicheln würde. Und hat also ungesprochen, so hab' ich's empfunden jedenfalls, stand die Frage im Raum, kannst du mir's nicht machen? Gut, und ich habe dann, und er hat das auch bei mir getan. Und haben wir halt mal so eine Zeitlang einfach nur geschmust. Er hat dann dabei mehrmals gesagt, könntest eigentlich stundenlang oder den ganzen Tag weitermachen, er hätt' auch noch nie so was Tolles erlebt und einfach ganz prima. Ja, und da hat's dann geläutet, und da kam Besuch, und da war's zu Ende" (Armin: 21/17-59).

In der Erzählung stehen sich Vermeidungs- und Zuvorkommenheitsrituale gegenüber. Während beim Jungen zu Hause hinsichtlich des Nacktseins Vermeidungsrituale gelten (Verbote, Untersagungen, Tabus), trifft er in den Räumen des Mannes und in seiner Gegenwart auf Zuvorkommenheitsrituale. Auf diesem Wissen aufbauend kann der Junge, als er eines Sonntagmorgens den Mann besucht, seine Interessen einbringen. Da der Mann noch nackt im Bett liegt, fällt es offenkundig nicht schwer, über Sexuelles ins Gespräch zu kommen. In der Darstellung des Mannes bahnt sich körperliche Annäherung über die Gesprächsinhalte des Jungen an. Aus seiner Sicht signalisiert der Junge Annäherung, indem er das "Sexgespräch" auf drei Themen lenkt: seinen Penis, seine Pubertät und das Nacktsein. Der Junge unterstreicht, daß man sich nackt viel freier fühlen würde. Zu Hause könne er sich nicht nackt bewegen. An dieser Stelle bietet der Befragte dem Jungen einen Schonraum an; das Nacktsein gewinnt darin den Charakter einer Sonderausführung; er stellt dem Jungen ein Einübungsmodul zur Verfügung, mit dem Erfahrungen unter Bedingungen möglich sind, die sonst unmöglich wären, da sie in diesem Kontext von ihren gewöhnlichen Zusammenhängen und Folgen, von den lebensechten Verhältnissen abgetrennt sind. Mit dem Angebot, "Hier kannst du's ja tun", wird ein Ratifizierungsritual ausgesprochen, das zum Ausdruck bringt, daß der Erwachsene die Situation im Gegensatz zu den Eltern des Jungen toleriert und daß sich an seiner Beziehung zu dem Jungen trotz des Wunsches nichts ändern wird. Auf diese Weise wird in der Begegnung dramaturgische Loyalität hergestellt. Beide bilden ein geschlossenes Ensemble. Durch Zuvorkommenheitsrituale und Bereitstellung eines Bezugsrahmens, in dem - fernab von dem wirklichen Kontakt mit der Welt - der Junge sich einübungsweise nackt bewegen kann, wird die körperliche Annäherung hergestellt. Aufgrund dieser Bedingungen schließt sich eine sexuelle Interaktion an, in der der Junge die bereitgestellten Angebote sogleich aufnimmt. Die Sequenz, "sich freimachen", das Bedürfnis, "gestreichelt zu werden", sich "weiter auszuziehen", gipfelt schließlich in der direkten Bemerkung des Jungen hinsichtlich seiner masturbatorischen Erfahrungen. Der Mann interpretiert dies als Aufforderung, ihn seinerseits zu masturbieren. Dies wird vom Jungen dahingehend erwidert, daß er nun auch ihn masturbiert. Beide haben sich in ihren sexuellen Bedürfnissen bestätigt und schließen ihre sexuelle Interaktion mit ausgiebigem Schmusen ab. Der Junge hat nach Auskunft des Mannes diesen Zustand eigentlich "stundenlang" anhalten mögen, hätte es nicht geläutet und der kommende Besuch der Interaktion ein Ende bereitet.

In anderen Erzählungen kommt es zu nicht immer unbedingt wechselseitigen sexuellen Handlungen. Vielmehr will der Junge, wie das folgende Beispiel zeigt, lediglich etwas demonstriert bekommen.

"Nee, das, der wollte das nicht, der wollte das nicht aber wollte zum Beispiel, daß ich ihm zeige, wie das geht, mit einen runterholen und so. Und dann durfte ich mir vor ihm einen runterholen, das wollt er dann auch immer wieder sehen, ja. Also ich hab' ihm halt dann auch gesagt, wie man das nennt und wie das funktioniert und überhaupt und so, weil ich den Eindruck hatte, daß also seine Mutter da nicht so, das nicht so vernünftig gemacht hatte mit der Aufklärung. Und er halt

war, fuhr da also voll darauf ab. Er hat das so mehr als Aufklärungsunterricht, also zeitweise auch mehr als Aufklärungsunterricht empfunden. Ja aber wollte es trotzdem immer wieder sehen und fand das auch
ganz geil. Und so, einmal dauerte das bei mir etwas länger, weil ich
halt auch da, das war halt, als er bei mir übernachtet. Da hat er dann
gemeint: 'Sag' mal, ist der Tank jetzt bei dir leer?' (lacht) Sonst geht
das so schnell. Weil ich mir da einfach etwas mehr Zeit gelassen hatte,
als wenn ich bei denen da in der Wohnung bin, ist ja klar.
F: "Und er hat dann auch bei sich, er hat sich auch einen runtergeholt
dabei?"
Also nicht, wenn ich dabei war, da durfte ich nicht dabei sein, nee.
Aber anfassen durfte ich. Und was er auch total geil fand, wenn ich,
wenn ich sein Glied in den Mund genommen hab', dran geleckt oder
geküßt hab' oder so, das fand er auch toll" (Oliver: 31/698-33).

In dieser Darstellung wird das Einübungsmodul ("Aufklärungsunterricht") noch mit einer weiteren Rahmenschicht, dem Demonstrationsmodul, versehen ("daß ich ihm zeige, wie das geht"); es ermöglicht
den Einblick in den Ablauf einer sexuellen Praktik. Die Begegnung
wird im Ton auf das Ethos des sozialen Anlasses abgestimmt ("Ich
hab' ihm halt dann auch gesagt, wie man das nennt und wie das
funktioniert"). Auf diese Weise wird Erwartungssicherheit darüber
hergestellt, was sich gerade ereignet und im nächsten Augenblick
ereignen wird. Die Rollenverteilung zwischen dem Lehrenden und
dem Lernenden findet offenbar beiderseits Zustimmung. Einerseits
will der Junge die Vorführung "immer wieder sehen", andererseits
signalisiert der Befragte keine Unzufriedenheit, wenn er vom Jungen
nicht sexuell berührt wird. Das Hauptengagement der demonstrativen
Einübung scheint allerdings an einer Stelle leicht gefährdet, als der
Mann für die vorführende Masturbation längere Zeit benötigt. Der
Junge bekundet Ungeduld über die zeitliche Verzögerung der Darstellung, während der Mann in spontaner Weise von seiner eigenen
Handlung in Anspruch genommen wird. Dadurch könnte die dramaturgische Disziplin der Aufführung in Gefahr geraten, weil der pädophile Mann gefühlsmäßig von seiner Demonstration nicht mehr so frei
bleibt - möglicherweise von ihr sogar mitgerissen wird -, so daß
dramaturgische Probleme, falls sie stärker auftreten, nicht mehr bewäl-

tigt werden können. Interessant und auffällig ist, daß trotz der wiederholten Demonstration der Junge diese nicht in Gegenwart des Mannes nachahmt, sondern sein eigenes Territorium, seinen personalen Raum dazu braucht, hingegen aber die sexuellen Handlungen, die der Mann an ihm vornimmt, offensichtlich akzeptiert. Nach Darstellung des Befragten scheint er neugierig zu sein und genießt seine sexuelle Stimulation, hält sich aber mit eigenen sexuellen Darstellungen zurück.

In den beiden letzten Erzählungen bot der Schonraum mit seinen Einübungsmöglichkeiten den Rahmen für Probe- und Lernzwecke. In einer weiteren Darstellung wird deutlich, daß der Schonraum vor allem Schutz bietet gegen die Angst vor noch mangelhaften Fähigkeiten unter lebensechten Verhältnissen.

"Der Junge setzt sich dann zu mir auf die Bank und so und meint, daß das so ein komisches, das war ein türkischer Junge. Er hätt' so ein komisches Gefühl. Also das war hier. Ich: 'Ja, was hast' denn für ein Gefühl?' Ja, er kennt da so ein Mädchen, meint er. 'So ein Mädchen kennste da'. Ja, mit der würd' er so gern was machen und so. Und fragt mich, ob ich auch schon mal was mit einem Mädchen gemacht hab' und so. Sag' ich: 'Ja, hab' ich', und so. 'Ja, und wie war denn das, was hast, wie hast, was hast du denn zu der gesagt?' 'Gesagt, ja, die hab' zum, die hab' ich gefragt, ob sie einen Kaffee trinken will, und so, und, und ob sie mit ins Kino gehen will, und so'. 'Ja, und das hast du gemacht. Ach, das mach' ich mit meiner Freundin auch'. Hab' ich: 'Ja, du mußt das nicht genauso machen wie ich das mach'. Also ich hab das halt so gemacht'. 'Ja, was habt ihr dann gemacht, wo ihr vom Kino raus seid?' 'Ja, da sind wir zu mir gegangen'. 'Ja und, und weiter, erzähl weiter'. Habe ich ihm alles erzählt. 'Ja und (...), ja haben wir uns halt nebeneinander aufs Bett gesetzt', hab' ich erzählt, und (-) . 'Ja, und weiter, ja, und dann hat sie sich dann ausgezogen und so?' Sag' ich: 'Ja, ja und' (-). Und halt fertig erzählt. 'Ja und dann hast du mit ihr geschlafen? Ja, und wie war denn das? Was war denn das für ein Gefühl?' Und (-). Dann meint er halt so ganz blöd nach zehn Minuten, wo wir da geredet haben: 'Ja, und wie groß muß er denn da sein?' Sag' ich: 'Weiß ich nicht, so oder so, keine Ahnung'. 'Ja, zeig' doch mal'. Sag' ich: 'Wieso zeigen? Also es sind doch so viele Leute, ich kann dir den doch nicht zeigen'. (-) Dann meint er: 'Ja, doch nicht hier. Dann gehen wir halt zu Fluß oder so'. Na ja, sind wir halt dahin, wo, ins Gebüsch wo, wo so, wo uns keiner sehen kann, und so. Hab' ich ihn halt gezeigt und jeder seinen, wie er steif ist. (-) Und dann hab' ich mir noch einen runtergeholt, das wollte er mal sehen.

F: Du hast Dir einen runtergeholt?

Ja. Er hat aber auch einen Steifen gehabt. Na ja und haben wir uns wieder getrennt. Er hat dann meine Telefonnummer gekriegt. Ich bin kaum heimgefahren, da klingelt schon das Telefon, ich soll sofort wieder kommen.

F: Wieder in dem Park jetzt da, oder?

Ja, wieder in (-)

F: In dem abgelegenen Teil da oder?

Na ja, wieder in den Park erst einmal, ja und so. (- -) Und da haben wir da eigentlich nix gemacht. (-) Und wir haben uns erzählt, was man noch alles mit einer Frau machen kann, weil das war ja unser ursprüngliches Gespräch, und so. Ja, daß, (-) daß es halt auch Frauen gibt, die einen lutschen oder so und (- -). Am nächsten Tag hab' ich ihn wieder getroffen, will er mit mir in die Bücherei gehen, Stadtbücherei gehen wollte. Und (-) gehen wir da, (-) spielen wir da erst einmal ein Spiel. Also da kann man so Spiele ausleihen. Meint er: 'Ja, wie ist denn das da mit, mit der Frau, wenn die einen lutscht?' 'Weiß nicht'. Und meint er: 'Ja, gehen wir mal auf die Toilette'. 'Du mußt aufs Klo'? Meint er: 'Ja'. Meint er, wir sollen zusammen da reingehen, da ist, da ist eine große Toilette drinnen und so. Na ja, ich soll es mal bei ihm machen. Na ja, denn hab' ich ihm einen gelutscht. Und (-) wir haben uns insgesamt sieben Wochen gekannt. Der wollte jedesmal wieder was Neues kennenlernen. Also er hat eigentlich weniger Interesse an meiner Person gehabt, und so. Er wollte immer sexuell ein bißchen mehr lernen" (Patrick: 11-12/709-10).

Die Begegnung kann als fortschreitender Einübungsvorgang charakterisiert werden. Der Junge will sich nach Darstellung des Befragten Kenntnisse verschaffen, um mit einem Mädchen "was machen" zu können. Mögliche mangelhafte Fähigkeiten sollen durch den Informationsvorsprung des Mannes behoben werden. Die Gesprächseröffnung und der mit der Frage des Jungen geschaffene Anlaß der Unterhaltung machen es dem Betreffenden leicht, die Begegnung in der Erwartung, 'hier will einer etwas lernen', abzusichern. Seine resümierende Deutung schließlich, was in der Begegnung vor sich geht, unterstreicht diesen Verständnishorizont. Regelsicherheit wird hier über ein Wechselspiel von Zuvorkommenheitsritualen und Interessebekundungen des Jungen und Interessewerbungen des Mannes geschaffen. Auf interessierte Fragen des Jungen werden eigene Erlebnisse und Erfahrungen dargestellt. Auf diese Weise wird ein bestätigender Austausch erzielt. Die Interaktion gleicht einem 'Frage- und Antwort-Spiel'. Dies ermöglicht dem pädophilen Mann, mehr und mehr Zielsicherheit zu gewinnen, so daß er sich in der dramaturgischen Selbstdarstellung als Experte präsentieren kann. In der dramaturgischen Gestaltung idealisiert er seine Rolle und kommt damit den von dem Jungen an ihn herangetragenen Anforderungen nach. So werden Erfahrungen in der Interaktion ausgeblendet, die mit der Idealisierung unvereinbar wären. Aufgrund des angelegten Interaktionsaufbaus gelingt es beiden, in das jeweilige Gesprächs- und Informationsreservat des anderen vorzudringen, bis schließlich sogar beiderseits die Umhüllung des Körpers keine Tabugrenze mehr darstellt. Bleibt der Junge dabei anfangs zwar erregt, aber noch passiv, und nutzt lediglich das Demonstrationsmodul des Mannes zu Lernzwecken ("Ich hab' mir noch einen runtergeholt, das wollte er mal sehen"), bleibt er am darauffolgenden Tag nicht nur Beobachter, sondern wünscht sich vom betreffenden Mann, daß er "es mal bei ihm machen" soll. Nach einer gewissen Zeit ist allerdings das Übungsinteresse verflogen und die Beziehung zu Ende.

3. Rahmungsschwierigkeiten

Körperliche Annäherung und sexuelle Interaktionen sind auch von Rahmungsschwierigkeiten begleitet. Sie tauchen allerdings seltener auf, als zu vermuten ist. Gründe für Rahmungsschwierigkeiten liegen in einem 'zu schnellen', 'zu langsamen', 'zu riskanten' oder 'zu deutlichen' sexuellen Vorgehen.

'Zu schnell'
Führt man einen Sexualkontakt voreilig herbei, hat sich aber mit den
besonderen Umständen der Anbahnungssituation nur unzureichend
vertraut gemacht, treten allzu leicht Irritationen auf.

"Da hab' ich den Jungen in die Umkleidekabine mit hineingenommen.
Und dann bin ich mit meinen Händen in seine Hose reingegangen. Er
stand dabei ganz still. Zuerst hat mich das irritiert, daß er ganz still
stand. Und ich bin nicht bis zu seinem Geschlechtsteil vorgedrungen,
sondern ich hab' schon gemerkt, daß er sexuellen Kontakt wollte. Er
hat sich dann selber die Hose ausgezogen. Er wollte sich dann wieder
schnell anziehen, weil er meinte, ich wollte keinen sexuellen Kontakt.
Ich bin ja nicht bis zu seinem Geschlechtsteil vorgedrungen. Also, er
wollte sich schnell anziehen. Das habe ich nicht zugelassen. Ich hab'
ihn abgetrocknet und mit dem Handtuch, und mit meinen Händen bin
ich dann zu seinem Geschlechtsteil gekommen. Ja, und, wie gesagt,
dann kam der sexuelle Kontakt. Das erste Mal hat er sich das Küssen
noch gefallen lassen, das zweite Mal nicht mehr. ... Er wollte mich, er
hat mich an meinem Geschlechtsteil angefaßt, aber an meinen Schwanz
lutschen, das wollte er nicht. Ich hab' das zwar ein paar Mal gesagt,
aber der hat immer nur so getan als ob"
(Uwe: 9-10/612-629;10/657-661).

In dieser Passage wird deutlich, wie Rahmungsschwierigkeiten zur
Interaktionsbefangenheit führen können. In dem zwischenfallartigen
Geschehen ist man dann überwiegend mit der Frage beschäftigt, wie
die Interaktion als Interaktion abläuft. Offenkundig bahnt der Mann
die sexuelle Interaktion überhastet an ("Dann bin ich mit meinen
Händen in seine Hose reingegangen"). Zunächst nimmt er, auf seine
direkte Initiative hin, abrupte Verlegenheit des Jungen wahr. Durch
das Aushaken des Jungen bietet er keine Reaktion mehr an, die einen
ruhigen Fortgang der Interaktion gewährleisten würde; vielmehr
versperrt seine Reaktion zunächst einmal den weiteren Weg des
Geschehens. Es führt zur Irritation beim Mann, da der Junge durch
das Mitgehen in die Umkleidekabine offensichtlich vorweg zur Rah-
menklärung beigetragen hat. Nicht mehr Unklarheit, ob, sondern
lediglich Ungewißheit, wie die sexuelle Interaktion angegangen wer-

den kann, bleibt als zu klärende Rahmungsschwierigkeit bestehen. Die verunsicherte Reaktion des Jungen auf die genitalen Berührungen des Mannes gibt jedoch erneut Anlaß, die gesamte Rahmensetzung zu überdenken. Es besteht nicht mehr nur Ungewißheit, sondern auch wieder Unklarheit, ob der Junge überhaupt zu einem sexuellen Kontakt bereit ist, zumal der pädophile Mann "nicht bis zu seinem Geschlechtsteil vorgedrungen" ist, wie er sagte, und der Junge daraufhin schon verunsichert reagierte. Dennoch hält er an der Überzeugung fest, daß der Junge den Kontakt wohl eingehen wollte. Dies wird jetzt vor allem dadurch unterstrichen, daß der Junge über eine Orientierungskundgabe versucht, falsche Eindrücke zu korrigieren, indem er "sich dann selber die Hose ausgezogen" hat. Da der pädophile Mann dieses kritische Zeichen offensichtlich nicht schnell genug erfaßt, gelangen sie zu keinem gemeinsamen Feststellungspunkt. Der Junge zieht daraufhin schnell wieder seine Hose an. In diesem Moment scheint der Befragte zu erkennen, daß er einer Fehlrahmung aufgesessen ist, denn wenn er "nicht bis zu seinem Geschlechtsteil vorgedrungen" ist, muß das der Junge seinerseits auch als Irritation auffassen. Daraufhin ergreift der Mann erneut die Initiative. Gewissermaßen durch Ratifizierung gibt er kund, den veränderten Zustand seines Gegenübers wahrgenommen zu haben. Das Abtrocknen und die Berührungen können seinerseits als Form der Zustimmung auf die Orientierungskundgabe des Jungen gesehen werden. Trotzdem tauchen erneut Schwierigkeiten auf, denn beide finden sich nicht im selben Rahmen präferierter sexueller Praktiken wieder. Der Erwachsene muß sich mit den Modulationen und der Kußverweigerung des Jungen zufrieden geben.

'Zu langsam'
Während in der vorhergehenden Erzählung die überstürzte genitale Berührung des Mannes Rahmungsschwierigkeiten erzeugt, macht in der folgenden Erzählung das zu lange unsichere Warten die Rahmungsschwierigkeit aus.

"Gehofft hab' ich das natürlich immer, das ist klar, nur für wahrscheinlich gehalten habe ich das also nicht, weil so, ich hätte ja gern gemocht, den fand ich auch unheimlich lieb und nett und was alles. Aber ich hab' immer Skrupel gehabt, kannst du nicht, ja, nachher kriegt der also, weiß ich, einen Schock und weiß der Teufel was, wenn du irgend so etwas machst. Vielleicht reagiert er dann, läuft er schreiend raus oder sonst irgend etwas. (Lachen) Und sonst wäre das wahrscheinlich schon früher von seiner Seite auch möglich gewesen, wenn ich mich nur getraut hätte. Er hat sich natürlich nicht getraut, das ist klar, wie sollte er. Aber ich hab' mich also auch nicht getraut. Ich hab' gedacht, bevor ich hier welche auf die Finger kriege, um Gottes willen, dafür ist mir das viel, so viel zu nett, um das auf's Spiel zu setzen deswegen" (Karl: 10/633-649).

Der Übergang zum sexuellen Intimverkehr ist von Verwirrung und Zweifel gekennzeichnet. Der Befragte antizipert mögliches Reaktionsverhalten des Jungen. Ihm bleibt zum einen unklar, wie der Junge auf die sexuelle Begegnung überhaupt reagieren könnte ("Weiß der Teufel was"), zum anderen jedoch stellt sich die Situation für ihn lediglich als ungewiß dar. Er sieht klar umrissene Möglichkeiten der Reaktion ("Schock", "läuft er schreiend raus"), die aber wohl nicht ernsthaft erwogen werden. Das Lachen des Befragten signalisiert die Distanz zu diesen potentiellen Reaktionen, dennoch bleiben "Skrupel" und Unsicherheit. Zwar ist die Hingabe ans Hauptengagement vorhanden, eine Anbahnung wird aber nicht gewagt. Ein anlaßgemäßes Engagement, das innerhalb der Situation ein gewisses Maß an Stimmung und Betätigung erzeugt, kann nicht entwickelt werden. Seine Absichten verbleiben so in der Sphäre des Nebenengagements. Beide Interaktionspartner scheinen deshalb auch aneinander 'vorbeizugehen', denn sonst wäre ein sexueller Kontakt "wahrscheinlich schon früher ... möglich gewesen"; der Mann hätte lediglich die Initiative ergreifen müssen. Die Irritation wird also um einer auferlegten Regelbefolgung willen mit Vermeidungsritualen versehen.

'Zu riskant'
Neben dem unbedacht zu schnellen Vorgehen und dem bedächtigen zu langen Warten bei der Anbahnung eines Sexualkontaktes sind auch während der Begegnung schlichte Fehleinschätzungen möglich, die Rahmungsschwierigkeiten verursachen. Ein 'zu riskantes' Vorgehen

kann dazu führen. Die folgende Erzählung illustriert die Abklärung von Rahmungsschwierigkeiten, die in einem Rahmungsirrtum enden. Ein Mann und ein Junge, die sich bereits körperlich und sexuell angenähert haben, kommen in einer Begegnung erneut zusammen. Der Junge, der sich nach Darstellung des Befragten bislang im Modulationsrahmen der Einübung mit ihm sexuell betätigt hat, will nun wissen, "wie ein Kuß geht".

"Ja, und dann, sag' ich so: 'Mach mal Augen zu', also war mehr so ein Spiel, Augen, Augen zu, Mund auf. Und dann hab' ich ihm halt Gras in Mund reingelegt. Das hat er bei mir auch gemacht und so. Und dann sind wir halt irgendwann (-).
F: Was hast du ihm da in Mund rein, wenn?
Gras.
F: Gras rein?
Ja.
F: Ich dachte jetzt Deine Zunge.
Nee, Gras. Einfach erst einmal Gras. Das war halt das Spiel. Und dann hab' ich ihm halt irgendwann einen Kuß gegeben und so. Der meint auf einmal, ja richtig, also, wie bei einer Frau. Ja, und dann bin ich mit der Zunge rein, so ungefähr so dreißig Sekunden oder so, geküßt. Und er hat das genossen. Und dann, am nächsten Tag, wollte ich ihn wiedersehen. Und dann hat er mich nicht mehr gekannt. So, ich hab' ihm ja irgendwie (- -) ja, und dann bin ich zu ihm hin und sag': 'Ja, warum, was ist jetzt los und so?'. 'Ja, brauchst nicht traurig sein, nur weil du einen Freund verlierst'. Und mir ist das halt so vorgekommen, jetzt wußte er alles, also wirklich alles, was man machen kann. Also was mir halt so eingefallen ist, und dann wollte er nicht mehr. Er wollte eine Frau. Das hat er auch kurz nach dem Kuß schon gesagt. 'Ja, das war ganz schön aber mit einer Frau ist es schöner'. Ja, da war's zu Ende. Ist interessant gewesen" (Patrick: 12-13/67-96).

Dem Rahmungsvorgang, der die sexuelle Begegnung bislang als Einübungsmodulation kennzeichnete, wird nun eine weitere Schicht, in Form eines So-Tun-als-ob-Moduls hinzugefügt. Ein Kuß, etwas, was der Junge kennenlernen wollte, scheint aus Sicht des Mannes in der sexuellen Interaktion eine hochgradig sensible, spannungsreiche und fragile Praktik zu sein, so daß es nicht reicht, sie nur unter der Sonderausführung Einübung zu firmieren, sondern sie zusätzlich zu umrahmen. Kann die Beziehung beiderseits aufgrund des primären Lerninteresses mit einer sexuellen Übung noch auf Distanz gehalten werden, wird sie über deutliche Zärtlichkeitsbekundungen, wie einem Kuß, anscheinend zu einer persönlich gebundenen Beziehung. Um die Schwierigkeiten auszuloten, ob es soweit kommen darf, bedarf es deshalb zusätzlicher und sorgfältiger Überprüfungen. Das So-Tun-als -ob-Spiel kann aus diesem Grund als Vorbereitungsspiel für das eigentliche Einüben gesehen werden. Aber selbst das So-Tun-als-ob -Modul bedarf noch einer weiteren Schicht. Es reicht nicht, erst das Küssen vorbereitend zu spielen, vielmehr gilt es noch, es gewisserma-ßen rätselhaft einzubinden ("Augen zu, Mund auf"). In der so gut gemeinten experimentellen Täuschung kann an die Kußpraktik her-angeführt werden, wohl um in der Erwartung sicherzustellen, daß die vom Jungen geäußerte Wunschpraktik keine Interaktionsspannung aufkommen läßt; deshalb werden hier die Schichten des Rahmungs-vorgangs detailliert angelegt. Dennoch scheint das Bemühen zu miß-lingen, es ist 'zu riskant' gewesen, auch wenn der besagte pädophile Mann nur die Handlungen des Jungen vorsichtig wiederholte. Das Grasspiel und der darauffolgende Zungenkuß führen, auch wenn der Junge es "genossen" habe, wie der Befragte meinte, vollkommen unerwartet zum Kontaktabbruch. Der entstandene Zwischenfall wirft Rahmungsschwierigkeiten beim Befragten auf ("Warum? Was ist jetzt los und so"). Es kommt zu einem korrektiven Austausch, wo nicht er sich einem ungeschickten Vorgehen stellt, sondern vielmehr der Junge sich für seinen Rückzug entschuldigt. Auch er befindet sich offenkun-dig in Rahmungsschwierigkeiten. In der Erzählung deutet der Mann diese als Irrtumsverhalten des Jungen. Augenscheinlich hat der Mann unter falschen Voraussetzungen agiert. Dies erklärt das Aushaken des Jungen, der sich einer Rolle entledigt hat, von der er nicht überzeugt war.

Eine weitere Form des 'zu riskanten' Vorgehens besteht darin, daß es bewußt geschieht und nicht einfach unterläuft wie im vorigen Fall. Die Handlungen werden so aufgezogen, daß sie die Möglichkeit einer Fehleinschätzung in sich bergen.

"Du kannst ja, du kannst da ein bißchen schmusen mit ihm und so. Aber wenn ich's dann, wenn man, ich hab' dann mal so, wenn ich's mal so testen wollte, mal wissen wollte, wie weit man da gehen kann, also wo, wo auch dann der Punkt kommt, wo er dann sagt, hier ist Schluß oder so. Da hab' ich mal versucht, ein bißchen da im Intimbereich, einmal ein bißchen mit der Hand da rumzufahren. Hat er mir die Hand weggenommen (-) , dann hat er gesagt: 'Ich hab' dir da gesagt, daß da, daß es das nicht gibt'. Und da hab' ich gesagt: 'Mein Schätzelchen, entschuldige (lacht), ja was wollt, was blieb mir da denn anderes übrig. Ich hab' dann gesagt, ich sag': 'entschuldige, entschuldige, mein Schatz, das wollt' ich ja nicht'. Aber (-). 'Ja, ja, ich weiß schon', hat er gesagt, 'du wolltest es bloß mal probieren, ob das geht'. Und da hab' ich dann gesagt: 'Na ja sicher wollt' ich das mal probieren, ich wollt' doch mal gucken, ob vielleicht, vielleicht hast du deine Meinung in der Zwischenzeit ja doch geändert' oder so. 'Nein, sagt er, nicht' (-)" (Arne: 6/439-466).

Der Übergang zur sexuellen Annäherung führt in dieser Erzählung offenkundig zu einer wiederholten Fehlrahmung. Anscheinend hat der Befragte schon einmal einen Versuch unternommen, sich dem Jungen sexuell zu nähern. Obwohl der Junge in dieser Hinsicht nichts zuläßt, bleiben beim Mann Zweifel zurück, und er riskiert erneut einen Test, "wie weit man da gehen kann". Um die Rahmungsschwierigkeiten abzuklären, versucht er im Genitalbereich des Jungen manuell "da rumzufahren". Dieser Wunsch, der in einem primären Rahmen angelegt ist, führt zu einem Zwischenfall. Indem er die bereits vorangegangenen negativen Reaktionen des Jungen übergeht, mißachtet er seine Ablehnung; der erneute Versuch erscheint dem Jungen als Aufdringlichkeit, weil eine erwartbare Höflichkeit unterlassen wird. Da der Junge signalisiert hat, daß seine verschiedenen Körperteile unterschiedlich vor Berührung geschützt sind, muß der Übergang vom erlaubten Schmusen zum unerlaubten Berühren der Genitalien als Verletzung der territorialen Hülle gesehen werden. Dem Zwischenfall folgen korrektive Handlungen, die Entschuldigung und die Erklärung. Mit der Entschuldigung bringt der Befragte seine reumütige Einstellung zum Ausdruck, mit der Erklärung beabsichtigt er, sein Irrtumsverhalten in dessen Bedeutung zu ändern. Eine offensive Handlung, wird in eine verwandelt, die als akzeptabel angesehen werden kann. Er weist auf entlastende Umstände hin ("Vielleicht hast du deine Meinung in der Zwischenzeit ja doch geändert"). Offenkundig bewegt sich der Befragte in einem Rahmen, in dem er sich erneut geirrt hat.

'Zu deutlich'
Eine weitere Dimension der Rahmungsschwierigkeiten stellen Auseinandersetzungen dar. In der folgenden Erzählung finden sich Mann und Junge offensichtlich nicht in demselben Rahmen wieder. Sie streiten sich zwar nicht explizit über ihre verschiedenen Auffassungen der Situation, dennoch bleiben in der Begegnung Rahmungsschwierigkeiten zurück, die den Befragten unzufrieden machen, weil er 'zu deutlich' vorgegangen ist.

"Und dann eben halt, (-) ja die, die (-) unheimlich starke Ablehnung von Körperlichkeit. Es geht jetzt wirklich nicht darum, ob mir jetzt Ausleben von Sexualität, das ist noch für mich, noch ganz zweitrangige Kiste. Aber wenn ich einen Freund hab', möchte ich ihn auch mal in den Arm nehmen können oder solche Sachen (-) oder mal über den Kopf streicheln oder sonst was. Aber wenn irgendwann einer daneben sitzt, obwohl ich ihm erklärt habe, wie's mit mir aussieht und er auch durchaus Fragen gestellt hat und so. Man hat da durchaus auch länger darüber geredet. Es ist nicht so, daß ich da jetzt Mund auf oder so, so nach dem Motto, boah, das hätt' ich aber von dir nicht gedacht, sondern er hat ja auch Fragen gestellt und so weiter, wie läuft's und, und warum und solche Sachen. Also man hat da schon offen darüber geredet. Und dann eben halt trotzdem im nachhinein, nee, pack' mich bloß nicht an. Da hab' ich mir irgendwie immer gedacht, das sind eben halt doch so zwei Sachen in seinem Kopf, die er nicht zusammen bringt und die er auch nicht zusammen bringen will irgendwie. Daß er sich irgendwie denkt, der Dieter ist ja ganz in Ordnung, mit dem kann man quatschen, und wenn ich Probleme hab', dann lösen wir die auch zusammen, aber er ist ja doch schwul" (Dieter: 10-11/668-11).

Die Rahmungsschwierigkeiten setzen in dieser Erzählung schon bei der körperlichen Annäherung an. Mann und Junge finden sich nicht in demselben Rahmen wieder. Um möglicherweise verschiedene

Wirklichkeitsauffassungen abzuklären, setzt der Befragte die Begegnung in den primären Rahmen einer Selbstoffenbarung. Diese deutliche Orientierungskundgabe hat anscheinend ausgereicht, um den Rahmen anfällig für Schwierigkeiten zu machen. Zwar wird über das Selbstbekenntnis offen geredet, dennoch kann der Aktionsfaden damit nicht weitergesponnen werden.

Eine massive und offensive Auseinandersetzung wird gewählt, wenn man eine Begegnung nicht als pädophile Liebesbeziehung ansehen kann, sondern, wie im folgenden Fall, als Stricherbekanntschaft bezeichnet wird. In diesem Fall kann man sogar 'deutlich' vorgehen. Wird also einerseits versucht, Schwierigkeiten zu glätten, so wagt man bei Stricherkontakten den Konflikt und den offenen Streit, weil sie augenscheinlich unter anderen Rahmenbedingungen erfolgen.

"Ich erwarte dann ganz einfach mehr dann auch. Wenn ich weiß, der verkäuft sich, dann ist das ganz normal. Dann, ja weil, erstens steh' ich denn gefühlsmäßig zu ihm nicht, und das macht dann auch nichts, nicht zuviel aus von ihm mehr zu erwarten. (- -) Denn alles andere wäre Augenwischerei. Wenn ich sagen würde, also der braucht mir nur einen zu wichsen, wichsen kann ich mir selber einen, braucht ich keinen kommen lassen.
F: Die stehen unter anderen Vorzeichen, solche Kontakte?
Der sich verkäuft muß damit rechnen, daß er auch was tun muß dafür. Das ist ganz einfach, ob das ein Kind ist oder nicht. Denn Kinder können ganz schön brutal sein dabei, nicht. Ich kann's, hab' ich nie für möglich gehalten.
F: In welcher Hinsicht jetzt, meinst Du mit Erpressung?
"Na ja, sicher, die 50 Mark oder 100 Mark, und meistens wollen sie dann nichts dafür tun auch noch, das ist auch noch das Tolle"
(Klaus: 25-16/279-305).

Gekaufte Kontakte machen es scheinbar einfach, Zielsicherheit zu erlangen. Die Dramaturgie der Selbstpräsentation bedarf keiner sensiblen Überprüfung. Weder muß auf eine bestimmte Imagepflege, noch auf eine gewisse Ausdruckskontrolle Wert gelegt werden. Dramaturgische Loyalität in der Begegnung kann aufgrund des Austauschverhältnisses vorausgesetzt werden. Neben einer dramaturgischen Entlastung bietet diese Art der Sexualbeziehung den Vorteil keines näheren rituellen, bestätigenden Austausches zu bedürfen, um die Zusammenkunft nach regelgesichertem Verhalten steuern zu können. Allein die primäre Rahmung reicht zur Deutung und Strukturierung der Begegnung aus. Der primäre Rahmen gibt Darstellungen an die Hand, wie Ereignisse in eine vorgegebene Richtung interpretiert werden können. Bei der Rahmung 'Stricherverhältnis' muß nicht auf eine vorhergehende Deutung zurückgegriffen werden. Sie steht als solche für Gewißheit darüber, was in der Begegnung geschehen dürfte und man erwarten kann. Diese 'Eingangsrahmung' kann jedoch in der konkreten sexuellen Interaktion in Schwierigkeiten geraten und damit die Erwartungen unsicher werden lassen, wie die Erwartungsdivergenz hinsichtlich der Intensität sexueller Praktik im soeben aufgeführten Beispiel zeigt.

4. Rahmungsbrüche

Rahmenbrüche bei körperlicher Annäherung und während der sexuellen Interaktionen entstehen in erster Linie aus einem mangelhaften Glauben an die eigene Rolle. Die Befragten wissen nicht, wie sie die Begegnung rahmen sollen, ferner fehlen ihnen Rituale für ein regelgeleitetes Vorgehen. Die größten Probleme liegen in der Dramaturgie ihres Auftretens. Da sie kaum nähere Vorstellungen darüber haben, wie sie das Handlungsgeschehen steuern wollen, können sie keine handlungsaufbauende Darstellung ihrer eigenen Person abgeben. Zwar sind sie bemüht, ihrer Rolle verpflichtet zu sein, doch es gelingt ihnen nicht, sie zu erfassen. Es besteht eine Diskrepanz zwischen Individuum und Rolle, zwischen Sein und Tun. Mit dieser Rollendistanz versuchen sie sich von der 'Befleckung' durch die Situation zu lösen. Hieraus entstehen die folgenden Rahmenbrüche.

Rollen aufbauen
In der Erzählung stellt sich der Befragte als außerhalb eines gerahmten Vorganges stehend dar. Erst durch die Initiative des Jungen kann

er seinen Schein der Unbeteiligtheit nicht mehr aufrechterhalten und rutscht ins Geschehen hinein. Er ist dadurch ungenügend darauf vorbereitet, eine situationsadäquate Rolle aufzubauen.

"Da passierte beispielsweise folgende Szene: War wieder bei ihm zu Besuch, war dickster Winter, ich glaube, es hat sogar geschneit. Und er hatte so ein Fernrohr, so ein richtig großes so. Und er wollte dann unbedingt so die Sterne begucken abends, war ja stockdunkel draußen. Ja, gut. Sind wir rausgegangen in den Garten, und er machte die Rolladen runter vor der Tür. Ich dachte, was soll das denn jetzt. Baut das Ding da auf und guckt da durch. Guck mir den Mond so an, und auf einmal merk' ich, wie er mir einen Kuß gibt. Also so, so Inszenierungen, ja, wo also möglichst garantiert keiner zugucken konnte. (- -) Ich muß dabei sagen, daß er da also mit dem ganzen Gebiet, so Sexualität und auch wohl seine Schwierigkeiten hat. Sogar auch nicht so ganz unverklemmt ist. Dann auch auf solche Inszenierungen immer angewiesen war (Dirk: 17/470-488).

Offenkundig ist der Befragte auf eine Körperannäherung nicht vorbereitet. Nicht er ist initiativ, sondern der Junge zieht ihn ins Geschehen. Es gelingt ihm nicht, aus dem sozialen Anlaß - der Romantik des Sternebetrachtens - ein Hauptengagement zu entwickeln. Dies wird vielmehr vom Jungen aufgebaut. Der Befragte deutet den Engagementverlauf des Jungen jedoch als Fehlengagement, weil es ihm als "verklemmtes" Verhalten erscheint. Er stellt es in den Zusammenhang eines Zwischenfalls; der Junge agiert nach seiner Darstellung aus einer 'abrupten' Verlegenheitssituation heraus, da nicht Formen der direkten Körperannäherung gewählt werden, sondern "Inszenierungen" nötig sind. Implizit steht dahinter die vage Regel, daß nur derjenige auf Inszenierungen angewiesen zu sein scheint, der mit "Sexualität ... seine Schwierigkeiten hat". Der Befragte verkennt, daß er selbst in der Interaktion verlegen reagiert. Während er überhaupt nicht in der Lage ist, die Handlung in der Situation voranzutreiben, bekundet der Junge durch Körperannäherung anscheinend sein persönliches Interesse. Dieses Ritual kann der Befragte offenbar nicht annehmen bzw. stellt er sich überrascht dar, daß er auf diese Weise in den Vorgang hineingestolpert ist. Er kann seine Rolle - selbst auf der Hinterbühne des Geschehens, "wo ... garantiert keiner zugucken konnte ..."- nicht adäquat erfassen. Weder läßt er sich an eine handlungsinitiierende Rolle binden, noch demonstriert er spezifische Qualifikationen zur Durchführung einer ritualistischen Einbindung eines bestätigenden Austausches. Sein Einsatz bleibt passiv; er zeigt Rollendistanz, indem er sich einer möglichen 'Befleckung' durch die Situation entzieht, anstatt sie zu meistern versucht.

Rollen vorantreiben
In folgender Darstellung schaukelt sich die Situation auf. Die hier versuchsweise aufgebaute Rolle kann allerdings nicht vorangebracht werden, der Rahmen bricht auseinander.

"Ich hab' gar nichts gesagt. Er hat das Thema darauf gebracht. Aber dann so, also: ich will, aber ich will doch nicht oder trau' mich nicht oder wie auch immer. Und tja, und da hat's dann geregnet. Das war also kein sonniger Tag, wo also sozusagen bei Regen relativ wenige Leute umeinander laufen. Und dann sind wir also da so in etwas ins dichtere Unterholz gegangen und (-) hat er sich halt so die Hose ausgezogen. Und, ja, ich hatte halt auch noch keine Erfahrung damit. Und ich fand's nicht besonders nett. Und er fand's wohl auch nicht besonders. Und hat er, (-) das Becken war so rausgestreckt und er dann so nach hinten und hat so zum Himmel geschaut. Und das weiß ich auch noch, eben dadurch, daß es geregnet (-). Da hat er so Tropfen auch ins Gesicht gekriegt. Und dann kam halt diese ganze, ja diese Phantasie, die eben mich als Kind sozusagen gequält hat. So man ist ja das letzte, man ist ja eine Bestie oder so was. Hab' ich also gedacht, der weint jetzt, und du bist der große Verbrecher und so weiter, hab' also einen Todesschreck gekriegt. Und hab' ihn halt dann gefragt: 'macht Dir keinen Spaß?' Oder so was. 'Nee', hat ihm also nicht so wahnsinnig Spaß gemacht. Und da haben wir halt aufgehört. Und, tja, also er hat nicht geweint und nix" (Philipp: 13/188-212).

Offenkundig hat die mangelnde Rollenerfassung des Befragten ("Ich hatte halt noch keine Erfahrung") und die Uneindeutigkeit in der Willensbekundung des Jungen ("Also ich will aber ich will doch nicht") den Rahmenbruch der sexuellen Begegnung präjudiziert.

Ferner scheint die soziale Situation äußerst ungünstig gewählt. Auf der einen Seite ist die Begegnung zwar durch die Wahl einer Hinterbühne (dichtes Unterholz an einem Regentag, wo wenig Spaziergänger unterwegs sind) für den pädophilen Mann abgesichert. Andererseits bewirken die Regentropfen im Gesicht des Jungen einen Zwischenfall, der die sexuelle Begegnung heruntermoduliert. Dadurch kann die Rolle nicht vorangebracht werden. Eigentlich sollte aus Sicht des Befragten die Situation "besonders nett" sein, nun entgleitet sie ihm; sie bekommt einen ernsthaften Charakter, dem Rahmen wird gewissermaßen eine Schicht genommen. Der Zwischenfall bewirkt eine Ichbefangenheit des Befragten. Selbstzweifel und internalisierte Stigmatisierungen überschatten die Begegnung. Durch eine Erklärung versucht er, einen korrektiven Austausch herzustellen. Die Interaktion wird daraufhin abgebrochen.

Rollen durchhalten
Der Betreffende kann in der folgenden Erzählung keinen ruhigen Fortgang der Interaktion sicherstellen. Er obliegt Verhaltensbeschränkungen, die dazu führen, daß eine Rolle nicht durchgehalten werden kann. Es kommt deshalb nicht zu einer sexuellen Begegnung.

"Ich hab' einfach, da war eine innerliche Bremse. Ich hab' mir gedacht, 'Hoppla, einen Moment mal, stop, weiter darfst du nicht gehen'. Ich meine, ich hab' ihn nur im Arm gehabt und das Gesicht gestreichelt und urplötzlich war innerlich ein Stop da, und 'Komm, weiter darfst du nicht, das kann brenzlig werden'" (Naxos: 2/107-112).

Obwohl körperliche Annäherung erreicht worden ist, kann der Befragte die sexuelle Aktivität nicht in ein Hauptengagement überführen. Er kann sich auf das Ereignis nicht angemessen einstellen. Seine emotionale Verfaßtheit unterliegt einem Überengagement hinsichtlich der Vorsichtsmaßregeln. Er erstarrt in einer Ichbefangenheit und richtet dadurch seine Aufmerksamkeit in besonderer Weise auf sich selbst. Offenkundig ist der Glaube an die eigene Rolle in Gefahr geraten, da der Betreffende möglicherweise das Problem sieht, vollständig von seinem Spiel gefangengenommen zu werden. Die Diskrepanz zwischen obligatorischem und spontanem Engagement löst der Befragte hinsichtlich verpflichtender Zurückhaltung auf; er blockiert sein Verhalten, die Interaktion bricht auseinander.

Der Trennungsrahmen, seine Rituale und Dramaturgie

1. Primäre Rahmen

Pädophile Männer stehen vor der gewissen Tatsache, daß es irgendwann zu einer Trennung ihrer Beziehungen kommt. Nicht so sehr, daß die Trennung eintritt, sondern wie sie eintritt, beschäftigt viele Befragte. Auffälligerweise kommen sie beim Trennungsprozeß völlig ohne transformatorische Deutungsrahmen aus. Während in den anderen Handlungsfeldern zumeist der pädophile Mann die Begegnungen inszeniert, strukturiert und steuert, liegt der Trennungsvorgang überwiegend in den Händen des Jungen. Er ist der Akteur, der die Trennung vollzieht. Die u.U. naheliegende Annahme, dem Mann würde der Junge 'zu alt' und deshalb trenne er sich von ihm, ließ sich nicht bestätigen; vielmehr trennt sich der Junge von dem Mann. Deshalb wird die Interaktion auch im primär vorgegebenen Deutungsrahmen verstanden; sie entbehrt aller Transformationen in ein anderes Stück Wirklichkeit. Die Realität, so wie sie aufscheint, genügt zur handlungsorientierenden Deutung, was vor sich geht. Gleichwohl sind Rahmungsschwierigkeiten und Rahmenbrüche zu verzeichnen, aber sie sind seltener als die Benutzung des primären Rahmens, in dem die beiderseitige Ablösung trotz mancher Trennungsschmerzen eher harmonisch als konflikthaft vollzogen wird. Der Trennungsprozeß zeichnet sich auf verschiedenen Ebenen durch hohe Erwartungssicherheit aus. Der erfahrene Pädophile weiß - im primären Rahmen lokalisiert -, was bei einer Trennung vor sich geht: Erstens kennt er die Anzeichen einer bevorstehenden Trennung, zweitens überläßt er die Entscheidung zur Trennung dem Jungen, drittens macht er dem Jungen, wenn er sich trennen will, keine "Szenen", und viertens versucht er nach der Trennung, mit ihm befreundet zu bleiben. Aufgrund dieser erfahrungsgebundenen Prämissen erlaubt der primäre Rahmen die Trennungsereignisse in einer vorgegebenen Richtung zu verstehen und zu deuten.

Anzeichen

Es gibt nach Auskunft der befragten pädophilen Männer ganz bestimmte Anzeichen für eine Trennungsabsicht des Jungen. Nimmt der Ältere diese Anzeichen wahr, wird er sich auf ein baldiges Ende der Beziehung einstellen.

"Ich denke mal, daß es jetzt so langsam dem Ende entgegengeht, ich hab' den früher relativ oft besucht, und er hat öfters angerufen, und ich war denn öfters da, ich merk' einfach, daß wir uns immer mehr auseinanderleben. Für ihn werden Sachen wichtig, die für mich halt nicht wichtig sind, wie zum Beispiel Discos und Mädchen oder seine Clique, die jetzt so in Richtung Rockerclique jetzt geht, wo ich nicht sehr viel mit anfangen kann. Und dann merke ich dann einfach, daß von ihm aus weniger kommt, also ursprünglich hatte er schon gesagt, dieses Jahr wollte er mal mit einem anderen in den Urlaub fahren, nicht mehr mit mir, oder ich merke halt, wenn Briefe von mir praktisch unbeantwortet bleiben, wenn zu Weihnachten mal nichts kommt. Ich merk' einfach, das Interesse läßt nach" (Andreas: 33-34/156-171).

"Das lief langsam, das läuft über Monate so. Er kommt dann mal wieder vorbei, und dann bleibt er länger weg und kommt dann wieder. Dann geht es so los, er hält Verabredungen nicht ein. Also es ist, und wenn er anfängt, Verabredungen nicht mehr einzuhalten, dann weiß ich, daß es zu Ende geht, daß er bald nicht mehr kommt" (Uwe: 22/683-689).

Die dargestellten Anzeichen lassen die Befragten sicher erwarten, daß ein Ende ihrer Beziehung bevorsteht. Sie richten sich darauf ein und halten nicht wider den Willen des Jungen an einer Beziehung fest. Bezeichnend ist, daß der Trennungsprozeß als "langsames Ende" beschrieben wird. Es wird zumeist kein abrupter Schlußstrich gezogen, vielmehr ist es so, daß man sich "auseinanderlebt". Ein langsames Ende kann in zweifacher Hinsicht interpretiert werden: Zum einen ist mit gewisser Plausibilität anzunehmen, daß Beziehungen, deren Auflösungsprozeß sich zeitlich erstreckt, von gewissen Verbindlichkeiten und persönlicher Nähe getragen gewesen sein müssen. Während distanzierte Beziehungen sich schneller aufkündigen lassen, ist das Ende in engen Beziehungen zumeist ein langwieriger Prozeß. Darüber hinaus kann man vermuten, daß dieser Prozeß deshalb langsam verläuft, weil das Trennen Schwierigkeiten bereitete. Dies ist aber, wie wir weiter unten sehen werden, nicht der Fall.

Indiz für eine bevorstehende Trennung ist nach Darstellung der befragten Männer die sich mehr und mehr abzeichnende fehlende Reziprozität in der Beziehung: Der Junge setzt andere Prioritäten, Interessendivergenzen tauchen auf, Kontinuität und Verläßlichkeit in der Beziehung lassen nach. Viele pädophile Männer sehen sich vor die Tatsache gestellt, daß für den Jungen "Sachen wichtig (werden), die für mich halt nicht wichtig sind", wie einer von ihnen sagt. Will man sich angesichts dieser Anzeichen 'harmonisch' statt streitsüchtig oder konfliktbeladen trennen, gilt es nach Auskunft der Befragten vor allem, zwei Regeln zu beachten: Erstens entscheidet der Junge über die Trennung, und zweitens macht man dem Jungen hinsichtlich seiner Trennungsabsichten "keine Szenen".

Entscheidung

Bis auf wenige Ausnahmen berichten alle pädophilen Männer, daß die Entscheidung zur Trennung beim Jungen liegt. Ein Befragter beschreibt diese zum Ritual entwickelte Regel folgendermaßen:

"Daraus resultiert auch, daß ich eigentlich auf dem Standpunkt stehe, daß man sich nur mit so jungen Leuten einlassen sollte, wenn man bereit ist, das solange durchzuhalten, bis und solange zu machen, bis der Junge selbst sich davon lösen will, aufhören will. Daß also sehr problematisch ist für einen Zwölf- oder Dreizehnjährigen, wenn er plötzlich vor die Tür geschoben wird. Und wenn die Leute sagen, also jetzt bist du mir zu alt geworden, nun kann ich nicht mehr mit dir, vielleicht gerade zu Zeiten, wo es dem Jungen am wichtigsten ist, weil er also sexuell in die Pubertät kommt und die nun mal die potenteste Zeit ist und doch verstärkt die sexuellen Interessen und ihn dann abzuschieben, weil er also die ersten Haare am Sack kriegt und so weiter, das kann ich also ehrlich gesagt nicht sehr verstehen, weil ich also glaube, daß Liebe zu einem Menschen, ob's nun ein Junge ist oder sonst was, eigentlich nicht damit enden kann, daß oder darum enden kann, weil ein Junge irgendwie ein paar Haare kriegt am Sack. Man liebt ihn ja doch nicht nur deswegen, weil er keine Haare hat" (Herbert: 3/180-213).

Die antizipatorische Rahmung der zeitlichen Begrenztheit einer pädophilen Beziehung wird von den Befragten mit selbstauferlegten Verpflichtungen hinsichtlich Art und Weise der Trennung verknüpft. Zur pädophilen Rolle gehört die Fähigkeit, die Initiierung zur Trennung des Jungen abwarten zu können. Damit wird ein Zuvorkommenheitsritual zur Geltung gebracht, das die Position des Jungen in der Beziehung unterstreicht. Es käme einer Regelverletzung gleich, würde man diese Verpflichtung mißachten. Implizit wird damit zum Ausdruck gebracht, daß der Junge eine Trennung, die von ihm nicht gewollt ist, möglicherweise nicht verkraftet und dieser Belastung nicht ausgesetzt werden darf. Andererseits wird an dieser Stelle die Asymmetrie solcher Beziehungen deutlich. Während der Junge sich noch 'stark gebunden' fühlt, erlebt der Mann möglicherweise schon 'leichte Distanz', die aber durch paternalistische Täuschung überdeckt wird. Der Deutungsrahmen, der hier zur Anwendung kommt, scheint jedoch stärker in dem primären Rahmen einer handlungsleitenden Prämisse verankert (der Junge entscheidet) als in der transformatorischen Kraft einer Erfindung, die als paternalistische Täuschung erscheint. Außerdem verlangt Rücksichtnahme nicht, daß sich der pädophile Mann verleugnet. Der Befragte unterstreicht, daß "Liebe zu einem Menschen ... nicht damit enden kann, ... weil ein Junge irgendwie ein paar Haare kriegt am Sack. Man liebt ihn ja doch nicht nur deswegen, weil er keine Haare hat". Das heißt, in seiner Dramaturgie kann der Pädophile aufrichtig vorgehen und muß keine zynische Darstellung abgeben, denn zur Zielsicherheit einer 'optimalen Trennung' gehört die Voraussicht auf möglicherweise ungleichzeitige Trennungsbedürfnisse. Es gibt aber auch Fälle, wo sich der Junge trennen will, der pädophile Mann aber längst noch keine Trennungsabsichten hat. In diesem Fall greift eine zweite Regel - auch im primären Deutungsrahmen verortet -, die bei der Entscheidung, wie man sich trennt, zu beachten ist.

"Ich hab' es so erlebt, daß mein sexuelles Interesse länger gedauert hat,
als das sexuelle Interesse eines ehemals kleinen Freundes, der dann
größer geworden ist, wo mir eh schon klar war, daß er so in seiner
Persönlichkeit, daß er früher oder später einen sehr intensiven, sexuellen Kontakt zu Mädchen suchen wird, und das dann früher getan hat,
als mir irgendwo so lieb war ... Da habe ich mich versucht, ich hoffe,
es ist mir auch gelungen, versucht, als Freund zu verhalten, also keine
Szenen, kein Drama, keine Eifersucht oder irgendwelche Tricks. Von-
wegen das Wochenende mußt du mit mir verbringen, und da verabreden wir dies und das. Ich glaube, das hätte mir auch nichts gebracht, weil dann ist die Situation, was bringt's denn, mit jemanden ins
Bett gehen zu wollen, der an seine Freundin denkt, der keinen Bock
mehr hat, das liegt mir nicht, das ist gut" (Kurt: 26/312,329).

Werden Anzeichen der bevorstehenden Trennung deutlich (z.B. Kontakt zu Mädchen), gilt es auch hier, die sich anbahnende Entscheidung
des Jungen zu respektieren, auch wenn man - wie in diesem Fall -
gerne länger mit dem Jungen zusammengeblieben wäre. Zudem
wünscht der Befragte sich authentische Beziehungen, "denn mit jemanden ins Bett gehen zu wollen, der an seine Freundin denkt, der
keinen Bock mehr hat, das liegt mir nicht". Verwoben mit der Akzep-
tanz, daß der Junge den Zeitpunkt der Trennung bestimmt, ist eine
Devise im Verhaltensrepertoire des pädophilen Mannes, die besagt,
sich bei Trennungen emotional zurückzunehmen: "keine Szenen, kein
Drama, keine Eifersucht oder irgendwelche Tricks". Die Dramaturgie
der pädophilen Rolle, die danach fragt, wie will ich - in diesem Fall
bei der Trennung - vorgehen, ist also an zwei Verbindlichkeiten geknüpft. Zum einen an die Verpflichtung, daß der Junge über das Ende
der Beziehung entscheidet, zum anderen an die Verpflichtung, daß
der pädophile Mann über das Ende der Beziehung nicht seine Ausdruckskontrolle verliert. Beides bindet den pädophilen Mann an seine
Rolle. Darüber verschafft er sich Zielsicherheit, denn bei Beachtung
dieser Trennungsdramaturgie kann er gewiß sein, daß die Trennung
sich in einem bestätigenden Austausch ratifiziert und keine Zwischenfälle heraufbeschwört. Auch wenn diese Trennungsrituale von den
meisten der Befragten eingehalten werden, zeigt die persönliche
Verarbeitung einer Trennung unterschiedliche Facetten.

Verarbeitung

An vielen Befragten geht die Trennung nicht spurlos vorüber. Sie markiert immer wieder eine Zäsur in ihrem Leben.

"Es ist auch immer ein kleiner Tod. Es ist immer so, ich sag', immer die, die Leute, die eine Ehe leben, die trennen sich halt nach einem langen, intensiven oder weniger intensiven Leben, nach ein paar Jahrzehnten, und dann stirbt ein Partner, ja gut, dann ist die Partnerschaft zu Ende, und dann ist auch meistens ihr Leben zu Ende. Das ist ein großer Zyklus. Ein Pädophiler, der so intensiv Beziehungen lebt, die, die innerhalb eines halben Jahres eine, eine Tiefe und eine Intensität erreichen können, wie ich glaube, sie sich viele Heteroleute gar nicht vorstellen können, was das für einen Tiefgang haben kann, für eine Intensität haben kann, die erleben das halt im Zeitraffer. Das ist eine sehr, kann eine sehr kurze Phase sein, vielleicht ein halbes Jahr, vielleicht zwei Jahre, und dann stirbt was. Das ist wie wiedergeboren werden. Du, du mußt den Schmerz, du fühlst den Schmerz des Verlustes, des Trennens, ja, und manchmal bleibt Freundschaft übrig und manchmal verliert man sich aus den Augen" (Mark: 10-11/666).

Der Befragte sieht die Verarbeitung einer Trennung im Kontrast zu derjenigen eines heterosexuellen Ehepaares. Während dieses sich auf einen "großen Zyklus" in ihrem Beziehungsleben einstellen kann, da eine Trennung zumeist offengehalten und unabsehbar erscheint und oftmals auch erst durch den Tod eines Partners eintritt, erleben Pädophile gewissermaßen viele kleine Zyklen. Sie binden und trennen sich öfters, da die Beziehung zeitlich begrenzt und die Trennung absehbar ist. Angesichts dieser Tatsache erhält die begrenzte Zeit "eine Tiefe und eine Intensität", die ihresgleichen sucht. Um so schmerzhafter muß das Ende einer Beziehung erscheinen: "Es ist immer auch ein kleiner Tod". Während das Ehepaar die Chance hat, seine Beziehung im finalen Sinne 'auszuleben', durcheilt der Pädophile die Stationen einer Beziehung im "Zeitraffer", wie er sagt, da gar nicht so viel Zeit bleibt. Dies macht die Tragik, aber eben auch die angesprochene "Intensität" dieser Beziehungen aus. Man "fühlt den Schmerz des Verlustes, des Trennens", sieht sich aber auch "wiedergeboren werden".

Andere Befragte - allerdings in viel geringerer Zahl - erleben die Trennung weniger leidvoll, fast nüchtern.

"Das Ende ist gar nicht, das ist gar nicht so dramatisch, sondern dann, das akzeptiert man, daß sie nicht mehr wollen. Erstmal sind sie dann auch in einer, in einer Phase, wo sie mich also langsam nicht mehr reizen können, ja? Man macht es zwar, aber man, sie sind in einer Phase, wo man sagt: Ach, na ja, gut, mußte, mußte dich also wieder anders orientieren. Aber das beinhaltet noch nicht, daß der Kontakt abbricht, sondern man sagt, okay, das will ich nicht mehr. Na ja, gut, dann macht man eben nicht mehr auf diesem Gebiet weiter, sondern dann fährt man Auto und geht da noch mal hin und geht da noch hin, spielt Fußball, lernt dadurch vielleicht wieder Jüngere mit kennen, weil ja das Alter, sind ja gleich wieder Jüngere dabei dann" (Mike: 25-26/291-305).

Auch dieser pädophile Mann unterstreicht, daß man das Ende einer Beziehung akzeptieren muß. Für ihn scheint allerdings der Gleichklang zwischen der Abnahme seines Interesses ("wo sie mich also langsam nicht mehr reizen können") und dem Rückzug der Kinder ("daß sie nicht mehr wollen") zu stimmen. Diese Phasen sind für ihn Signale, die besagen, daß er sich "wieder anders orientieren" muß. Der Zyklus wird von ihm viel pragmatischer angegangen. Sprach der andere Befragte noch von einem "kleinen Tod", ist hier lediglich ein kurzes "ach, na ja, gut" zu verzeichnen. Er sieht in dem Ende denn auch gleich positive Anzeichen eines Neuanfangs, dann nämlich, wenn weiter bestehender, nicht sexueller Kontakt zu dem Jungen die Möglichkeit eröffnet, über ihn neue Beziehungen zu knüpfen. Der Befragte unterstreicht damit, daß das Ende einer sexuellen Beziehung nicht zwangsläufig die Beziehung in ihrer Gesamtheit auflöst. Die auch hier von dem Jungen getroffene Entscheidung zur Beendigung der sexuellen Beziehung ("Das will ich nicht mehr") muß akzeptiert werden, allein wohl schon auch deshalb, um überhaupt die Chance zu haben, auf einem anderen "Gebiet", wie der Befragte sagt, die Beziehung weiterführen zu können. Die Freizeit- und Alltagsbegegnungen bilden dann den Rahmen für die weiteren Begegnungen, die auch zur Herstellung neuer Kontakte genutzt werden können. Eine große

Anzahl von Befragten thematisierte das Überdauern einer Freundschaft, nachdem der sexuelle Teil der Beziehung beendet ist. Vermutlich liegt ein wenig Trost in der Hoffnung und der auch schon allzuoft erwiesenen Erfahrung, daß nach dem Ende einer sexuellen Beziehung ein freundschaftlicher Kontakt bestehen bleiben kann; signalisiert diese Tatsache doch weiterhin Sympathie- und Interessenbekundungen und gibt Anlaß zur Deutung, daß das sexuelle Zusammensein nicht als Abneigung und Mißachtung der Person interpretiert werden muß. Vielmehr legt man den weiteren Kontakt als bestätigenden Austausch ihrer freundschaftlichen Verbundenheit aus.

Andauernde Freundschaften
Der überwiegende Teil der befragten pädophilen Männer berichtet von überdauernden Freundschaften.

"Ich hab' eine Beziehung gehabt vor fünf Jahren. Der Junge kommt heute noch, der ist 22, mehr so eine freundschaftliche Beziehung. Es läuft keine Sexualität mehr, aber wir sind befreundet, ja. Weißt du, es prägt einen, all diese Jahre, die prägen einen doch so arg. Es gibt so viele Gemeinsamkeiten, die man erlebt hat aber schöne Sachen, die man erlebt hat, die, die, die prägen" (Manfred: 5/229-238).

"Bei einigen ist eine mittlerweile schon sehr langjährige Freundschaft daraus geworden, 15 Jahre.
F: Und der Kontakt ist quasi auch regelmäßig, in Abständen oder so, also nicht alle 3 Jahre?
Nein, nein, regelmäßig. Einer lebt in meiner Stadt. Da sehen wir uns fast jede Woche. Mindestens telefonieren wir zwei, drei Mal die Woche und erzählen uns gegenseitig dies und das. Tauschen auch Meinungen aus und planen auch, was wir eventuell gemeinsam machen können. Gemeinsam, das heißt, er mit seiner Freundin und ich mit meinem Freund, wenn einer da ist" (Kurt: 22/77-93).

Wie schon in den Beschreibungen vom Alltagsleben deutlich wurde, zeigt sich auch hier, daß das Interesse und das Engagement des Pädophilen gegenüber dem Jungen nicht erlöschen, wenn die Interaktionen nicht mehr vom sexuellen Geschehen bestimmt sind. Viele Befragte setzen nach dem sexuellen Ende ihre Begegnungen mit dem Jungen fort. Sie beschreiben ihr Verhältnis zu den Jungen weiterhin als "freundschaftliche Beziehung", die mitunter noch lange und auch sehr intensiv sein kann. Offenbar verbinden die prägenden "Gemeinsamkeiten", von denen der Befragte spricht. Sie verschaffen immer wieder neu Gelegenheit, Zugänglichkeitsbekundungen auszusprechen. Die Aufrechterhaltungsrituale, wie regelmäßige Telefonate oder Treffen, beleben die Beziehung und stellen einen bestätigenden Austausch her. Aber auch wenn das Sexuelle in den Begegnungen zu einem Abschluß gekommen ist, heißt das nicht, daß etwa Zärtlichkeiten in einer langjährigen Freundschaft keine Rolle mehr spielen würden.

"Der ist heut' dreißig Jahre alt, ist Familienvater und ist, wir sind immer noch zärtlich zueinander. Haben zwar nichts irgendwie, können auch nix Großes anfangen im Bett. Er ist ganz normal, normal Hetero. Steht auf Frauen. Aber zum, ich bin der einzige Mann, dem er einen Kuß geben kann und will. Hat, sagt er auch, zu sonst hab' ich keinen, kein Mann, kein Mann zieht mich an eigentlich, aber bei dir ist es anders. Dann, irgendwie hab' ich da Zärtlichkeitsgefühle oder so. Sagt er mir als, als dreißigjähriger Hetero" (David: 43/70-78).

Drei Dinge sind dem Befragten offenkundig wichtig: Zum einen scheint sich der Junge in der pädophilen Beziehung zu einem ganz normalen heterosexuellen Mann entwickelt zu haben, zum anderen hat er sich nicht abgewandt und hält noch heute als "dreißigjähriger" Mann den Kontakt aufrecht. Als Zuvorkommenheitsritual erlebt er insbesondere die Tatsache, daß er "der einzige Mann" sei, "dem er einen Kuß geben kann und will". Implizit unterstreicht der Befragte damit seine gelungene pädophile Rollenerfassung und -durchführung. Der Junge ist "normal", scheut nicht den weiteren Kontakt und ist sogar in der Lage, ihm noch als erwachsener Mann Zärtlichkeiten zu erweisen.

Einige Befragte berichten allerdings, daß es, auch wenn die 'sexuelle Zeit' in einer Freundschaft schon längst zurückliegt, dennoch zu sexuellen Begegnungen kommen kann.

196

"Ja, ich hab' Jungen gehabt, mit denen hab' ich noch geschlafen, wie die achtzehn, neunzehn waren, kamen die noch, hatten längst ihre Freundin. Sie kamen einfach noch mal wieder zu mir. Und das war toll (lacht). Obwohl ich eigentlich überhaupt null Interesse an ihnen hatte, ging es dann irgendwie doch, weil ich sie noch ausreichend mochte, und weil ich ihnen den Gefallen tun wollte, weil das ein bißchen abenteuerlich war, sich da noch mal drauf einzulassen. Einer kam also über Monate immer noch mal mit seinem Motorrad sehr weit angefahren. Er war mittlerweile ganz woanders, nur um mal einen Abend zu kommen, ein bißchen zu plaudern und dann Sex mit mir zu haben" (Mark: 10/643-656).

In gewachsenen Beziehungen ist für den befragten Mann sexuelle Betätigung noch möglich, selbst wenn die Jungen ein Alter erreicht haben, das ihn sexuell nicht mehr reizt, sofern die Jungen noch nicht die Entscheidung getroffen haben, die sexuelle Beziehung zu beenden. Den Grund sieht er darin, daß er sie "noch ausreichend mochte"; er tritt ihnen weiterhin mit Zuvorkommenheitsritualen entgegen und bekundet seine Sympathie und sein Interesse, indem er ihnen "den Gefallen tun wollte", mit ihnen sexuell zusammenzusein. Offenbar gibt es kein Alterslimit, das das sexuelle Ende einer pädophilen Begegnung strikt festlegt. Ist aus den Begegnungen eine Freundschaft geworden, dann bleiben sexuelle Interaktionen möglich, auch wenn aus dem Jungen längst ein erwachsener Mann geworden ist. Und auch auf seiten der Jungen ist nach Auskunft des Befragten möglicherweise noch sexuelles Interesse vorhanden, obwohl sie "längst ihre Freundin" haben. Ablösungsprozesse und Trennungen scheinen also, zumindest in den Beschreibungen des primären Rahmens, äußerst fließend zu sein. Es gibt keine Trennungszäsur und kein weitere Begegnungen ausschließendes abruptes Ende; 'Nachkontakte', zur Freundschaft avanciert, sind häufig, und Zärtlichkeit, mitunter auch Sexualität, hat darin einen Stellenwert.

2. Rahmungsschwierigkeiten

Nur in wenigen Fällen wird das Trennungsgeschehen von den pädophilen Männern als schwierig dargestellt. Viele erwarten zwar die Ablösung des Jungen, einige sind aber emotional unzureichend darauf vorbereitet. Daher handelt es sich weniger um Verwirrung und Zweifel, wenn sich die Trennung abzeichnet; hier trauen die Befragten ihrer Wirklichkeitsauffassung. Vielmehr herrscht Unklarheit und Ungewißheit darüber, ob man die Ablösung emotional verkraftet und wie es für sie in Zukunft überhaupt weitergehen wird. Man hat Probleme mit der Ablösungsphase. Sie erscheint ihnen problematisch, da kaum Erwartungssicherheit vorhanden ist, was in Zukunft vor sich gehen wird. Die Auswirkungen der Trennung können dann nur unter Schwierigkeiten gedeutet werden. Andere Pädophile befinden sich in einem Rahmungsirrtum, wenn der Junge für sie unverhofft aus der Beziehung ausbricht. Offenkundig haben sie das Ende ihres Zusammenseins unter falschen Voraussetzungen betrachtet. Was sich hinsichtlich der Trennung auf seiten des Jungen abspielt, wird von ihnen falsch eingeschätzt. Mitunter treten auch Streitigkeiten im Trennungsprozeß auf. Geht der Pädophile zu schnell eine neue Freundschaft ein, ohne daß sich der Junge aus der alten Beziehung hat wirksam lösen können, treten Eifersuchtsprobleme auf. Beide finden sich nicht im selben Rahmen wieder.

Ablösungsprobleme

Rahmungsschwierigkeiten treten in der Trennungsphase vor allem dann auf, wenn der Junge keinen sichtbaren bzw. eindeutigen Trennungsstrich zieht und kein geeigneter Deutungsrahmen gefunden werden kann, ob die Beziehung noch besteht oder nicht. Die ambivalente Situation macht den Ablösungsprozeß schwierig.

"Wenn ich natürlich jetzt so an meine letzte Zeit (-) also mit meinem letzten Freund, mit dem war ich halt eben auch drei Jahre jetzt zusammen so. Und es splittert sich eigentlich auf eine ziemlich ätzende Art ab. Es ist also nicht unbedingt so, daß es so auf einer harmonischen Ebene ausklingt, daß er jetzt eine Freundin hätte und jetzt eben

mit ihr einen neuen Lebensweg sucht, sondern das ist irgendwie so
(- -), ja , man sieht sich einfach nicht mehr oder weniger. Also, und das
ist etwas frustrierend halt, daß man eigentlich gefühlsmäßig jetzt
abschalten müßte oder runterschalten müßte und sich eben halt ein
bißchen, ja ein bißchen rückbesinnen sollte, wie es gelaufen ist, was
gelaufen ist. Und (-) vielleicht sich umgucken, ob man vielleicht einen
Neuen kennenlernt oder so. Und das ist momentan bei mir halt etwas
die Umbruchphase. Daß ich also so nicht unbedingt damit klarkomme
teilweise auch" (Dieter: 1/58-76).

Nach Darstellung des Befragten bestünden hinsichtlich des Tren-
nungsprozesses keine Schwierigkeiten, wenn der Junge "eine Freundin
hätte und jetzt eben mit ihr einen neuen Lebensweg sucht". So eindeutig scheint die Situation allerdings nicht zu sein. Zwar hat er
Klarheit, was die Trennungsabsicht des Jungen betrifft: "Man sieht
sich einfach nicht mehr oder weniger". Da aber kein klärendes Wort
gefallen ist und man sich offenbar, wenn auch viel weniger, noch
begegnet, besteht Ungewißheit, was nun eigentlich vor sich geht. Die
ambivalente Situation wird vom pädophilen Mann demnach als Trennungsabsicht ausgelegt. Problematisch ist dabei weiterhin, wenn man
auf die "Umbruchphase" emotional noch nicht adäquat reagieren kann,
weil man "gefühlsmäßig jetzt abschalten müßte oder runterschalten
müßte". Während das Hauptengagement eigentlich Interaktionen
verlangt, die sich mit der Trennung beschäftigen, ist man im Nebenengagement noch mit dem Festhalten an der Beziehung beschäftigt.
Gleichwohl hat der Befragte das Trennungsgeschehen im Auge, während andere die Trennung vollkommen unvorbereitet trifft.

Ausbruchversuche
Obwohl Pädophile voraussehen, daß sich ein Junge eines Tages aus
der Beziehung lösen wird, gibt es Situationen, wo dieser Zeitpunkt
offensichtlich überschritten wird. Man rechnet dann kaum noch mit
einer Trennung und erlebt das Ende als massiven Ausbruchsversuch.
Da ein Ende nicht mehr einkalkuliert wurde, meint man, das Geschehen richtig gerahmt zu haben und muß sich schließlich seinen Rah-
menirrtum eingestehen.

"Mit meinem Freund war ich zusammen, das war überhaupt kein Problem. Der ist bei mir älter geworden. Das war also absolut kein Problem. Ich hab' also auch nach so langer Zeit nicht damit gerechnet, daß er dann ausbricht, weil er vorher die Gelegenheit nie wahrgenommen hat. Der hat also nie Intentionen gehabt auszubrechen. Von mir, ich mußte ihn noch eher treten, als wir irgendwo im Urlaub ein-, zweimal, nie irgendwelche Ambitionen dazu. Natürlich ist das schwer, wenn man so einen Jungen hat, den so früh an sich bindet irgendwo (-). Daß der dann irgendwann ausbrechen könnte, hab' ich mir auch immer gedacht. Bloß jetzt nicht mehr. Die Zeit war an sich vorbei. Vor allem, weil wir auch so viel zusammen vorhatten, aufgebaut haben und kommt daher, er hat seine Interessen völlig gewandelt" (Karl: 4-5/274-289).

Der Befragte steht augenscheinlich vor einem Rahmungsirrtum: "Ich hab' also auch nach so langer Zeit nicht mehr damit gerechnet, daß er dann ausbricht, weil er vorher die Gelegenheit nie wahrgenommen hat". Seine Erwartungssicherheit bricht zusammen. Zwar gab es genügend Anlässe, zum Teil sogar von ihm herbeigeführt, die dem Jungen mehr Distanz in der Beziehung ermöglicht hätten. Da dieser aber nicht darauf reagierte, sie zudem offenkundig auch schon recht lange zusammen waren und außerdem sich noch eine Menge "aufgebaut haben", sieht er sich mit dem Jungen in einem bestätigenden Austausch. Die eingerechnete Trennung ("Daß der dann irgendwann ausbrechen könnte, hab' ich mir auch immer gedacht") wird als Möglichkeit wieder liquidiert ("Jetzt nicht mehr, die Zeit war an sich vorbei"). Die Beziehung scheint durch die verschiedenen Formen der Zustimmung für ihn ratifiziert zu sein. Um so mehr hat der "Ausbruch" des Jungen, von dem der Befragte immer wieder spricht, den Charakter eines Zwischenfalls, der offensichtlich durch keinen korrektiven Austausch aufgelöst werden kann.

Neben Fehlrahmungen kann es im Trennungsprozeß aber auch zu Streitereien kommen, wenn Mann und Junge die Trennung unterschiedlich rahmen. Dies geschieht aber in den allerwenigsten Fällen. Geht die Initiative zur Trennung im vorherigen Beispiel vom Jungen aus, ergreift sie im folgenden Fall der pädophile Mann.

"Da erinnere ich mich an einen Fall, wo also doch das irgendwie sehr tragisch oder sehr unschön irgendwie endete. Ein Junge, der vom neunten Lebensjahr an mit mir zusammen war, der dann danach 14, 15 war. Inzwischen hatte er selber mir seinen Nachfolger herangezogen. Der war 11, mit dem ich ständig zusammen war, und trotz der Bereitschaft von diesem älteren Freund, praktisch zurückzutreten zugunsten des jüngeren, hat er es, der Junge, gefühlsmäßig nicht geschafft, weil er doch noch so sehr an mir hing. Und da gab es also ernsthafte Probleme. Probleme derart, daß er also auch renitent wurde und aggressiv und ja, sich in ständigen Streitereien mit mir und der Gruppe befand. Und die Gruppe dann irgendwie auch, ja, mehr oder weniger enttäuscht verlassen hat als 15-, 16jähriger. Und ich meine, der junge Mann ist inzwischen verheiratet. Wir haben Jahre später das Ganze mal aufgearbeitet in Gesprächen und so, wo an sich so eine intensive menschliche Beziehung dann daraus wurde. Das sexuelle Erlebnis war für ihn dann auch längst vorbei. Aber er hat mir damals noch gesagt, wie hart und bitter das damals für ihn war, weil er mich auch als 15-, 16jähriger noch unwahrscheinlich geliebt hat. Aber ich eben nicht mehr in der Lage war, diese Beziehung erwidern zu können" (Christoph: 27/338-363).

Der Befragte begeht offensichtlich eine Fehlrahmung. Nach einer fünf- bis sechsjährigen Freundschaft zu einem Jungen in seiner bündischen Jugendgruppe deutet er die "Bereitschaft von diesem älteren Freund, praktisch zurückzutreten zugunsten des Jüngeren" falsch. Denn hinter der signalisierten Bereitschaft verbergen sich doch allerlei Probleme, mit der Ablösung fertig zu werden. Der Junge scheint den Freundschaftswechsel als Ausbruchsversuch seines pädophilen Freundes zu werten. Immerhin wird er "aggressiv" und liegt in "ständigen Streitereien" mit dem Mann. Der Junge muß die Reaktion seines Freundes ihm gegenüber als rituelle Entweihung erleben; Verlegenheitsreaktionen, die anhaltendes Unbehagen nach sich ziehen, treten auf, ja es scheint sogar zu einem kritischen Punkt zu kommen, an dem der Junge seine Enttäuschung nicht mehr verbergen kann und ihr entsprechend Ausdruck gibt. Diese Zwischenfälle scheinen sich zu wiederholen. Der Junge verläßt enttäuscht die Gruppe. Erst nach Jahren wird ein korrektiver Austausch hergestellt.

3. Rahmungsbrüche

Es gibt Trennungsprozesse, die nicht so glimpflich und konfliktarm verlaufen, wie es bislang überwiegend in der primären Rahmendeutung zur Sprache gekommen ist. Vor allem in kurzzeitigen und einmaligen Begegnungen kann der Trennungsakt mißlingen und einen Bruch erfahren. Die Beteiligten haben danach auch keinen Kontakt mehr zueinander. In derartigen Begegnungen gelingt es den pädophilen Männern nicht, Erwartungssicherheit über den Trennungsverlauf herzustellen. Ihnen schwebt keine strukturierende handlungsleitende Orientierung vor, die den Rahmen setzt, ob, wann und wie eine Trennung zu vollziehen ist. Vielmehr werden sie von ihr überrascht. Insbesondere Mängel der Ausdruckskontrolle führen zu Brüchen im Trennungsgeschehen. Dies zeigt sich zum einen darin, daß der pädophile Mann die 'Brisanz' seiner Beziehung erkennt, die Spannungsmomente aber nicht mehr ausbalancieren kann und einfach aushakt, oder daß er durch Ungeschicklichkeiten in eine gefährliche Situation hineinstolpert, die das Ende einer Begegnung herbeiführt. Ferner können Rahmenbrüche entstehen, wenn Probleme in der Ausdruckskontrolle die Begegnung derart gefährlich aufschaukeln, daß zum Schluß nur noch die Trennung bleibt.

Mangelnde dramaturgische Disziplin

Man kann in einen Bannkreis seiner Ausdruckskontrolle geraten, wenn man plötzlich die dramaturgische Loyalität seines Interviewpartners anzweifelt. In dieser Befangenheit ist man gefährdet, seiner dramaturgischen Disziplin zu entgleiten. Im folgenden Beispiel kommt es zu einem Rahmenbruch, weil der pädophile Mann plötzlich einfach aushakt. Beim Befragten "schrillten sämtliche Alarmglocken", wie er sagt, nachdem er mit zwei Jungen ein zweites Mal sexuell zusammengekommen ist. Obwohl die Jungen an einer erneuten Begegnung interessiert sind, will der Mann den Kontakt sofort abbrechen und entledigt sich der Anspannungen in seiner Rede.

"Ja, irgendeiner verplappert sich von euch, nicht, und, und ich seh'
mich eines Tages im Knast.
F: Das hast du ihnen auch so gesagt?
Ja, ja.
F: Hattest du das Gefühl, das kannst du ihnen auch so sagen?
Ja, ja, ich merkte, die hatten so überhaupt keine Vorstellung, wie
gefährlich das ist, für mich. Für sie selbst ist das ja völlig ungefährlich,
aber für mich. Ich hab' denen gesagt, wie, was bei mir auf dem Spiel
steht, beruflich, und hab' denen auch gesagt, wenn ich, wenn aus
diesen Kontakten eine Gerichtsverhandlung entstehen würde, brächte
ich mich eher um, als das durchzustehen.
F: Wie haben die denn darauf reagiert?
Erstmal waren sie sehr schockiert, daß etwas, was sie als schön erlebt
haben oder zumindestens nicht so als, als ekelhaft oder abscheulich,
daß das für einen Menschen solche Konsequenzen haben könnte. Da
waren sie also doch erstmal baff, so nicht? Also, ich will nicht sagen,
geschockt, ist ja was Extremes, will ich nicht sagen, daß es also Schock
war, minutenlang also nicht weiß, was man machen, was man machen
soll, nicht, sondern erstmal baff, sprachlos. So und, und dann wurde
mehr darüber gesprochen. Das könnten sie nicht, sich selbst umbringen. Sie haben das gleich auf sich bezogen, sich selbst umbringen, das
könnten sie nicht. Gut, haben dann mehr so danach gefragt, wie wür-
dest du das denn machen? Welche Gelegenheiten hättest du denn?
Hab' ich gesagt, wenn so was wäre, also ich würde, hab' ja mein Auto
da stehen gehabt, also ich würd' auf einen, mich ins Auto setzen, hohe
Geschwindigkeit und vorn Brückenpfeiler fahren, so nicht. Damit auch
erstmal kein anderer das auch beeinflussen kann, weil Gift beispielsweise, nicht, das ist, Gifttote werden also, das wußte ich, in fast aller
Regel noch so eben gerettet. Und ich wollte keinen anderen in Gefahr
bringen wegen unterlassener Hilfeleistung. Wegen, oder daß sich ein
anderer Vorwürfe macht, beispielsweise vorn Zug werfen. Dann ist der
Lokomotivführer, der macht sich denn Gedanken und so was alles,
nicht. Diese ganzen Dinge habe ich mit denen erörtert"
(Werner: 1-2/1-45).

Die Begegnung nimmt ein abruptes Ende, weil die Jungen ihren Eltern
von den Selbstmordabsichten des Mannes erzählten. Nachfragen
bringen den Hintergrund der Zusammenkünfte ans Tageslicht, die
Polizei wird verständigt. Nicht das sexuelle Geschehen, sondern die

Selbstmorddrohung hat die Jungen irritiert und das Ende der Beziehung heraufbeschworen. Durch das Aushaken des Mannes wird gewissermaßen eine selbsterfüllende Prophezeiung in Bewegung gesetzt. Offenkundig ist er nicht in der Lage, die sexuelle Begegnung mit den Jungen richtig einzuschätzen; er rahmt sie falsch und sieht Unsicherheiten, wo sie in derlei Ausmaß zumindest nicht bestehen. Durch seine virtuelle Vorwegnahme und vor allem durch die dann mangelnde dramaturgische Disziplin bricht der Rahmen zusammen. Er kann sich gefühlsmäßig von seiner Darstellung nicht lösen und aus der Distanz mögliche Probleme bewältigen, falls sie auftauchen. Vielmehr ist er von seinem Auftreten und vor allem seinen Mutmaßungen mitgerissen ("Irgendeiner verplappert sich von euch ... und ich seh' mich eines Tages im Knast"). Er nimmt sich zuwenig zurück und begeht die Regelverletzung der Aufdringlichkeit ("brächte ich mich eher um, als das durchzustehen"). Der Befragte sieht, daß er dadurch abrupte Verlegenheit bei den Jungen erzeugt hat ("erstmal waren sie sehr schockiert"), versucht jedoch nicht, den Zwischenfall in einem korrektiven Austausch einigermaßen zu glätten, sondern bestätigt und verstärkt obendrein sein Vorhaben, indem er ausführlich und bildhaft darstellt, wie er sich umbringen würde.

Mangelnde dramaturgische Sorgfalt
Neben der Gewißheit, loyale Interaktionspartner zu haben, und der Fähigkeit zur disziplinierten Darstellung gehört zu einer wirksamen Ausdruckskontrolle auch, die Begegnungen mit Voraussicht und Planung vorzubereiten. Verhält man sich in dieser Hinsicht ungeschickt, kann es passieren, daß man einen Rahmenbruch provoziert.

> "Ich hab' ja auch eine ganze Zeitlang, hab' ich also nur Heimkinder gekannt. Und die bringen meistens immer zwei oder drei mit. Dann kennt man später das ganze Heim (lacht), obwohl ich das selber nie gewollt hab', daß sie dann zwei oder drei mitbringen. Ich hab' immer gesagt: 'Komm' immer alleine, dann kann dich auch keiner verraten'. Aber nein, dann kennen sie da einen Freund, der verratet den mit Sicherheit nicht, und bums war's wieder passiert"
> (Klaus: 15-16/311-320).

Der Befragte wahrt keine dramaturgische Sorgfalt. Er weicht seiner Zielsicherheit, wie er eigentlich vorgehen will, aus. Obwohl der pädophile Mann dem Jungen gesagt hat, "Komm' immer allein, dann kann dich auch keiner verraten", läßt er es zu, daß der Junge andere Jungen mitbringt. Er mißachtet seine implizite Regel, daß, um so weniger Möglichkeiten für Fehler und Schwierigkeiten gegeben sind, je weniger Mitglieder eine Begegnung hat. Anstatt sich an ein Vermeidungsritual zu halten und Gruppenkontakte auszuschließen, ratifiziert er in bestätigender Weise das Mitbringen der Freunde des Jungen. Dieses Zuvorkommenheitsritual, das nicht von dramaturgischer Sorgfalt geprägt ist, führt dazu, daß der Befragte in einen Rahmenbruch hineinstolpert, mit dem gleichzeitig eine Trennung verbunden ist ("bums war's wieder passiert").

Mangelnde dramaturgische Sorgfalt kann auch dazu führen, daß eine Situation eskaliert, sie sich aufschaukelt und schließlich zur Trennung führt. Ein Streit, wie im folgenden Fall, kann entgleiten und zu ernsthaften Folgen führen, eben zur Trennung. Der Befragte hat sich nicht ausreichend auf den Zwischenfall gefaßt gemacht, er steht vor einem Rahmenbruch.

"Und da ist er durchgedreht im Streit. Er hat mich angeschrien und böse Worte gebraucht. (- -) Und das ging dann so weit, er ist die Wohnung rausgelaufen. Im Streit ist er dann öfter weggelaufen, hat sich dann irgendwo hingesetzt und geschmollt. Da wartete er, daß ich wiederkomme, daß ich komme und ihn trösten sollte oder so. Das war immer seine Masche. Dann bin ich runter, hab' ihn aber nicht gefunden. Das war nachts um zehn. Ich war überall am Suchen. Da war eine halbe Stunde vergangen, da blieb mir nichts übrig, ich mußte jetzt die Eltern anrufen und denen sagen, was passiert ist. Nach einer Stunde, ich hab' überall noch gesucht, die Bushaltestellen habe ich abgesucht in der ganzen Gegend. Ich hab' den Gedankenfehler gemacht, ich hab' ihn rauslaufen lassen (- -) anstatt, wenn es soweit ist, ihn in das Auto zu packen und nach Hause zu bringen, weil ich dachte, der sitzt irgendwo unten und schmollt. Ja, ja, und dann habe ich angerufen. Die Mutter: 'Wissen wir, der ist schon hier, der ist nach Hause gebracht worden von fremden Leuten'. Das war ein Malheur. Das ist aber noch glimpflich ausgegangen. Das ist so ausgegangen, daß die Eltern gesagt haben: 'Ja, wir wollen das nicht mehr, daß der Robin kommt, ihr habt euch sowieso nur gestritten', meint die Mutter, was überhaupt nicht stimmt (-), und da war die Beziehung beendet, von einem Tag auf den anderen durch die Eltern" (Robin: 15-16/235-263).

Sozialer Anlaß für die Trennung ist ein Streit, der im Engagementverlauf des Mannes nicht unter Kontrolle gehalten werden kann und sich aufschaukelt. Dadurch, daß der Junge nicht wie gewohnt auf Streitigkeiten reagiert, nämlich die Wohnung verläßt, "schmollt" und auf den Trost des Mannes wartet, sondern von "fremden Leuten" nach Hause gebracht wird, bringt das Faß zum Überlaufen. Die Eltern des Jungen setzen der Beziehung ein abruptes Ende, "von einem Tag auf den anderen". Die Ursache des Rahmenbruchs liegt darin, daß die Erwartungssicherheit, wie der Junge auf Streitigkeiten reagiert, nicht mehr greift. Das sonst übliche Ritual der 'Versöhnung' kann nicht mehr angewandt werden, da der Junge den gesicherten Deutungsrahmen verlassen hat. Obwohl dem Mann im nachhinein noch weitere Regeln präsent sind, wie er eigentlich hätte vorgehen sollen ("ihn in das Auto zu packen und nach Hause zu bringen"), um die möglichen Folgen des Streites gering und unter Kontrolle zu halten, entgleitet ihm seine Ausdruckskontrolle ("Gedankenfehler"), und er unterschätzt die Auswirkungen des Zwischenfalls. Korrigieren will er seinen Fehler, indem er versucht, sich bei den Eltern des Jungen zu erklären. Jedoch kann ein korrektiver Austausch nicht mehr herbeigeführt werden, da die Eltern nicht mehr auf seine Erklärungen eingehen.

Resümee

In dieser Studie wurde versucht, die von den pädophilen Männern geschilderte Wirklichkeit anhand der Konzeption der Interaktionsordnung Goffmans zu analysieren. Ziel war es, die bislang unbekannten Interaktionsverläufe zwischen Mann und Junge abzubilden. Die Untersuchung befaßt sich ausschließlich mit extrafamilialen, nicht manifest gewaltsamen Sexualkontakten; sie ist geschlechtsspezifisch auf die Mann-Junge-Interaktion konzentriert. Angelegt als deskriptive Exploration, sollte herausgefunden werden, 'was vor sich geht', wenn sich Mann und Junge begegnen. Dazu wurden 40 Intensivinterviews geführt. Voraussetzung war, daß die Befragten über Erfahrungen mit unter vierzehnjährigen Jungen berichten konnten. Die interviewten Männer gehören unterschiedlichen Altersgruppen und sozialen Milieus an. Die Untersuchung fand im Dunkelfeld des Geschehens statt. Um Näheres über die unbekannten Interaktionen zu erfahren, wurden vorrangig Kontakte untersucht, die nicht Gegenstand strafrechtlicher Verfahren oder psychiatrischer Praxis waren. In den Gesprächen haben die Befragten vor allem von dem Kennenlernen, dem Alltag, der Sexualität und der Trennung einer pädophilen Freundschaft oder Begegnung erzählt.

Die dargestellten Interaktionen wurden mit einem Ansatz bearbeitet, der besonders auf die Fragilität von Interaktionen abhebt und für sich in Anspruch nimmt, eine 'Ordnung' aufzuweisen. Die empirische Anwendung der Interaktionsordnung Goffmans ermöglichte es, das Interaktionsgeschehen zwischen Mann und Junge verstehbar zu machen. Dazu erschien es notwendig, zuvor das Modell der Interaktionsordnung zu rekonstruieren. Ausgehend von dem Hauptwerk der Rahmenanalyse, wurden alle übrigen Veröffentlichungen des Autors ergänzt und so ein konzeptionelles Schema geschaffen, mit dem die verschiedenen Phasen und Felder der pädophilen Interaktion einheitlich interpretiert werden konnten. Das Modell geht von dem Gedanken aus, daß eine erwartungsorientierte (Rahmen), regelgeleitete (Rituale) und zielbestimmte (Dramaturgie) Abschätzung der Situation, eine Interaktion aufzubauen erlaubt, die größtmögliche Handlungssicherheit gewährt. Auf diese Weise wird Unsicherheit reduziert und eine Ordnung in Interaktionen gebracht.

Das deutliche Interesse der Befragten, eine Beziehung zu einem Jungen aufzubauen, führte zu ausführlichen Erzählungen über den Handlungsverlauf. Daraus läßt sich ein Bild der Interaktionsstrukturen ableiten, das erklärt, wie trotz der Ungleichartigkeit der Handlungsbeiträge und des ungeheuren Gefälles zwischen Mann und Junge eine Interaktion entstehen kann. Die zentrale Frage lautete: Mittels welcher Rahmungs-, Ritualisierungs- und dramaturgischer Prozesse wird eine Interaktion hergestellt, und wie werden dabei Ungewißheiten und Unklarheiten beseitigt?

Grundmerkmal dieses Prozesses ist ein vorsichtiges Agieren des pädophilen Mannes, wobei er sich in einer ständigen Bezugnahme der erlebten und wahrgenommenen Reaktionen und Aktionen des Jungen immer wieder neu versichert. Vorgegebene Rahmen ermöglichen eine erste Orientierung in der Situation. Die vorläufige Erwartungssicherheit wird um Rituale ergänzt, die anzeigen, wie die gerahmten Vorgänge adäquat und regelgeleitet zu inszenieren sind. Ferner werden eigene Zielvorstellungen in den Rahmungsvorgang eingebracht. Die bereitgestellten Rituale und die eigene Dramaturgie müssen aufeinander abgestimmt werden. Gewissermaßen über rekursive Schließung wird dann auf den vorläufigen Rahmen Bezug genommen und überprüft, ob er paßt und funktioniert. Dementsprechend werden primäre Rahmen und Transformationen des primären Rahmens gewählt, vor allem die Modulationen und Fabrikationen, auf die Goffmans Analyse insbesondere ausgerichtet ist. Die vielfältigen Transformationen sind nicht als Ausnahmen, Besonderheiten, Unfälle oder Moralverstöße der Interaktion anzusehen, sondern sie stellen im Gegenteil die Regelstruktur der Interaktion dar. Dennoch kann es bei der Wahl des Rahmens, trotz ritualistischer und dramaturgischer Überprüfung, zu

Schwierigkeiten und Brüchen kommen. Ein korrektiver Austausch, in dem erneut Rituale und eine dramaturgische Darstellung eingebunden werden, kann möglicherweise das Problem beheben. Die von Goffman herausgestellten Fabrikationen galten in dieser Studie als Folie für die Alltagsannahme, es könne nur auf 'Täuschung' beruhen, wenn der Pädosexuelle bei einem Kind gewaltfrei Erfolg hat. Die Untersuchung ist zu dem Ergebnis gekommen, daß die von den Interviewpartnern beschriebenen Interaktionen nicht auf 'Täuschungen' zurückgehen. Vielmehr ist es so, daß durch das 'modulative Geschick' des Akteurs mehrere nebeneinander laufende Realitäten zur Konsistenz gebracht werden.

Im folgenden einige Anmerkungen zu den Verlaufs- und Handlungsfeldern:

Kontaktrahmen

Mann und Junge lernen sich zum Teil ohne besondere "Schlüsselsituationen" kennen. Im primären Rahmen verortete Grüße, Auskünfte, Fragen und Blicke müssen kaum auf eine vorhergehende Bedeutung zurückgeführt werden. Allein die Rituale des primären Rahmens treiben das Geschehen voran, denn Regelgepflogenheiten schaffen die mehr oder weniger erwartungssichere Orientierung, daß ein Gruß zurückgegeben, eine Auskunft gewährt, eine Frage beantwortet, ein Blick erwidert wird. Diese rituellen Kundgaben markieren ein Wechsel des Zugänglichkeitsgrades; sie machen aus der nicht zentrierten eine zentrierte Interaktion. Dabei kann sich der pädophile Mann noch größtenteils distanziert, bedeckt und zurückhaltend verhalten. Diese Eröffnungskonventionen einer Begegnung erzeugen aber noch keine Dramaturgie, d.h. eine Zielsicherheit hinsichtlich der Weiterführung der Interaktion. Sie wird lediglich dadurch eingeleitet. Um sie weiterzuführen, sind im pädophilen Handlungsverlauf Modulationen außerordentlich wichtig. Sie erst erzeugen einen 'Identitätsaufhänger', der aus kopräsenten Akteuren 'Interaktionspartner' macht.

Wie werden Modulationen geschaffen, die den Kontakt intensivieren? Als zentrales Ergebnis kann festgehalten werden, daß nicht der pädophile Mann, sondern die Jungen den Rahmen vorgeben, innerhalb dessen die Interaktion stattfinden soll. Der vorgegebene Rahmen wird von den Männern aufgegriffen und um weitere Schichten ergänzt. Dazu muß sich der Mann in seiner Rolle darstellen, denn er ist gefordert, ein Ereignis, einen sozialen Anlaß herzustellen, mit dem er in den Rahmen 'aufgenommen' wird. Deshalb ist eine gelingende Modulation von dem passenden Aufbau einer Dramaturgie abhängig: Die für den jeweils modulativen Rahmen geeignete Rolle muß erfaßt werden, das Bühnenbild, die Fassade und die Requisiten müssen stimmen. Einige Modulationen und wie sie Anwendung finden seien an dieser Stelle beispielhaft genannt: der Spielrahmen in Schwimmbädern, wenn man im Wasser einen "Hubschrauberstart" nachahmt; der Wettkampfrahmen, wenn man beim Tischtennis durch die Regel "Der Gewinner bleibt drin" eine Vertiefung des Kontaktes erreicht; die Zeremonie des Vorlesens, wenn man beim allabendlichen Zubettgehen "Gruselgeschichten" darbietet; Demonstrationen, die außerhalb ihres funktionellen Zusammenhangs einen Einblick in einen Vorgang geben, wenn man zeigt, wie "das Feuermachen" geht. Es dürfte einleuchten, daß sich nicht jede dieser Bühnen für jeden Pädophilen eignet; ebenso, daß man die Transformationskraft der beteiligten Spielzeuge beherrschen muß, die den Übergang zur zentrierten Interaktion erleichtern und den Verständnishorizont für das, 'was vor sich geht', mitliefern. Ist der pädophile Mann in der Lage, vorgegebene Rahmen aufzugreifen und durch eigene Dramaturgie weiter zu umrahmen, wird aus der Interaktion ein bestätigender Austausch. In den Erzählungen wird deutlich, wie bedeutsam die Zuvorkommenheitsrituale dabei in solchen Situationen sind. Sie signalisieren Sympathie und Interesse an dem Jungen, da man sich seiner Wirklichkeit annähert. Dies wiederum hat zur Folge, daß der Junge den Mann interessant findet. Ist auf diese Weise eine Annäherung hergestellt worden, fungieren die Module in einer erneuten Begegnung als Aufrechterhaltungsritual. Man erkennt sich wieder bzw. man verabredet sich, setzt den Kontakt und die Interaktion fort. Das Modul dient dann der Zelebrierung und Belebung des schon mal Erlebten.

Einige Befragte unterstrichen, daß es ihnen in der anbahnenden Kennlernsituation vor allem auch darauf ankommt, abzuschätzen, ob der Junge zu ihnen 'paßt'. Es hat nach ihrer Auskunft nämlich keinen Sinn, einen Kontakt aufzubauen, der problematisch zu werden droht, weil beispielsweise Interessen zu sehr divergieren oder der Junge Charaktermerkmale zeigt, mit denen der Mann nur schlecht umgehen kann (z.B. der 'zu stille' bzw. 'zu lebhafte' Junge). Nur allzu schnell tauchen dann möglicherweise Rahmungsschwierigkeiten auf, wenn beispielsweise der Junge die Zuvorkommenheit des Mannes zu stark herausfordert und dieser sich dadurch mißverstanden fühlt. Rahmungsbrüche werden in Kontaktanbahnungssituationen erzielt, wenn man sich dem Jungen als 'Pädo' offenbart und ein Selbstbekenntnis ablegt. Hierauf wird verlegen reagiert, so daß ein ruhiger Fortgang der Interaktion nicht mehr gewährleistet ist. Festzuhalten bleibt, daß überwiegend der Erwachsene, aufbauend auf den vorgegebenen Rahmen des Jungen, den Kontakt initiiert. Versprechungen, Überredungen und Geschenke sind dazu allerdings nicht notwendig und werden von den Befragten als Mittel zum Zweck abgelehnt. Ferner spielt die Sexualität zu diesem Zeitpunkt noch keine Rolle.

Alltagsrahmen
Die befragten Männer berichten, daß in wiederholten Treffen viel gemeinsame Zeit miteinander verbracht wird. Tätigkeiten vom Charakter unverfänglicher Alltagsverrichtungen bilden einen Rahmen dafür, den Jungen in seinen 'Umgangsqualitäten' und Einstellungen weiter kennenzulernen. Ebenfalls ist hier hervorzuheben, daß sich der pädophile Mann an den vorgegebenen Rahmen des Jungen hält. Im primären Rahmen sind vor allem die vielen Gespräche lokalisiert, die der Junge mit dem Älteren zu führen sucht, weil er festgestellt hat, daß er sich besonders mit seinen schulischen Problemen und den Konflikten im Elternhaus vertrauensvoll an den Erwachsenen wenden und von ihm Hilfestellung erwarten kann. Wichtiger als der Austausch von Inhalten scheint das Miteinandersprechen selbst als Erfahrung gegenseitiger Bezugnahme und gemeinsamen Handelns zu sein. Des weiteren sind Notwendigkeiten des Alltags wie Haus- und Schularbeiten sowie bestimmte gemeinsame Hobbys im primären Alltagsrahmen zentral. Durch die Routine der immer wiederkehrenden Anliegen der Jungen ist die Frage absehbar, welches anlaßgemäße Hauptengagement in den Begegnungen aufgebracht werden muß. Damit ist Erwartungssicherheit hergestellt. Die Regelmäßigkeiten

dieses Rahmens dienen gleichzeitig als Aufrechterhaltungsritual für immer wieder neu einzugehende Verabredungen. Die Zusammenkünfte gewinnen dadurch an Kontinuität und Stabilität; ein Stück Normalität des Alltags wird erreicht. Man kann auf etwas Gemeinsames zurückblicken und sich wechselseitig darauf beziehen. Ein Rückgriff auf kommunikative Dinge, die in der Begegnung funktioniert haben, wird dadurch möglich. Voraussetzung für diese von Erwartungssicherheit und Regelmäßigkeit getragenen Alltagszusammenkünfte ist allerdings, daß sich der Erwachsene in seiner dramaturgischen Gestaltung an diesen Rahmen anpassen kann, seien es die Beruhigungskundgaben und Hilfestellungen bei den Problemen der Jungen oder die Fähigkeit immer wieder neue Projektionsflächen zu generieren, die ein gemeinsames Hobby weiterhin attraktiv sein lassen.

Neben der primären Rahmensetzung wird das Alltagsgeschehen überwiegend durch Modulationen bestimmt. Sie kommen zur Anwendung, wenn es darum geht, dem Alltag eine besondere Note abzugewinnen. Vor allem von heiteren und aufregenden Aktivitäten wird in diesem Zusammenhang berichtet. Beispielsweise werden Gesprächsinhalte, wie Fragen des Jungen nach der Kindheit des Erwachsenen, durch Modulationen in einen spaßigen Vorgang gerückt. Etwas anderes als das Gewöhnliche geht vor sich, und die von Leichtigkeit und Vergnügen getragene Unterhaltung gewinnt an Spannungsmomenten, die den Anreiz für das Zusammensein ausmachen. Auch hier bindet der Mann an den Rahmen des Jungen an und fügt ihm weitere Schichten hinzu; ebenfalls geschieht dies in den vielen gemeinsamen Rollenspielen, die die Wirklichkeit modulieren. Diese So-Tun-als-ob-Module ermöglichen es, eine Begegnung mit einigermaßen gesicherten Erwartungen ansteuern zu können, denn charakteristisch an den 'Phantasiereisen und Rollenspielen' ist, daß der Spielverlauf für verschiedene Optionen offen gehalten werden kann. Dies erfordert jedoch 'Spielkompetenz', eine Fähigkeit zur dramatischen Gestaltung, um die modulativen Rahmen aufgrund eigener Ideen, aber auch nach Vorstellungen des Jungen innerhalb des 'Spiels' wechseln zu können. Ferner ist eine gewisse regelgeleitete, an Zuvorkommenheitsrituale gebundene Spielweise des Mannes notwendig, damit der Junge nicht aus dem 'Spiel' geht. Deshalb kommt ihm häufig eine exponierte Rolle zu, d.h. die Wünsche des Jungen haben Priorität. Gleichzeitig wird oftmals eine enthierarchisierte Rollenbeziehung angestrebt; der Mann zeigt, daß er dem Jungen 'ähnlich' ist. Dies setzt voraus, daß der Erwachsene in der Lage ist, ein kindliches Selbst zu produzieren, allerdings nur in dem Ausmaß, daß der Junge in ihm immer noch eine erwachsene Person sehen kann, die sich ihm in besonderer Weise zuwendet. Ansonsten wäre das damit signalisierte Zuvorkommenheitsritual überzogen und die Interaktion gefährdet. Die befragten Männer zeigen eine außerordentliche Fähigkeit, sich in diesen Modulationen zu bewegen. Neben den Phantasie- und Rollenspielen prägen aufregende Erlebnisse, Thrill-Ereignisse den Alltag zwischen dem Mann und dem Jungen. Handlungen werden hier durch modulative Expansionen in ein neues Licht gerückt. Ebenfalls bieten ungewöhnliche Ausflüge einen derartigen Thrill-Effekt, beispielsweise wenn man in einem Bergbaumuseum auf Entdeckungsreise geht und dort Versuche und Proben unter Bedingungen möglich sind, in denen der wirkliche Kontakt mit der Welt ausgeschlossen ist. Rahmungsschwierigkeiten ergeben sich in den Alltagsbegegnungen in erster Linie, wenn es dem pädophilen Mann nicht gelingt, sich auf die Interessen des Jungen einzulassen. Die Männer können dann keine Dramaturgie entfalten und sind sich im Unklaren, ob sie sich auf eine 'Kinderebene' einlassen sollen. Es fällt Ihnen schwer, trotz der Begeisterung für einen Jungen, sich von ihrer Erwachsenenrolle zu distanzieren. Daraus können auch Rahmenbrüche entstehen, wenn der Mann es nicht fertig bringt, mit einem Jungen 'im Spiel zu sein'; und es ihm zu peinlich erscheint, beispielsweise gewisse Spielgeräusche mitzumachen. Allerdings haben hiermit nur wenige Befragte dieser Studie Probleme.

Sexualitätsrahmen

In der sexuellen Anbahnung ist der pädophile Mann - wie in keinem anderen Handlungsfeld des Geschehens - auf größtmögliche Klarheit und Gewißheit angewiesen, ob überhaupt etwas, und wenn ja, wann, wo, wie und was sexuell 'geht' und was nicht. Deshalb ist allein schon die Rahmung der körperlichen Annäherung ganz besonders bedeutsam. Sie nimmt in den Erzählungen oftmals einen breiteren Raum ein als das sexuelle Geschehen. Dies liegt aber unter anderem wohl auch daran, daß durch die Anbahnung selbst eine Menge erotischer Bedürfnisse befriedigt werden. Zum Teil begnügt der Mann sich mit ihrer Erfüllung, zum Teil schreitet er aus Vorsicht gar nicht weiter voran. Erwartungssicherheit wird hinsichtlich der Anbahnung überwiegend durch Modulationen hergestellt. Der primäre Rahmen findet lediglich Anwendung in Begegnungen, die als 'sicher' eingestuft werden, schon länger andauern oder auch nur einmalig stattfanden. Als sichere Anzeichen für die Möglichkeit einer sexuellen Annäherung gelten: das mehrmalige Übernachten des Jungen bei dem Mann; keine befremdlichen Gefühle gegenüber dem nackten Körper (beispielsweise, wenn man sich schon mehrmals beim Duschen oder Baden unbekleidet gesehen hat) und die Kenntnis, daß der Junge sexuell 'unverklemmt' ist (das heißt, wenn er sich beispielsweise schon mal über eigene Masturbationserfahrungen geäußert hat). Sind diese Voraussetzungen gegeben, kann es bei einer erneuten Übernachtung zu einem sexuellen Kontakt kommen, der allerdings vorab nochmalige Vergewisserungen verlangt. Geklärt werden müssen die - in Goffmanscher Terminologie - Territorialfragen des Selbst. Es geht darum, wo geschlafen wird, um die "Box", zusammen in einem Bett oder getrennt; ferner, wie geschlafen wird, um die "Hülle", bekleidet oder unbekleidet, und schließlich, ob der Junge sich 'ankuschelt' oder nicht, ob er sich dem "persönlichen Raum" des Mannes nähert oder nicht. Zeigt sich zudem dann noch eine deutliche genitale Erregung des Jungen, ist man sich gewiß, daß man sexuelle Aktivitäten einleiten kann. Diese beschränken sich nach Auskunft der befragten Männer überwiegend auf das gegenseitige Streicheln und die Masturbation. Dauern Beziehungen schon längere Zeit an, sind oral-genitale Kontakte des Mannes beim Jungen eine zusätzliche Sexualpraktik. Zwar lassen sich die Jungen gerne stimulieren, selbst bleiben sie aber zumeist passiv. In einmaligen Begegnungen muß der Wunsch nach sexueller Betätigung ganz eindeutig von dem Jungen ausgehen. Die Signale müssen zweifelsfrei und unmißverständlich sein. Beispielsweise berichtet ein Befragter, daß, nach langsamer Annäherung im Schwimmbecken, der Junge mit seiner Erektion unter Wasser die Handfläche des Mannes berührt.

Einmalige und derartige Begegnungen stellen aber die Ausnahme dar. Vielmehr wünschen sich die pädophilen Männer längerfristige Beziehungen, in denen der sexuelle Kontakt offenkundig nur über Modulationen zustande kommt.

Körperliche Annäherung und sexuelles Geschehen werden modulativ verknüpft: zärtlichkeitsbetonte So-Tun-als-ob-Spiele, Schlafplatzverteilungszeremonien, Aufklärungsbücher, die als Dokumentationsmodul fungieren, angedeutete demonstrative Modulationen solosexueller Aktivität und Möglichkeiten der einübenden Sonderausführung bilden Rahmen, auf die das weitere Vorgehen abgestimmt wird. Reagieren die Jungen positiv auf die Situationsrahmung, wird die Erwartungsorientierung durch weitere modulative Schichten abgesichert. Langsam setzt sich dabei die eigentliche sexuelle Handlung um. Sie wird selten zum zentrierten Gegenstand der Interaktion; im Fokus steht vielmehr das modulative Arrangement. Betrachtungen und Berührungen sind integraler Bestandteil des Moduls, sie gehören zum Spiel, zur Zeremonie oder zu der Sonderausführung. Deutlicher tritt die sexuelle Handlung zutage, wenn der Junge dabei selbst sexuell aktiv wird und im Sinne des Entdeckens sein Neugierbedürfnis signalisiert. Dies ist insbesondere im Rahmen der Einübung und des Probens der Fall. Gewissermaßen in einem Schonraum kann der Junge Erfahrungen unter Bedingungen sammeln, die von ihren gewöhnlichen Zusammenhängen abgelöst sind. Wechselseitige Masturbation, zum Teil aber auch nur vom Mann demonstrierte, stellen die sexuellen Praktiken dar. Um die Modulationen umzusetzen, ist es wichtig, daß der pädophile Mann regelgeleitet vorgeht und einen bestätigenden Austausch erzielt. Da die Bezugsrahmen im pädophilen Geschehen größtenteils spielerische bis einübende Züge tragen, muß der Mann mit der impliziten Regelannahme umgehen können, daß die Handlungen beim Spiel- und Übungsverlauf oftmals weder genau und konstant, noch vollständig ausgeführt werden. Manchmal wird ein Handlungsverlauf angefangen, aber auch sogleich wieder abgebrochen bzw. neu begonnen oder kurz unterbrochen. Dies erfordert großes, von Zuvorkommenheitsritualen getragenes Geschick, damit der Engagementverlauf des Jungen den Rahmen bestimmen kann.

In seiner dramaturgischen Gestaltung ist vom Pädophilen ein hohes Maß an Disziplin erforderlich. Auch wenn er in spontaner Weise von seinen Handlungen in Anspruch genommen ist, muß er flexibel bleiben, um mögliche Probleme bewältigen zu können. Eine zielbestimmte Abschätzung der Situation erfordert immer diese Fähigkeit zur Selbstkontrolle. Rahmungsschwierigkeiten und Rahmungsbrüche treten dann auf, wenn diese impliziten Regeln und die dramaturgische Selbstkontrolle nicht greifen. Die befragten pädophilen Männer gehen dann 'zu schnell', 'zu langsam', 'zu riskant' oder auch 'zu deutlich' vor. Ein anlaßgemäßes Engagement, das innerhalb des Rahmens ein gewisses Maß an Stimmung und Betätigung erzeugt, kann dann nicht aufgebracht werden.

Trennungsrahmen
Die pädophilen Männer wissen um die Zwangsläufigkeit einer Trennung ihrer Beziehungen. Eine antizipatorische Rahmung der zeitlichen Begrenztheit wird deshalb auch überwiegend in einem primären Rahmen vorgenommen und entbehrt jeglicher Transformationen. Hinsichtlich der Trennung bewegen sich die befragten Männer in einem erwartungsgesicherten Rahmen. Selbstauferlegte Verpflichtungen, die an Rituale geknüpft sind, zeigen die Art und Weise an, wie man sich zu trennen hat. Zum einen bindet sich der pädophile Mann an die Verpflichtung, daß der Junge über das Ende einer Beziehung entscheidet, zum anderen sieht er sich 'gefordert', darüber nicht seine Ausdruckskontrolle zu verlieren. Man versucht nicht, wider den Willen des Jungen an einer Beziehung festzuhalten. Der erwartungsorientierte Rahmen wird also mit Ritualen verknüpft, die eine gewisse Dramaturgie abfordern. Bei einem derartigen Trennungsgeschehen hat man die Gewißheit, daß das Auseinandergehen in einem bestätigenden Austausch ratifiziert wird und keine Zwischenfälle erzeugt werden.
Viele Befragte beschreiben die Trennung als langsamen Prozeß. Gewisse Anzeichen des Jungen weisen darauf hin. Der Junge setzt andere Prioritäten (peer group, die erste Freundin), Kontinuität und Verläßlichkeit in der Beziehung lassen nach. Dennoch bleibt oftmals ein freundschaftlicher Kontakt weiter bestehen. Dabei kann es erneut zu

sexuellen Kontakten kommen, wenn man sich noch ausreichend mag, obwohl der 'Junge' ein Alter erreicht hat, das die 'pädophile Attraktion' eigentlich überschreitet. Offenkundig gibt es kein festes Alterslimit, das das Ende einer pädophilen Freundschaft festlegt. In der freundschaftlichen Verbundenheit sehen viele Befragte eine deutliche Sympathiebekundung, denn der weitere Kontakt gibt Anlaß zur Deutung, daß die Zusammenkünfte nicht als Abneigung und Mißachtung ihrer Person interpretiert werden können. Im Gegenteil, je leichter Zugang und Abgang möglich sind, desto eher wird die Beharrlichkeit, mitunter auch im 'Nachkontakt', als Interesse an der eigenen Person verstanden. Zudem unterstrichen die befragten Männer, daß sich die Jungen zu "ganz normalen heterosexuellen Männern" entwickelt haben. Rahmungsschwierigkeiten ergeben sich lediglich bei einigen Befragten, die Probleme mit der Umbruchsphase haben, weil sie Unklarheit und Ungewißheit verspüren, ob sich der Junge nun trennen will oder nicht. Die zum Teil ambivalente Haltung des Jungen bereitet ihnen Schwierigkeiten. Für den Ablösungsprozeß kann kein geeigneter Deutungsrahmen gefunden werden. Rahmungsbrüche treten auf, wenn der pädophile Mann durch mangelnde dramaturgische Disziplin und Sorgfalt keinen passenden Rahmen für seine Begegnung findet und unversehens aushakt bzw. in eine gefährliche Situation hineingerät, mit der oftmals eine Auflösung der Beziehung verbunden ist. Von diesen Fällen haben allerdings nur wenige Interviewpartner berichten können. Im Gegenteil: Am Ende des Interviews wurde manchmal auch angeboten, Gespräche mit den 'ehemaligen Jungen' der Männer führen zu können.

Literatur

Adorno, Theodor W. u.a. (1969): Der Positivismusstreit in der deutschen Soziologie. Neuwied: Luchterhand

Armstrong, Louise (1985): Kiss Daddy Goodnight. Aussprache über Inzest. Frankfurt am Main: Campus

Baker, Anthony W. / Duncan, Sylvia P. (1985): Child Sexual Abuse. A Study of Prevalence in Great Britain. In: Child Abuse and Neglect. Jg. 9, S. 457-467

Bateson, Gregory (1972): Steps to an Ecology of Mind. New York: Ballantine

Baurmann, Michael C. (1979): Angezeigte und verurteilte Sexualkontakte aus viktimologischer Sicht. In: Albrecht-Désirat, K. / Pacharzina, K. (Hg.): Sexualität und Gewalt gegen Frauen, kriminalisierte Sexualität, Sexualität in totalen Institutionen. Bensheim: Päd.-Extra, S. 87-114

Baurmann, Michael C. (1983): Sexualität, Gewalt und psychische Folgen. Eine Längsschnittuntersuchung bei Opfern sexueller Gewalt und sexuellen Normverletzungen anhand von angezeigten Sexualkontakten. Wiesbaden: BKA-Forschungsreihe

Baurmann, Michael C. (1991): Die offene, heimliche und verheimlichte Gewalt von Männern gegen Frauen sowie ein Aufruf an Männer, sich gegen Männergewalt zu wehren. In: Janshen, D. (Hg.): Sexuelle Gewalt. Die allgegenwärtige Menschenrechtsverletzung. Ergebnisse einer Initiative des Arbeitskreises "Sexuelle Gewalt" beim Komitee für Grundrechte und Demokratie. Frankfurt am Main: Zweitausendeins, S. 223-251

Baurmann, Michael C. (1991a): Junge Menschen und Delinquenz. In: Rotthaus, W. (Hg.): Sexuell deviantes Verhalten Jugendlicher. Dortmund: Verlag modernes Leben, S. 49-69

Baurmann, Michael C. (1992): Straftaten gegen die sexuelle Selbstbestimmung. Zur Phänomenologie sowie zu Problemen der Prävention und Intervention. In: Schuh, J. / Killias, M. (Hg.): Sexualdelinquenz. Délinquance sexuelle. (Schweizerische Arbeitsgruppe für Kriminologie: Reihe Kriminologie, Bd. IX). Chur: Ruegger, S. 77-110

Bergmann, Jörg R. (1991): Goffmans Soziologie des Gesprächs und seine ambivalente Beziehung zur Konversationsanalyse. In: Hettlage, R. / Lenz, K. (Hg.): Erving Goffman - ein soziologischer Klassiker der zweiten Generation. Bern: Haupt, S. 301-326

Bergold, Jarg B. / Breuer, Franz (1987): Methodologische und methodische Probleme bei der Erforschung der Sicht des Subjekts. In: Bergold, J.B. / Flick, U. (Hg.): Ein-Sichten. Zugänge zur Sicht des Subjekts mittels qualitativer Forschung. Tübingen: Deutsche Gesellschaft für Verhaltenstherapie, S. 20-52

Bernard, Fritz (1978): Pädophilie. Von der Liebe mit Kindern. Lollar: Achenbach

Bernard, Fritz (1979): Pädophilie. In: Albrecht-Désirat, K. / Pacharzina, K. (Hg.): Sexualität und Gewalt. Gewalt gegen Frauen - kriminalisierte Sexualität - Sexualität in totalen Institutionen. Bensheim: Päd.-Extra, S. 77-86

Braecker, Solveig / Wirtz-Weinrich, Wilma (1991): Sexueller Mißbrauch von Mädchen und Jungen. Weinheim: Beltz

Briere, John / Runtz, Marscha (1989): University Male' Sexual Interest in Children: Predicting Potential Indices of "Pedophilia" in a Nonforensic Sample. In: Child Abuse and Neglect. Jg. 13, S. 65-75

Brockhaus, Ulrike / Kolshorn, Maren (1993): Sexuelle Gewalt gegen Mädchen und Jungen. Mythen, Fakten, Theorien. Frankfurt am Main: Campus

Brongersma, Edward (1986): Loving Boys. Vol.1 New York: Global Academic Publishes

Brongersma, Edward (1990): Loving Boys. Vol.2 New York: Global Academic Publishes

Bude, Heinz (1985): Der Sozialforscher als Narrationsanimateur. Kritische Anmerkungen zu einer erzähl-theoretischen Fundierung der interpretativen Sozialforschung. In: Kölner Zeitschrift für Soziologie und Sozialpsychologie. Jg. 37, S. 327-336

Bundeskriminalamt (Hg.) (1993): Polizeiliche Kriminalstatistik. Wiesbaden

Burke, Kenneth (1955): A Grammar of Motives. Berkeley: University of California Press

Cohen, M. u.a. (1969): Sociometric study of sex offender. In: Journal of Abnorm Psychiatry. Jg. 74, S. 249-255

Collins, Randall (1980): Erving Goffman and the Development of Modern Social Theory. In: Ditton, J.: The view from Goffman. London: Macmillan Press, S. 170-209

Collins, Randall (1988): Theoretical Continuities in Goffman's Work. In: Drew, P. / Wooton, A. (Hg.): Erving Goffman. Exploring the Interaction Order. Cambridge: Polity Press, S. 41-63

Constantine, Larry G. / Martinson, Floyd M. (Hg.) (1981): Children and Sex. New Findings, New Perspectives. Boston: Little Brown

Conte, Jon R. (1985): The Effects of Sexual Abuse on Children: A Critique and Suggestions for Future Research. In: Victimology. An International Journal. Jg. 10, S. 110-130

Cremer-Schäfer, Helga / Stehr, Johannes (1990): Das Moralisieren und Skandalisieren von Problemen. In: Kriminalsoziologische Bibliographie. Jg. 17, S. 21-42

Crook, Steve / Taylor, Laurie (1980): Goffman's Version of Reality. In: Ditton, J.: The view from Goffman. London: Macmillan Press, S. 233-251

Dannecker, Martin (1987): Bemerkungen zur strafrechtlichen Behandlung der Pädosexualität. In: Jäger, H. / Schorsch, E. (Hg.): Sexualwissenschaft und Strafrecht. Stuttgart: Enke

Denzin, Norman K. (1970): The research act. New York: McGraw Hill, 2. Aufl.

Denzin, Norman K. / Keller, Charles M. (1981): Frame analysis reconsidered. In: Contemporary Sociology. Jg. 10, S. 52-60

DeYoung, Mary (1982): The Sexual Victimization of Children. London: Mc-Farland

Diesing, Ulrich (1980): Psychische Folgen von Sexualdelikten bei Kindern. Eine katamnestische Untersuchung. München: Minerva

Dreher, Eduard / Tröndle, Herbert (1986): Strafgesetzbuch und Nebengesetze. München: Beck'sche Verlagsbuchhandlung

Durkheim, Emile (1984): Die elementaren Formen des religiösen Lebens. Frankfurt am Main: Suhrkamp

Eberle, Thomas (1991): Rahmenanalyse und Lebensweltanalyse. In: Hettlage, R. / Lenz, K. (Hg.): Erving Goffman - ein soziologischer Klassiker der zweiten Generation. Bern: Haupt, S. 157-210

Enders, Ursula (1989): Sexueller Kindesmißbrauch und Jugendhilfe. Expertise zum 5. Jugendbericht der Landesregierung Nordrhein-Westfalen im Auftrage des Ministers für Arbeit, Gesundheit und Soziales des Landes Nordrhein-Westfalen. Düsseldorf: Bruns

Enders, Ursula (1990): Zart war ich, Bitter war's. Sexueller Mißbrauch an Mädchen und Jungen. Erkennen - Schützen - Beraten. Köln: Volksblatt Verlag

Ferenczi, Sandor (1972): Sprachverwirrung zwischen den Erwachsenen und dem Kind. In: Ferenczi, S.: Schriften zur Psychoanalyse. Bd. II. Frankfurt am Main: Fischer, S. 301-312

Finkelhor, David (1979): Sexually Victimized Children. New York: Free Press

Finkelhor, David (1984): Child Sexual Abuse: New Theory and Research. New York: Free Press

Finkelhor, David / Araji, Sharon (1986): Explanations of Pedophilia: A Four Factor Model. In: The Journal of Sex Research. Jg. 22, S. 145-161

Finkelhor, David u.a. (1990): Sexual Abuse in a National Survey of Adult Men and Women: Prevalence, Characteristics, and Risk Factors. In: Child Abuse and Neglect. Jg. 14, S. 19-28

Fontana, Andrea (1980): The Mask and Beyond: The Enigmatic Sociology of Erving Goffman. In: Douglas, J.D.: Introduction to the Sociologies of everyday Life. Boston: Allyn & Bacon

Foucault, Michel (1983): Sexualität und Wahrheit. Der Wille zum Wissen. Frankfurt am Main: Suhrkamp

Freund, Kurt u.a. (1991): Erotic Gender Differentation in Pedophilia. In: Archives of Sexual Behavior. Jg. 20, S. 555-566

Gaffney, Gary R. / Shelly, F. Lurie / Berlin, Fred S. (1984): Is There Familial Transmisson of Pedophilia? In: The Journal of Nervous and Mental Disease. Jg. 172, S. 546-548

Galey, Iris (1993): Ich weinte nicht, als Vater starb. Geschichte eines Inzests. München: Piper, 3. Aufl.

Gebhard, Paul Henry u.a. (1967): Sex Offenders. Toronto: Bantam

Geertz, Clifford (1983): Dichte Beschreibung. Beiträge zum Verstehen kultureller Systeme. Frankfurt am Main: Suhrkamp

Gerhardt, Uta (1984): Typenkonstruktion bei Patientenkarrieren. In: Martin, K. / Robert, G. (Hg.): Biographie und soziale Wirklichkeit. Neue Beiträge zu Forschungsperspektiven. Stuttgart: Metzler, S. 53-77

Giddens, Anthony (1987): Social Theory and Modern Sociology. Cambridge: Polity Press

Giegler, Helmut (1992): Zur computerunterstützten Analyse sozial-wissenschaftlicher Textdaten: Quantitative und qualitative Strategien. In: Hoffmeyer-Zlotnik, J.H.P. (Hg.): Analyse verbaler Daten. Über den Umgang mit qualitativen Daten. Opladen: Westdeutscher Verlag, S. 335-388

Glaser, Barney G. / Strauss, Anselm L. (1974): Interaktion mit Sterben-
den. Göttingen: Van den Moeck und Ruprecht

Glöer, Nele / Schmiedeskamp-Böhler, Irmgard (1990): Verlorene Kindheit. Jungen als Opfer sexueller Gewalt. München: Kunstmann, 2.
Aufl.

Goffman, Erving (1952): On cooling the mark out: Some aspects of
adaptation to failure. In: Psychiatry. Jg. 15, S. 451-463

Goffman, Erving (1971): Verhalten in sozialen Situationen. Strukturen
und Regeln der Interaktion im öffentlichen Raum. Gütersloh: Bertels-
mann (Orig.1963)

Goffman, Erving (1973): Interaktion: Spaß und Spiel. Rollendistanz.
München: Piper (Orig. 1961)

Goffman, Erving (1977): Asyle. Über die soziale Situation psychiatrischer Patienten und anderer Insassen. Frankfurt am Main: Suhrkamp,
3. Aufl. (Orig. 1961)

Goffman, Erving (1978): Erwiderungen und Reaktionen.
In: Hammerich K. / Klein, M. (Hg.): Materialien zur Soziologie des
Alltags. Opladen: Westdeutscher Verlag, S. 120-176 (Orig. 1976)

Goffman, Erving (1979): Stigma. Über Techniken der Bewältigung
beschädigter Identität. Frankfurt am Main: Suhrkamp, 3. Aufl. (Orig.
1963)

Goffman, Erving (1980): Rahmen-Analyse. Ein Versuch über die Organisation von Alltagserfahrungen. Frankfurt am Main: Suhrkamp (Orig,
1974)

Goffman, Erving (1981a): Strategische Interaktion. München: Hanser
(Orig. 1969)

Goffman, Erving (1981b): Geschlecht und Werbung. Frankfurt am Main: Suhrkamp (Orig. 1979)

Goffman, Erving (1982a): Die vernachlässigte Situation. In: Steger, H. (Hg.): Anwendungsbereiche der Soziolinguistik. Darmstadt, S. 199-205 (Orig. 1964)

Goffman, Erving (1982b): Das Individuum im öffentlichen Austausch. Mikrostudien zur öffentlichen Ordnung. Frankfurt am Main: Suhrkamp (Orig. 1971)

Goffman, Erving (1983): The interaction order. In: American Sociological Review. Jg. 48, S. 1-17

Goffman, Erving (1986): Interaktionsrituale. Über Verhalten in direkter Kommunikation. Frankfurt am Main: Suhrkamp (Orig. 1967)

Goffman, Erving (1988): Wir alle spielen Theater. Die Selbstdarstellung im Alltag. München: Piper, 6. Aufl. (Orig. 1959)

Gonos, George (1977): "Situation" versus "Frame": The "Interactionist" and the "Structuralist" Analyses of everyday Life. In: American Sociological Review. Jg. 42, S. 854-867

Gouldner, Alvin W. (1974): Die westliche Soziologie in der Krise. Reinbek: Rowohlt

Hansen, Tracy (1993): Ich redete mir ein, daß es nicht gewesen war. Geschichte einer Heilung nach sexueller Gewalt in der Kindheit. Freiburg: Herder

Hare, Paul A. (1988): Dramaturgical Analysis of Social Interaction. New York: Praeger

Härle, Helmut (1978): Die Theorie der symbolischen Interaktion als verstehende Soziologie der Gegenwart: Person und Werk Erving Goffmans. In: Soziologenkorrespondenz Neue Folge, Heft 5, S. 128-169

Haugaard, Jeffrey J. / Emery, Robert E. (1989): Methodological Issues in Child Sexual Abuse Research. In: Child Abuse and Neglect. Jg. 13, S. 89-100

Helle, Horst Jürgen (1977): Verstehende Soziologie und Theorie der symbolischen Interaktion. Stuttgart: Teubner

Hettlage, Robert (1991): Rahmenanalyse - oder die innere Organisation unseres Wissens um die Ordnung der Wirklichkeit. In: Hettlage R. / - Lenz, K. (Hg.): Erving Goffman - ein soziologischer Klassiker der zweiten Generation. Bern: Haupt, S. 95-154

Hitzler, Ronald (1992): Der Goffmensch. In: Soziale Welt. Jg. 43, S. 449-461

Hitzler, Ronald / Honer, Anne (1988): Der lebensweltliche Forschungsansatz. In: Neue Praxis. Jg. 18, S. 496-501

Hoffmann-Riem, Christa (1980): Die Sozialforschung einer interpretativen Soziologie. Der Datengewinn. In: Kölner Zeitschrift für Soziologie und Sozialpsychologie. Jg. 32, S. 339-372

Hohmann, Joachim S. (1980): Pädophilie Heute. Frankfurt am Main: Forster

Holly, Werner (1979): Imagearbeit in Gesprächen: zur linguistischen Beschreibung des Beziehungsaspekts. Tübingen: Niemeyer

Honer, Anne (1985): Beschreibung einer Lebens-Welt. In: Zeitschrift für Soziologie. Jg. 14, S. 131-139

Honer, Anne (1989): Einige Probleme lebensweltlicher Ethnographie - zur Methodologie und Methodik einer interpretativen Sozialforschung. In: Zeitschrift für Soziologie. Jg. 18, S. 297-312

Honig, Michael-Sebastian (1992): Verhäuslichte Gewalt. Mit einem Nachwort zur Taschenbuchausgabe: Sexuelle Ausbeutung von Kindern. Frankfurt am Main: Suhrkamp

Honig, Michael-Sebastian (1993): Über die Sexualität von Kindern. In: Deutsches Jugendinstitut (Hg.): Was für Kinder. Aufwachsen in Deutschland. München: Kösel, S. 182-194

Hopf, Christel (1978): Die Pseudo-Exploration - Überlegungen zur Technik qualitativer Interviews in der Sozialforschung. In: Zeitschrift für Soziologie. Jg. 7, S. 97-115

Hopf, Christel (1984): Soziologie und qualitative Sozialforschung. In: Hopf, C. / Weingarten, E. (Hg.): Qualitative Sozialforschung. Stuttgart: Klett-Cotta, 2. Aufl., S. 11-37

Huber, Günter L. (1989): Analyse qualitativer Daten mit Computerunterstützung: Das Software-Paket AQUAD. In: Bos, W. / Tarnai, C. (Hg.): Angewandte Inhaltsanalyse in empirischer Pädagogik und Psychologie. Münster: Waxmann

Huber, Günter L. (1990): AQUAD: Analyse qualitativer Daten mit Computerunterstützung. Grundlagen und Manuals des Softwarepakets AQUAD 3.0. Schwangau: Huber

Johnson, Lincoln C. / Weigert, Andrew J. (1980): Frames in Confession: The Social Construction of Sexual Sin. In: Journal of the Scientific Study of Religions, Jg. 19, S. 368-381

Jüttemann, Gert (1985): Qualitative Forschung. Grundfragen, Verfahrensweisen, Anwendungsfelder. Weinheim: Beltz

Kavemann, Barbara / Lohstöter, Ingrid (1984): Väter als Täter. Sexuelle Gewalt gegen Mädchen. Reinbek: Rowohlt

Kelle, Klaus-Udo (1990): Computerunterstützte Auswertung qualitativer Daten. Ein Überblick über Konzepte und Verfahren. Unveröffentlichtes Arbeitspapier. Bremen: Universität Bremen, Sonderforschungsbereich 186, Bereich Methoden / EDV

Kelly, Robert J. (1982): Behavioral Reorientation of Pedophiliacs: Can It Be Done? In: Clinical Psychology Review. Jg. 2, S. 387-408

Kercher, Glen / McShane, Marilyn (1984): Characterizing Child Sexual Abuse on the Basis of a Multi-Agency Sample. In: Victimology: An International Journal. Jg. 9, S. 364-382

Kerscher, Ignatz (1973): Emanzipatorische Sexualpädagogik und Strafrecht. Neuwied: Luchterhand

Kilpatrick, Allie C. (1987): Childhood Sexual Experiences: Problems and Issues in Studying Long-Range Effects. In: The Journal of Sex Research. Jg. 23, S. 173-196

Kinsey, Alfred C. u.a. (1953): Sexual Behavior in the Hume Female. Philadelphia: Saunders

Kinsey, Alfred C. u.a. (1955): Das sexuelle Verhalten des Mannes. Berlin: Fischer

Kirchhoff, Gerd Ferdinand / Kirchhoff, Claudia (1979): Erlebte Sexualdelikte. Zur versteckten sexuellen Viktimisation. In:Sexualpädagogische Blätter. Nr.4, S. 110-122

Kleining, Gerhard (1982): Umriß zu einer Methodologie qualitativer Sozialforschung. In: Kölner Zeitschrift für Soziologie und Sozialpsychologie. Jg. 34, S. 224-253

Knight, Raymont A. / Rosenberg, Ruth / Schneider, Beth A. (1985): A Classification of Sexual Offenders: Perspectives, Methods, Validation. In: Burgess, A.W. (Hg.): Rape and Sexual Assault. A Research Handbook. New York: Garland, S. 222-293

Knopf, Marina (1993): Sexuelle Kontakte zwischen Frauen und Kindern. In: Zeitschrift für Sexualforschung. Jg. 6, S. 23-35

Kohli, Martin (1978): "Offenes" und "geschlossenes" Interview: Neue Argumente zu einer alten Kontroverse. In: Soziale Welt. Jg: 29, S. 1-25

Kohli, Martin (1981): Zur Theorie der biographischen Selbst- und Fremdwahrnehmung. In: Matthes, J. (Hg.): Lebenswelt und soziale Probleme. Verhandlungen des 20. Soziologentages. Frankfurt am Main: Campus, S. 502-520

Krafft-Ebing, Richard von (1912): Psychopathia sexualis mit besonderer Berücksichtigung der konträren Sexualempfindung. Stuttgart: Enke, 14. Aufl.

Lachmann, Josef (1988): Psychische Schäden nach "gewaltlosen" Sexualdelikten an Kindern und Abhängigen. Positionen und Probleme empirischer Forschung. In: Monatszeitschrift für Kriminologie und Strafrechtsreform. Jg. 71, S. 47-60

Langevin, Ron u.a. (1985): Why are Pedophiles Attracted to Children? Further Studies of Erotic Preference in Heterosexual Pedophilia. In: Langevin, R. (Hg.): Erotic Preference, Gender Identity, and Aggression in Men. London: New Research Studies, S. 181-209

Lauer, Robert H. / Handel, Warren H. (1977): The Theory and Application of Symbolic Interaction. Boston: Houghton Mifflin

Lautmann, Rüdiger (1980): Sexualdelikte - Straftaten ohne Opfer? In: Zeitschrift für Rechtspolitik. Heft 2, S. 44-49

Lautmann, Rüdiger (1993): Die Sexualität wird wieder böse, und im Strafrecht liegt das Heil. In: Böllinger, L. / Lautmann, R. (Hg.): Vom Guten, das noch stets das Böse schafft: kriminalwissenschaftliche Essays zu Ehren von Herbert Jäger. Frankfurt am Main: Suhrkamp, S. 149-160

Lautmann, Rüdiger (1994): Die Lust am Kind. Portrait des Pädophilen. Hamburg: Klein

Lempp, Reinhard (1968): Seelische Schädigung von Kindern als Opfer von gewaltlosen Sittlichkeitsdelikten. In: Neue Juristische Wochenschrift. Jg. 21, S. 2265-2320

Lempp, Reinhard (1990): Bemerkungen zu Aggressivität und Sexualität am Beispiel des sexuellen Mißbrauchs von Kindern. In: Zeitschrift für Sexualforschung. Jg. 3, S. 242-245

Levin, Saul M. / Stava, Lawrence (1987): Personality Characteristics of Sex Offenders: A Review. In: Archives of Sexual Behavior. Jg. 16, S. 57-79

Lenz, Karl (1991a): Erving Goffman - Werk und Rezeption. In: Hettlage, R. / Lenz, K. (Hg.): Erving Goffman - ein soziologischer Klassiker der zweiten Generation. Bern: Haupt, S. 25-93

Lenz, Karl (1991b): Goffman - ein Strukturalist? In: Hettlage, R. / Lenz, K. (Hg.): Erving Goffman - ein soziologischer Klassiker der zweiten Generation. Bern: Haupt, S. 243-297

Löschper, Gabi (1992): Definitionsschwierigkeiten. Oder: Eine Orientierungshilfe für Psychologie in den (semantischen) Nebelschleiern des Aggressionsbegriffs. In: Kriminologisches Journal. Jg. 24, S. 8-22

Lyman, Stanford M. / Marvin, B. Scott (1975): The Drama of Social Reality. New York: Oxford University Press

Manning, Peter K. (1980): Goffman's Framing Order: Style as Structure. In: Ditton, J.: The View from Goffman. London: Macmillan Press

Matthes, Joachim (1983): Religion als Thema komparativer Sozialforschung. In: Soziale Welt. Jg. 34, S. 3-24

McCaghy, Charles H. (1967): Child Molesters: a Study of their Careers as Devians. In: Clinard, M.B. / Quinney, R.: Criminal Behavior Systems. A Typology. New York: Holt

Miller, Rowland S. / Johnson, James A. / Johnson, Judy K. (1991): Assessing the Relevance of Unwanted Childhood Sexual Experiences. In: Journal of Psychology and Human Sexuality. Jg. 4, S. 43-53

Mohr, I.W. (1964): Pedophilia and Exhibitionism. Toronto: University of Toronto Press

Morriane, Thomas J. (1985): Situated Interaction. In: Farberman, H.A. / Perinbanayagam, R.S. (Hg.): Studies in Symbolic Interaction. Supplement 1. Greenwich: Jai Press, S. 161-192

Mühlfeld, Claus u.a. (1981): Auswertungsprobleme offener Interviews. In: Soziale Welt. Jg. 32, S. 325-352

Müller, Lutz (1978): Dunkelfeldforschung. Ein verläßlicher Indikator der Kriminalität? Darstellung, Analyse und Kritik des internationalen Forschungsstandes. Unveröffentlichte Dissertation der Rechts- und Staatswissenschaftlichen Fakultät der Albert-Ludwigs-Universität. Freiburg im Breisgau

O'Carroll, Tom (1982): Paedophilia. The Radical Case. Boston: Alyson

Offe, Heinz / Offe, Susanne / Wetzels, Peter (1992): Zum Umgang mit dem Verdacht des sexuellen Kindesmißbrauchs. Hinweise für die Praxis sozialer Dienste. In: Neue Praxis. J. 22, S. 240-256

Okami, Paul (1991): Self-Reports of "Positive" Childhood and Adolescent Sexual Contacts with Older Persons: An Exploratory Study. In: Archives of Sexual Behavior. Jg. 20, S. 437-457

Okami, Paul / Goldberg, Amy (1992): Personality Correlates of Pedophilia: Are They Reliable Indicators? In: The Journal of Sex Research. Jg. 29, S. 297-328

Oswald, Hans (1984): In Memoriam Erving Goffman. In: Kölner Zeitschrift für Soziologie und Sozialpsychologie. Jg. 36, S. 210-213

Perinbanayagam; R.S. (1974): The Definition of the Situation: an Analysis of the Ethnomethodological and Dramaturgical View. In: The Sociological Quarterly. Jg. 15, S. 521-541

Perry, Michael E. (Hg.) (1990): Childhood and Adolescent Sexology. Bd.VII. In: Money, J. / Musaph, H. (Hg.): Handbook of Sexology. Amsterdam: Elsevier
Petry, Siegfried (1993): Stell' Dich nicht so an! Geschichte und Therapie eines sexuellen Mißbrauchs. Weinheim: Belz, 2. erw. Aufl.

Polsky, Ned (1973): Forschungsmethode, Moral und Kriminologie. In: Friedrichs, J.: Teilnehmende Beobachtung abweichenden Verhaltens. Stuttgart: Enke, S. 51-82

Potrykus, D. / Wöbke, M. (1974): Sexualität zwischen Kindern und Erwachsenen. München

Radcliffe-Brown, Alfred (1952): Structure and Function in Primitive Society. Glencol: Free Press

Riggins, Stephan Harold (Hg.) (1990): Beyond Goffman. Studies on Communication, Institution, and Social Interaction. Berlin: de Gruyter

Rutschky, Katharina (1992): Erregte Aufklärung. Kindesmißbrauch: Fakten und Fiktionen. Hamburg: Klein

Sack, Fritz (1985): Dunkelfeld. In: Kaiser, G. u.a. (Hg.): Kleines Kriminologisches Wörterbuch. Heidelberg: Müller. 2.Aufl., S. 76-84

Saller, Helga (1987): Sexuelle Ausbeutung von Kindern. In: Deutscher Kinderschutzbund Bundesverband e.V. (Hg.): Sexuelle Gewalt gegen Kinder. Ursachen, Vorurteile, Sichtweisen, Hilfsangebote. Hannover: Hoffmann, S. 27-39

Sandfort, Theo (1986): Pädophile Erlebnisse. Aus einer Untersuchung der Reichsuniversität Utrecht über Sexualität in pädophilen Beziehungen. Braunschweig: Holzmeyer

Sandfort, Theo / Brongersma, Edward / Van Naerssen, Alex (Hg.) (1990): Male Intergenerational Intimacy: Historical, Socio-Psychological, and Legal Perspectives. Journal of Homosexuality. Jg. 20, New York: Haworth Press

Schetsche, Michael (1993): Das "sexuell gefährdete Kind". Kontinuität und Wandel eines sozialen Problems. Pfaffenweiler: Centaurus

Schimank, Uwe (1992): Erwartungssicherheit und Zielverfolgung. Sozialität zwischen Prisoner's Dilemma und Battle of the Sexes. In: Soziale Welt. Jg. 43, S. 182-200

Schorsch, Eberhard (1975): Versteinerte Sexualangst. Irrationales Strafrecht schadet Pädophilen und betroffenen Kindern. In: Sexualmedizin. Jg. 4, S. 358-361

Schorsch, Eberhard (1987): Die juristische Bewertung sexueller Tötungen. In: Jäger, H. / Schorsch E. (Hg.): Sexualwissenschaft und Strafrecht. Stuttgart: Enke, S. 117-126

Schorsch, Eberhard (1989): Kinderliebe. Veränderungen der gesellschaftlichen Bewertung pädosexueller Kontakte. In: Monatsschrift für Kriminologie und Strafrechtsreform. Jg. 72, S. 141-146

Schütze, Fritz (1977): Die Technik des narrativen Interviews in Interaktionsfeldstudien - dargestellt an einem Projekt zur Erforschung von kommunalen Machtstrukturen. In: Arbeitsberichte und Forschungsmaterialien der Fakultät für Soziologie der Universität Bielefeld. Nr.1, S. 1-62

Schütze, Fritz u.a. (1980): Grundlagentheoretische Voraussetzungen methodisch kontrollierten Fremdverstehens. In: Arbeitsgruppe Bielefelder Soziologen (Hg.): Alltagswissen, Interaktion und gesellschaftliche Wirklichkeit. Opladen: Westdeutscher Verlag. 5. Aufl., S. 433-495

Schwind, Hans-Dieter (1981): Dunkelfeldforschung. In: v. Schneider, H.J. (Hg.): Die Psychologie des 20. Jahrhunderts. Bd. XIV: Auswirkungen auf die Kriminologie, Delinquenz und Gesellschaft. Zürich: Kindler, S. 223-247

Simmel, Georg (1983): Soziologie. Untersuchung über die Formen der Vergesellschaftung. Berlin: Duncker und Humbolt, 6. Aufl.

Soeffner, Hans-Georg (1989): Auslegung des Alltags - Der Alltag der Auslegung. Zur wissenssoziologischen Konzeption einer sozialwissenschaftlichen Hermeneutik. Frankfurt am Main: Suhrkamp

Steinhage, Rosemarie (1989): Sexueller Mißbrauch an Mädchen. Ein Handbuch für Beratung und Therapie. Reinbek: Rowohlt

Strauss, Anselm L. (1991): Grundlagen qualitativer Sozialforschung. Datenanalyse und Theoriebildung in der empirischen soziologischen Forschung. München: Fink

Trube-Becker, Elisabeth (1987): Gewalt gegen das Kind. Vernachlässigung, Mißhandlung und Tötung von Kindern. Heidelberg: Kriminalistik-Verlag, 2. überarb. Aufl.

Tsang, Daniel (Hg.) (1981): The Age Taboo. Boston: Alyson

Undeutsch, Udo (1983): Exploration. In: Feger, H. / Bredenkamp, J. (Hg.): Enzyklopädie der Psychologie. Themenbereich B: Methodologie und Methoden. Serie I: Forschungsmethoden der Psychologie. Bd. 2: Datenerhebung. Göttingen: Verlag für Psychologie, S. 321-361

Vogel, Wolf (1986): Verbotene Liebe. Pädophilie und strafende Gesellschaft. Regensburg: Roderer

Wahl, Klaus / Honig, Michael-Sebastian / Gravenhorst, Lerke (1982): Wissenschaftlichkeit und Interessen. Zur Herstellung subjektivitätsorientierter Sozialforschung. Frankfurt: Suhrkamp

Wehrspaum, Michael (1978): Erving Goffman als Repräsentant der Theorie der symbolischen Interaktion. In: Soziologenkorrespondenz Neue Folge. Heft 5, S. 89-127

Werlen, Iwar (1979): Konversationsrituale. In: Dittmann, J. (Hg.): Arbeiten zur Konversationsanalyse. Tübingen: Niemeyer

Widmer, Jean (1991): Goffman und die Ethnomethodologie. In: Hettlage, R. / Lenz, K. (Hg.): Erving Goffman - ein soziologischer Klassiker der zweiten Generation. Bern: Haupt, S. 211-242

Witzel, Andreas (1982): Verfahren der qualitativen Sozialforschung. Überblick und Alternativen. Frankfurt: Campus

Witzel, Andreas (1985): Das problemzentrierte Interview. In: Jüttemann, G. (Hg.): Qualitative Forschung in der Psychologie. Grundfragen, Verfahrensweisen, Anwendungsbereiche. Basel: Weinheim, S. 227-255

Wolff, Kurt H. (1976): Surrender and Catch. Dordrecht: Reidel

Zurcher, Louis A. (1982): The Staging of Emotion: A dramaturgical Analysis. In: Symbolic Interaction. Jg. 5, S. 1-22

.

MIX
Papier aus verantwortungsvollen Quellen
Paper from responsible sources
FSC® C105338

If you have any concerns about our products,
you can contact us on
ProductSafety@springernature.com

In case Publisher is established outside the EU,
the EU authorized representative is:
**Springer Nature Customer Service Center GmbH
Europaplatz 3, 69115 Heidelberg, Germany**

Printed by Libri Plureos GmbH
in Hamburg, Germany